전근대부터 현대까지
빠짐없이 둘러보는

# 일본 문화 이야기

전근대부터 현대까지
빠짐없이 둘러보는

# 일본 문화 이야기

신종대 지음

글로벌콘텐츠

# '관심'과 '타자他者'에 대한 이해

글로벌 시대를 살아가는 현대인들에게 '관심'과 '타자'의 이해라는 말은 어느새 필수적으로 요구되는 요소 중의 하나로 자리 잡아 가고 있다. 그렇다면 누군가 우리에게 가장 가까운 타자가 누구냐고 묻는다면 어떠한 대답이 나올까? 모르긴 해도 꽤 많은 사람이 오랜 시간 증오와 공조를 함께해 온 일본이라고 망설임 없이 대답할 것이다. 가장 가까운 타자, 일본. 그러나 포용과 관용의 시각이 필요한 나라. 우리는 이미 그 일본에 대한 올바른 이해가 절실한 시대를 맞이하였다.

이 책은 이러한 시대적 소명을 일본의 대표적인 문화코드라는 다각적인 접근법으로 현재적 관점에서 과거의 사실을 재해석하고자 하였다. 이를 통해 일본인들의 독특한 행동양식과 생활 문화를 들여다보고, 현대 일본의 생활 문화 속에 내재하는 역사·문화적 속성을 소개하고자 한다.

친구나 이웃 또는 국가 간에 상대방과 친해질 수 있는 방법에는 여러 가지가 있다. 그중 하나가 상대방에 대해 '관심'을 가지는 것이다. 관심이 있으면 알고 싶어진다. 알면 이해하게 되고, 친해지며, 서로 도움을 주고받는 관계가 된다.

지금 전 세계적으로 한류 열풍이 대단하다. 이 역시, 외국인들이 K-POP이나 한국 드라마를 접하면서 한국의 역사·문화에 관심을 가지는 것에서 시작되었다. 우리도 마찬가지로 일본인들의 생활과 풍습, 일상에서 행하는 많은 것과 그들의 DNA 속에 흐르고 있는 역사적 경험이나 문화적 배경 그리고 취향을 알면 그들을 이해할 수가 있을 것이며 친해질 수 있을 것이다.

일본은 거리상으로나 정서적으로나 우리와 가장 가까운 이웃이다. 어찌 보면 가깝기 때문에 견제하고 이기려고 하면서 살아간다. 이것은 한일관계뿐만 아니라 유럽을 보더라도 마찬가지이다. 중국과 베트남의 관계도 그렇다. 이웃 사이는 항상 즐겁고 좋기만 한 것은 아니다. 살면서 싸우고 다툴 수는 있지만, 이것 때문에 원수가 되어서는 안 된다.

위기를 슬기롭게 극복하여 동반자 관계를 구축해 나가느냐 그렇지 못하느냐가 중요하다. 더불어 살아가기 위해서는 무엇보다도 관심을 가지는 것이 필요하다. 관심을 가지기 위해서는 알아야 한다. 겉으로만 아는 것은 아는 것이 아니다. 속내, 즉 속살을 알아야 한다.

타인과 친해질 때 경험과 추억을 함께 공유한다면, 절반은 성공이라고 할 수 있다. 경험의 공유는 상대에게 호감을 주기 때문이다. 그러므로 일본인들이 공통적으로 경험한 적이 있고 관심이 있는, 대중적인 것을 알면 대화가 쉽게 이루어진다.

예를 들면 이런 것이다. 일본의 대표적 문화로 손꼽히는 만화나 애니메이션이 전후戰後에 들어와서 일본을 대표하는 대중문화로 자리매김한 것으로 생각하지만 사실은 그렇지 않다. 제작 기법이나 유통 시스템을 통해 확보한 만화·애니메이션의 대중성은 오랜 역사적 전통의 연속선상에서 변화하고 발전해 왔다고 할 수 있다. 하지만 이 사실이 에도江戸시대의 출판업 발달과 당시에 유행하던 대중미술 우키요에浮世絵와 깊은 관련이 있다는 사실을 아는 사람은 많지 않다.

필자는 유학하면서 일본인 친구들과 이웃들이 생겼다. 그런데 이들과 대화를 나누면서 알게 된 것이 하나 있다. 일본인들은 연령대와는 상관없이 공통적으로 만화·애니메이션·프로야구·프로레슬링에 대한 추억을 가지고 있다는 것이다. 그리고 이것들에 대해 이야기하면서 소통하고 있었다. 처음에는 나이 든 사람들이 《주간 소년 점프》와 같은 만화잡지나 데즈카 오사무手塚治虫의

〈우주소년 아톰〉과 같은 애니메이션 이야기를 하면서 웃고 맞장구를 치는 모습이 이해하기 힘들었지만, 시간이 흐르면서 그 이유를 알 수가 있었다.

일본인들이 왜 그토록 만화나 애니메이션을 좋아할까? 그 이유는 바로 어렸을 적부터 만화나 애니메이션을 보면서 성장하였기 때문이다. 어렸을 적부터 즐겨 봐 왔기 때문에 많은 추억을 가지고 있는 것이다. 필자가 재직 중인 대학의 학생 가운데 중·고등학교 때 애니메이션과 만화를 접하면서 일본에 대해서 관심을 가지게 되었다는 학생이 의외로 많다. 어렸을 때의 경험이 전공을 선택하는 데 적지 않은 영향을 준 것이다.

또 한 가지, 역사의 철칙으로 오랫동안 육성되어 온 조직 문화는 쉽게 사라지지 않는다. 조직과 의사결정 등에서 나타나는 일본인들이 가진 행동 패턴의 원형은 에도시대에서 찾아볼 수 있다. 여기에는 정치가들의 세습도 빼놓을 수 없다. 일본만큼 국회의원의 세습 비율이 높은 나라도 많지 않다.

이뿐만 아니라 찰리 채플린C. Chaplin이 일본 문화의 최고봉이라고 극찬한 가부키歌舞伎, 무사 계급과 밀접한 관계가 있는 다도茶道, 깃발을 든 여행가이드의 인솔하에 집단으로 움직이는 단체 관광도 사실은 에도시대 이전부터 그 유래를 찾아볼 수 있는 일본의 키워드이다.

책이 나오기까지 짧지 않은 시간이 걸렸다. 학기마다 새로운 주제를 추가하면서 모아 온 강의노트가 이렇게 책으로 세상에 나오게 되었다. 설레는 마음도 있지만 걱정이 앞선다. 마음속으로 다짐하고 사는 것 중 하나는 무엇이든 다양한 스펙트럼을 가지고 보되 단정적으로 말하거나 표현하지 말자는 것이다. 사실에 기반한 것이라도 단정적으로 말하는 순간 누군가는 거부감을 가지거나 불편함을 느낄 수 있기 때문이다. 우리와 애증관계로 점철되어 있는 일본에 관한 것이라면 특히 더 그렇다. 이 책을 쓰면서 마음속으로 다짐한 것도 이 점이다. 대한민국 사람으로서 순도 100%의 객관성을 가지고 제삼자의 입장에서 일본을 논하기란 쉽지 않다. 설령 객관적인 사실에 입각한 것이라고 하더라도 글로서 생성生成되는 순간, 그것은 주관이 섞인 것이 되기 때문이다.

이 책은 필자의 주관이 반영된 것이지만 독자들이 궁금해할 만한 내용으로 구성하였다. 아울러 각 주제의 현재 모습뿐만 아니라 과거의 사실을 같이 소개하려고 노력하였다. 왜냐하면 현재 모습은 과거 사실의 결과물이기 때문이다. 시간의 연속선상에서 생성·발전되어 온 과정을 알게 되면, 일반 독자들도 자신만의 일본관·일본인론을 가질 수 있을 것이라고 생각한다. 그런 점에서 이 책이 독자들에게 일본과 일본인을 이해하는 데 조금은 쓸모 있는 길라잡이가 되었으면 하는 바람이다.

처음에는 한 권으로 출판할 계획이었으나 내용을 추가해서 두 권을 동시에 진행하기로 하였다. 그러나 300페이지가 넘는 분량의 책을 한꺼번에 낸다는 것이 쉽지가 않아 순차적으로 내기로 하고 먼저 나온 것이 이 책이다. 이 책은 일본의 문화와 역사를 과거와 현재라는 관점에서 꾸몄으며, 다음에 나올 책은 일상과 소통이라는 주제로 일본의 종교와 마쓰리, 일본인의 목욕 문화와 여행, 그리고 무사와 관련 있는 내용으로 구성될 예정이다.

책이 나오기까지 관심을 가지고 도움을 주신 분들이 많다. 먼저 책 출판을 흔쾌히 수락해 주신 홍정표 사장님, 목소리가 맑고 유쾌하신 김미미 이사님, 신속하면서도 정확하게 교정과 편집을 맡아 주신 하선연 대리님, 원고를 꼼꼼하게 읽고 전체 구성부터 세세한 부분까지 자기 일처럼 시간과 노력을 아끼지 않은 정영인· 박영희 선생에게 감사드린다.

아울러 책 출판을 고민하고 때로는 힘겨워하는 필자에게 격려와 용기를 준 밥 친구이자 절친 이희영 교수, 잘 다니던 직장을 그만두고 30년을 믿고 따라와 준 처 구현아에게 미안하고 감사한 마음을 이 책으로 대신 전한다.

2022년 봄을 기다리면서

신종대

*** 범례凡例**

1. 인명·지명 등 고유명사는 일본어 원음을 한글 맞춤법의 '외래어 표기법外来語表記法'에 따랐으며, 각 장의 처음 나오는 한자어에는 원음과 한자를 병기하였다.
2. 외래어 표기법은 대한민국의 국립국어원이 정한 외래어를 한글로 표기하는 규정이다. 1986년에 제정·고시된 원칙을 현재까지 큰 변동 없이 따르고 있다. 대한민국 '외래어 표기법'의 경우 한국어 이외의 다른 언어에 있는 음운을 표준어에 있는 비슷한 음운과 대응시켜 한글로 표기하는 방식을 원칙으로 하고 있다.
3. 일본과 관련된 내용의 편의상 본문의 한자는 신명조 약자로, 각주의 한자는 중고딕 약자로 표기하였다.
4. 고유명사 뒤에 한자어나 우리말이 이어지는 경우는 문맥에 따라 다음과 같이 혼용하거나 한자로 표기하였다. 예) 헤이안平安시대, 구마노熊野 신앙, 하치만八幡 신사 등
5. 인용문은 원칙적으로 필자의 번역문을 주로 한다.
6. 출처가 표기되지 않은 그림이나 도표는 필자가 직접 촬영하거나 작성하였다.
7. 부호符号는 강조 어휘나 문장의 경우에 ' '로, 인용문은 " "으로 표기하였다. 서적명은『 』, 글명과 논문명은「 」, 연극이나 영화, 만화 및 그림명은 〈 〉, 잡지나 신문명은《 》로 표기하였다.
8. 최선을 다해 연락을 시도했음에도 저작권자를 찾지 못하거나 연락이 닿지 못한 사진의 경우, 정보가 확인되는 대로 이후 판본에 반영하고 필요한 절차를 밟겠습니다.

# 목차

## III 대중문화의 과거와 현재



## IV 전통과 현재의 공존

# I

# 동서양의 교류와 일본

# 1

# 지리적 지식과 이해

## 1) 지리적 지식의 확대

인간은 지구상의 각 지역에서 다양한 사회적 집단을 형성하고, 자연을 적극적으로 이용하여 자원을 개발하고 산업을 발전시켜 왔다. 이뿐만 아니라 오랜 옛날부터 다른 지역 사람들과의 교류를 통하여 생활을 향상시키고 문화 발전을 이루었다.

지리적 지식은 이러한 인간의 사회생활이 지역에 따라서 어떠한 특색을 가지고 있는가를 밝히는 데 중요한 의미를 가진다. 지표상에서의 지리적 지식은 인간 생활의 전개에 관한 정보를 가리키며, 인간의 생활 영역이 확대되어 감에 따라 더욱 풍부해지고 있다.

원시사회의 지리적 지식은 인간들이 생활하고 행동하는 범위와 물자 교환에 의해서 맺어진 범위에 한정되었다. 고대·중세시대는 국왕·귀족·외국과 교역하는 상인 등 일부 특권 계층을 제외하고는 제한된 토지에 정주하면서 생활하는 일반인들의 경우는 지리적 지식의 폭이 좁았다.[1)]

15~16세기 대항해시대가 되면서 유럽인들은 먼바다로 항해하여 새로운 지역에 진출하였고, 교역과 포교 활동을 통해서 세계 각지의 지리적 지식을 확

---

1) 마르코 폴로M. Polo(1254~1324)의 『동방견문록東方見聞錄』 정도였다.

대시켜 나갔다.[2] 18~19세기, 산업혁명에 성공한 유럽 제국은 근대 공업의 발전과 동시에 자본과 무력을 배경으로 세계 각 지역을 식민지와 반식민지로 분할하여, 유럽 중심의 국제적 분업 체제를 구축하였다. 그 결과, 세계 각 지역은 유럽을 중심으로 하나로 연결되기에 이른다. 상품 경제의 확대와 국제 정치의 긴밀화에 의해서 생겨난 지리적 지식은 각 국가의 사회·경제 발전에 큰 역할을 하였다.

근대와 현대 국가에서는 지리적 이해와 국민교육의 보급이 경제 발전을 위한 불가결한 요소가 되었고, 그 결과 국내외의 지리적 지식은 국민 전체의 것으로 확장되었다. 세계인들이 상호 간의 깊은 이해를 위해서는 자신의 국토와 세계 각 지역에 대해서 정확하고 과학적인 지리적 이해를 가질 필요가 있다. 이를 통해 생활의 질적 향상에 기여하는 역할은 물론이고 세계 각국 간의 문화를 존중하고 평화로운 국제관계의 실현도 수월해질 것이다.

## 2) 민족과 문화 그리고 인종

인간은 다양한 집단을 이루면서 생활하고 있다. 그 가운데 가장 기본적인 단위는 민족이라 할 수 있다. 민족이란 의식주와 언어·문화·종교·풍속·습관 등 문화의 공통성과 결합에 의해서 특징지어진 사회집단으로, 장구한 역사 속에서 공통의 전통을 계승하며 지역적인 연대의식을 형성시켜 왔다. 그리하여 세계의 각 민족은 각각의 민족을 특징짓는 공통의 문화적 요소를 가지고 있으

---

2) 콜럼버스C. Cloumbus(1446~1506)의 신대륙 발견, 바스코 다 가마V. D. Gama의 인도항로 발견, 마젤란F. D. Magalhães의 세계 일주, 18세기 제임스 쿡J. Cook의 태평양 탐험 등.

며, 인간관계에서 가장 기초적이며 자연 발생적인 사회집단이라 할 수 있다. 그러나 언어나 의식주처럼 민족이 형성되기 전부터 있었던 요소들로 인해 각 문화적 요소의 분포는 민족의 분포와 반드시 일치하지는 않는다. 또한 동일 민족 안에서도 지역적으로 차이가 나는 문화적 요소가 있다.

한편, 경제 상황과 관계가 깊은 문화는 상품 경제의 침투로 인해 획일적으로 보급되어 가는 경향이 있다. 19세기 이후 세계에 널리 퍼진 유럽 문화가 좋은 예이지만, 제2차 세계대전 후 민족의 자립과 동시에 민족 문화와 지역 문화를 소중히 여기는 움직임도 강해졌다.

인간을 체질적인 특징에 따라 분류한 것을 인종이라고 한다. 민족과 인종은 다른 개념이며, 민족의 차이가 동시에 인종의 차이를 의미하는 것은 아니다. 그러나 이질적인 민족 사이에서는 인종적인 차이를 볼 수 있는 경우가 있기 때문에, 민족의 대립이나 우월의식에 근거한 인종적 편견 또는 인종차별이 발생하기도 한다.

현대 세계에서 각 민족은 특색 있는 근대적 국가를 형성하고, 국내적으로는 여러 지역에서 다양한 형태의 생활을 하고 있으며, 국제적으로는 정치적·경제적 단위로 교류하는 등 상호 간에 밀접한 관계를 유지하고 있다. 이처럼 국가는 정치 주권과 경제 활동의 지역적 단위이며, 일반적으로 문화 통일체로서도 기능하고 있기 때문에 현대 세계를 지역적으로 고찰하는 가장 기본적인 단위가 되고 있다.

따라서 인간 집단의 사회적 결합을 살펴보기 위해서는 인간과 자연의 관계도 구체적으로 고찰할 필요가 있다. 각각의 사회를 구성하는 사람들의 생활 무대가 되고 있는 자연은 자연환경이라고 불리며, 사회의 존재와 무관계로 고찰할 수 있는 자연과는 구별해서 취급해야 한다.

옛날부터 인간의 사회생활과 문화는 자연환경에 의해서 숙명적으로 결정 지어졌다는 환경결정론環境決定論을 정확하게 파악하기 위해서는 인간들이 자연환경을 주체적으로 이용하고, 때로는 개조하면서 살아가는 환경가능론環境可能論을 이해할 필요가 있다.

사회라는 집단생활에 있어서 인간은 자연환경이 잠재적으로 가지고 있는 다양한 가능성을 끌어내어 현실 생활에 기여할 수 있도록 활용함으로써 사회생활을 유지하고 있다. 인간 사회에 있어서 자연환경이 가지는 역할은 각각의 국가가 어떠한 사회체제를 취하고 있느냐에 따라서도 다를 수 있으며, 또 그들의 국가와 사회가 발전함에 따라 자연환경이 가지는 의미도 역사적으로 변화해 간다.

반면, 사회 환경이란 자연환경에 대한 인간과 인간과의 사회적인 관계, 즉 사람들 생활의 상호관계와 국내 및 국제적인 정치·경제·사회적인 관계를 말한다. 따라서 인간과 자연과의 관계를 나타내는 자연환경과는 기본적으로 다르기 때문에 분명히 구별해서 파악해야 한다.

# 2

# 동서양의 교류와 문화의 발전

흐르는 물이 큰 강을 이루듯이, 인류의 역사는 이질적인 문화와 만나면서 더 큰 발전을 이루었으며, 위대한 문명이 만들어졌다. 지리적으로 보면 동아시아의 끄트머리에 위치하고 있는 일본 열도는 동서양의 교류와는 상관없이 독자적인 역사와 문화가 만들어졌을 것 같지만, 사실은 그렇지 않다.

일본의 건국신화는 우리의 단군신화와 같이 천손강림 신화에 뿌리를 두고 있다. 한때 인기리에 방영되었던 TV프로그램 〈꽃보다 할배〉 그리스편에 아테네Athens의 파르테논Parthenon 신전이 나왔다. 아테네 문명의 상징과도 같은 파르테논 신전의 엔타시스Entasis 기둥 양식은 일본에까지 전해졌고, 이는 동서양 교류의 결과라고 볼 수 있다.

세계사적 관점에서 보면 이질적인 문화가 만나는 곳에 새로운 문화 발전이 일어나는 경우가 많다. 인더스 문명과 아리아 민족[3]이 만나면서 고대 인도 사상이 발전하였고, 아시아의 여러 민족이 중국과 인도의 문화와 만나 각각의 문화 발전을 이루었다. 그리고 헤브라이즘Hebraism[4]과 헬레니즘Hellenism[5] 문

3) 기원전 1,500년경 중앙아시아에서 인도·이란 등으로 이주한 고대 민족으로 인도·유럽어족에 속하는 언어를 사용한다.

4) 고대 이스라엘 민족의 사상과 문화에서 유래하는 정신. 특히 기독교의 근간을 이루는 유일신 신앙을 말한다.

5) 그리스적 사상과 문화에서 유래한 정신. 알렉산더Alexander의 동방원정 이후 그리스와 오리엔트 문

화의 상호작용으로 형성된 유럽 문명, 유럽 문명과 아시아·아프리카의 토착문화가 교류를 통해 현대 중국과 미국, 라틴아메리카의 독자적인 문화가 형성되었던 것처럼 여기에서는 유라시아 대륙이 무대가 된 동양과 서양의 교류 그리고 일본과 동서양의 교류에 대해서 살펴보기로 한다.

### 1) 동양과 서양의 교류

유라시아 대륙의 동서 교류를 연결하는 주요 루트에는 초원의 길(스텝루트), 비단길(실크로드) 그리고 해상의 길이 있다.

초원의 길은 유라시아 대륙 북부를 동서로 나눈 벨트 모양으로 펼쳐져 있고, 초원을 무대로 살아온 스키타이인들이 이용하던 교통로이다. 스키타이인은 기원전 6세기에서 3세기에 걸쳐 흑해 북안에 건설된 이란계 유목 민족으로 오리엔트[6]와 그리스의 금속 문화의 영향을 받은 무기·마구馬具 등과 동물 장식을 특징으로 하는 독특한 문화를 선보였다.

비단길은 유라시아 대륙 내부의 사막에 산재散在하는 오아시스가 이어지는 교역로로, 최근에는 오아시스 루트라고 부르기도 한다. 중국에서 서양으로 전해지는 대표적인 상품인 비단에서 그 명칭이 유래되었으며, 1세기경 불교가

---

화가 만나 생겨난 역사적 현상으로, 문화는 세계시민주의·개인주의적 경향이 강하며 자연과학이 발달하였다. 시기적으로는 기원전 334년 알렉산더의 동방 원정부터 기원전 30년 이집트 병합까지이고, 지역은 그리스·마케도니아·알렉산더의 원정 지역까지 포함한다.

6) 세계 최고의 문명이 형성된 아시아 남서부와 이집트를 통칭. 고대 동방 넓게는 동북아프리카도 포함하며, 보통은 아시아를 지칭하지만 때로는 그 가운데에서도 극동지방을 가리키기도 한다. 반면, 오쿠시텐트Occident는 라틴어로 서방, 해가 지는 곳이라는 의미이다.

인도에서 중국으로 전해진 길이기도 하다. 그 후, 오랫동안 동아시아의 불교 전래에 중요한 역할을 담당하였다. 이 루트 중앙부에 해당하는 인도의 간다라에서는 기원전 1세기경, 그리스 조각의 영향을 받은 불교가 발달하여 그리스·이란·인도 문화가 융합된 불교미술 양식인 간다라 미술이 성립되었다. 간다라 미술은 동쪽으로 전파되어 중국과 한반도를 거쳐 일본에 전래되었다. 이 루트를 통해 그리스 파르테논 신전의 기둥 양식인 엔타시스 형식의 기법이 고대 일본의 사원 건축에도 전해져, 우리에게는 법륭사法隆寺로 알려진 호류지의 기둥에서 그 영향을 확인할 수 있다.

그리고 고내국가의 기틀을 마련한 쇼토쿠태자聖德太子라는 있는 인물이 있다. 쇼토쿠라는 호칭은 사후에 붙여진 이름으로 생전에는 우마야도오지厩戸皇子, 즉 마구간 왕자라고 불렸다. 마구간 왕자라는 이름은 '성스러운 아이는 마구간에서 태어난다'는 전승에서 유래하였다. 이것은 베들레헴의 한 여관 마구간에서 태어난 예수 그리스도의 탄생과 매우 유사하다. 그뿐만이 아니다. 태어날 때 주먹을 꽉 쥐고 있었는데, 세 살 무렵 주먹을 펴자 그 안에서 사리가 나왔다는 이야기도 있다. 이것은 석가모니 출생의 일본 버전이라고 할 수 있다.[7] 우리는 여

쇼토쿠태자상

7) 일본의 역사서인 『고지키古事記』(706)에는 "上宮之厩戸豊聡耳命", 『니혼쇼키日本書紀』(720)에는 "厩戸皇子", "豊耳聡聖德", "東宮聖德"라고 적혀 있다. 이를 통해 『니혼쇼키』가 편찬될 당시에 이미 '우마야도오지 = 쇼토쿠태자'라는 이미지가 만들어졌다는 사실을 알 수 있다.

기에서 '인류의 위대한 스승인 석가모니와 예수의 탄생 그리고 일본의 쇼토쿠태자와 관련된 기록은 우연일까?'라는 의문을 가질 수 있다.

쇼토쿠태자는 예수가 태어나고 약 500여 년 후, 석가모니보다는 무려 1,000여 년이 지난 후의 인물이다. 그런데 위대한 성인의 탄생과 관련된 이야기가 일본에도 있었다는 것을 단순한 우연의 일치로만 보기는 어렵다. 시간차는 있지만 석가모니나 예수의 탄생과 관련된 이야기가 일본까지 전해져 일본 고대사의 기초를 만든 쇼토쿠태자의 탄생 신화로서 각색되어진 것으로 추정할 수 있다. 실제로 경인京人이라고 불리는 기독교인이 고대 일본 조정을 방문하였다는 기록이 이를 뒷받침해 준다.

해상의 길에서는 계절풍을 이용해 이집트와 인도가 오랜 옛날부터 무역을 해왔다. 166년에는 로마 황제 마르크스 아우렐리우스 안토니우스M. A. Antoninus가 보낸 사절이 바다를 통해 중국으로 갔으며, 1498년에는 포르투갈의 바스코 다가마V. D. Gama가 희망봉을 돌아 유럽에서 인도까지의 항로를 열었다.

이것을 계기로 포르투갈인이 아랍 상인들을 제치고 먼저 동양의 각 지역으로 진출하였고 스페인·네덜란드가 그 뒤를 이었다. 17세기에는 영국과 프랑스가 이들을 대신해서 해상에서의 주도권을 장악하였고 유럽의 문화가 정치력과 경제적 지배력을 앞세워 아시아 각 지역으로 전파되어 나갔다.

근대 아시아는 유럽의 문화를 받아들이면서 서구화와 근대화가 시작되었으며, 한편에서는 민족주의(토착주의·전통주의)가 대립과 통합을 반복하게 된다. 일본의 역사와 문화도 예외 없이 동서양의 교류의 연장선상에서 형성·발전해 왔다는 점을 놓쳐서는 안 될 것이다.

### (1) 대항해시대 이전의 세계와 일본

일본에 대한 이방인의 기록은 고대부터 있었다.

『한서지리지漢書地理誌』에는 "한나라 사람들은 일본 열도의 사람들을 왜인이라고 불렀다"라고 나와 있으며, 『삼국지三国志』의 「위서동이전魏書東夷伝왜인조倭人条」에는 3세기 중엽 무렵까지 왜에 관한 사정이 기록되어 있다. 아래는 그 속에 기술된 야마타이국邪馬台国의 모습이다.

> 야마타이국의 남자는 얼굴과 몸에 문신을 하고, 조개와 물고기를 잡거나 벼농사를 짓고, 심베와 양잠을 길러 이것으로 옷감을 만들었다. 남자는 머리를 틀며 솔기 없는 옷을 입었다. 여자는 머리를 늘어뜨려 묶고, 천의 한가운데를 뚫어 옷을 만들어 입었다. 여왕 히미코卑弥呼는 신을 모시면서 정치를 하였고, 남동생이 히미코를 도왔다. 히미코가 여왕이 되면서 그 모습을 본 자는 없다. 그리고 1,000명의 여자 몸종이 있었다.

한편, 조선 전기에 회례사回礼使로 일본에 다녀온 문신 송희경宋希璟이 쓴 『노송당일본행록老松堂日本行録』에 따르면 회례사 일행은 1420년 2월 5일경 동래에 내려갔고, 15일 부산포를 출발해 초량에서 하룻밤을 지낸 다음 이튿날 쓰시마対馬에 도착하였다고 한다. 송희경은 동래의 동헌東軒에 묵을 때 관원 및 일본 승려와 여러 편의 시를 주고받았다. 교토京都 방문을 마친 회례사 일행은 9월 26일 제포(현 진해시)로 들어와 김해를 거쳐 서울로 향하였다.

당시 송희경이 본 일본의 사회 풍속 몇 가지를 소개하면 다음과 같다.

하카타博多(현 후쿠오카福岡)와 효고兵庫(현 고베神戸) 등의 항구도시와 각 지역에서는 3모작으로 벼·보리·메밀을 재배하고 있으며 하는 일 없이 먹고 노는 사람이 많은 반면, 농민이 적고 구걸하는 굶주린 자들과 승려가 많으며 비구승과 비구니승이 함께 사는 절이 있다고 전하고 있다.

해적과 외국인에 대한 기록도 적고 있다. 세토내해瀬戸内海를 통과할 때는 해적의 피해를 방지하기 위해 주변을 잘 아는 해적 한 명을 돈을 주고 고용하였다는 내용과 일본에 거주하는 조선인·중국인들과도 만났다는 내용도 나온다. 송희경 일행을 안내하였던 자는 이전에 사신으로 조선에 온 적이 있는 하카타 상인 히라카타 요시히사平方吉久의 조부이다. 그는 저장성 출신으로 하카타에 와서 승려가 되었으며, 쓰시마에서는 2년 전에 왜구倭寇의 포로가 되어 노예로 팔려간 명나라 군관軍官을 만나기도 하였다. 교토에서 일행을 접대한 통역사 기덴魏天은 어렸을 때 중국에서 잡혀, 일본과 조선으로 팔려 다니다가 중국으로 되돌아온 뒤 다시 일본으로 건너와 막부幕府의 통역관 일을 하고 있었다는 매우 흥미로운 이야기도 실려 있다.[8)]

1719년 제술관製述官의 신분으로 일본을 방문한 신유한申維翰의 일기 『해유록海遊録』은 임진왜란 이후 총 12회에 걸쳐 이루어진 조선통신사 파견에 대한 일본 기행문 중에서도 문학적 가치가 매우 뛰어난 작품으로 평가된다. 이 일기는 당시 일본 사정을 상세하게 기술하고 있다. 이 기록들을 통해 대항해시대 이전의 일본은 동양과의 문화교류가 전부였음을 알 수 있다.[9)]

### (2) 대항해시대와 일본

지금까지 동서양 교류의 루트와 중국과 조선의 기록 속에 언급된 일본에 대해서 알아보았다. 그런데 오랜 옛날부터 동서양이 초원의 길이나 비단길처럼 육로를 이용하는 방법이 있음에도 불구하고 왜 유럽인들은 위험 부담이 많은

---

8) 宋希環, 『老松堂日本行録一朝鮮使節の見た中世日本』, 岩波書店, 1987.

9) 日本史教育研究会編, 『日本の歴史 歴史に流れをつかむ』, 新泉社, 2016, p.92.

해상의 길을 선택한 것일까? 유럽인들이 바다로 가게 된 이유, 좀 더 정확하게 말하자면 바다로 갈 수밖에 없었던 이유를 알아보고, 그들의 눈에 비친 일본에 대해서 소개하기로 한다.

유럽인들이 바다로 나갈 수밖에 없었던 이유, 즉 대항해시대가 열리게 된 배경은 내적 요인과 외적 요인으로 나눌 수 있다. 먼저 내적 요인으로는 첫째, 13세기 몽골의 침입과 마르코 폴로M. Polo 등에 의한 유럽에서의 아시아 지식의 확대, 둘째 나침반·쾌속 범선·위도 항법 등과 같은 원양 항해술의 발달, 셋째 유럽에서의 육식 보급에 따른 향신료 수요 증대, 마지막으로는 레콩키스타Reconquista[10]의 전개로 인한 기독교 포교를 들 수 있다.

앞의 네 항목은 대항해시대가 시작된 유럽 내부의 요인이지만, 외적 요인으로는 이 시기 소아시아에서 일어난 이슬람교 국가인 오스만Osman 제국의 성립이 있다. 오스만 제국이 성립하면서 발칸반도, 동·서아시아를 무대로 무역을 하고 있던 이탈리아 상인 중심의 유럽 동방 무역에 지장이 생기게 된다.

콜럼버스가 신대륙을 발견하기 전까지만 하더라도 서유럽은 인도와 중국에 대항할 수 있는, 경쟁력 있는 기술과 상품이 별로 없었다. 당시 유럽은 문화나 기술력이 아시아나 이슬람권에 비해서 상대적으로 허약하였다. 비단·자기·향신료와 같은 고급 소비재에서 종이에 이르기까지 유럽은 많은 물품을 동방에서 수입해야 했다.

그러다가 1453년 오스만 세력이 콘스탄티노플Constantinople을 점령하게 되자, 서유럽에서는 새로운 무역로를 찾기 위해서 미지의 세계와도 같은 대서양

10) 이슬람교도에게 점령당한 이베리아반도를 기독교도의 영토로 되찾기 위한 전투로서, 711년 이슬람 침입 이후부터 1492년 그라나다를 이슬람교도로부터 되찾을 때까지 이어졌다. 이 과정에서 포르투갈·스페인 두 국가가 성립하였다. 레콩키스타는 정복의 의미를 가지는 국토 회복 운동이라고도 한다.

으로 나가게 된 것이다. 동쪽 무역로를 이용하려면 오스만 제국에게 비싼 통행료를 지불해야 했기 때문에 육로를 경유해서 풍요의 땅인 인도와 중국으로 가기에는 힘이 부쳤던 것이다.

전통적인 교역로였던 육로가 막히게 되면서 바다로 진출하게 된 유럽 국가들 가운데 선두 주자는 이베리아반도에 있는 작은 나라 포르투갈이었다. 이 작은 나라가 유럽의 해상 팽창의 전위前衛 역할을 하면서 아프리카·아시아·남아메리카 세 대륙에 걸친 해상제국으로 발전해 나간다.

국토 면적 9만 제곱킬로미터에 인구 100만 명에 불과하였던 소국이 단기간에 광대한 교역 네트워크를 건설한 것에 대해서 역사가들은 기적에 가까운 일이라고 평가한다. 작은 나라가 세계로 뻗어 나가기 위해서는 우선적으로 많은 인구의 유출이 불가피하다. 16세기에 해외로 나간 포르투갈인은 대략 10만 명으로 추산되는데, 이는 전체 인구의 10%에 해당하는 것이며 남성 인구로만 본다면 35%의 비중이었다. 또 외국에 나간 사람들 가운데 다수가 사망하였는데, 인구 대비 비율로 계산해 보면 세대마다 남성 인구의 7~10%가 희생된 셈이다. 포르투갈의 기적은 이러한 엄청난 희생을 대가로 얻어 낸 것이었다.[11]

당시 유럽은 인도와 아시아에서 수입하는 후추 등의 향신료가 큰 인기를 끌면서 무역이 활성화되었다. 결국 향신료를 확보하기 위한 무역은 새로운 식민지 개척으로까지 이어지게 된다. 그 경쟁에서 선두를 점한 포르투갈이 아프리카 남단의 희망봉을 발견하고 인도 항로를 개척하면서 경쟁국인 스페인은 제네바 상인 콜럼버스를 통해 새로운 항로 개척에 주력하게 된다.[12] 세계사에서

---

11) 주경철, 『문명과 바다』, 산처럼, 2002, 78~79쪽.

12) 콘스탄티노플이 이슬람교도들에게 함락된 뒤로 제노바에서 상인 훈련을 받았던 콜럼버스는 새로

근대를 주도하게 되는 유럽 제국의 등장은 오스만 제국의 성립이라는 위기를 기회로 바꾸어 버린 포르투갈과 스페인에 의해서 시작된 것이다.

역사의 발전과정을 보면 필연보다는 우연이 역사를 바꾸는 경우가 많은데, 대항해시대의 개막이 그 전형적인 사례라고 할 수 있을 것이다. 이후, 포르투갈과 스페인은 식민지로 끌어들인 아메리카에서 대량의 금과 은을 약탈하였으며, 남미가 원산지인 고구마와 감자가 전파되면서 유럽은 고질적인 기근에서 벗어날 수 있었다. 그 덕분에 유럽은 늘어만 가는 아시아와의 무역 적자를 만회할 수 있었다. 요즘 식으로 표현하면 바다로 나간 것이 '대박!'이었던 것이다.

남유럽 국가인 포르투갈과 스페인이 힘들고 위험한 해상 무역에 달려들어 어느 정도 사업이 안정되고 큰 이윤을 창출하자 후발 주자로 네덜란드나 영국, 프랑스와 같은 서유럽 국가들이 본격적으로 바다로 진출하기 시작하였다.

### (3) 대항해시대 이전의 바다

그런데 유럽인들이 바다를 선택하게 된 이유나 콜럼버스가 신대륙을 발견한 것이 일본과 어떤 관계가 있을까?

바다를 특정 세력이 지배한다는 개념은 공격적으로 해외 팽창을 시도하던 근대 유럽에서 만들어졌다. 이전까지 대부분의 문명권에서는 육지와는 달리 바다는 통치의 대상이기보다는 그저 텅 빈 공간 혹은 누구나 왕래할 수 있는 공로公路라는 인식이 일반적이었다. 아프리카 동해안으로부터 일본에 이르는 광활한 아시아의 바다는 일반적인 인식대로 누구나 왕래하며 교역하는 장소였다.

---

운 무역로를 찾기 위해 서쪽으로 갈 수밖에 없었다. 당시 스페인과 포르투갈에는 제노바 사람들의 공동체가 여럿 있었고 그는 그곳에서 기회를 엿보았다. 포르투갈이 이미 남쪽 아프리카 연안을 따라 항해하면서 아시아로 가는 루트를 찾고 있었으므로 콜럼버스에게는 서쪽 루트 말고는 선택의 여지가 없었다. 그 결과 아메리카 대륙을 발견하게 되었던 것이다.

해적과 같은 방해 요소가 없진 않았지만, 전반적으로 아시아의 바다는 자유로운 상업 무대였다. 상업 활동 중심지인 항구 도시들은 대부분 이방인 상인들의 진입과 활동을 막지 않았다. 후일 유럽 상인들이 비교적 쉽게 아시아의 교역 네트워크에 참여할 수 있었던 것도 원래 이 지역에서 이방인 상인들을 용인하는 특성 때문이었다.[13]

이런 식으로 발전해 오던 인도양 세계에 15세기부터 큰 변화가 연이어 일어났다. 이전의 초장거리 항해 루트가 점차 권역별로 나누어져서 아라비아해, 벵골만, 남중국해 등지에서 독립적이고 구조적인 변화가 일어났으며 동시에 중국의 해외 활동에도 큰 변화가 발생하였다.

잘 알려진 대로 대항해시대 이전, 명나라의 환관 정화鄭和는 사상 최대의 선단을 지휘하여 아프리카 동안東岸까지 순항하여 인도양 전체에 위세를 떨쳤다. 중국 역사에서 환관이 이처럼 중요한 군사적 직책을 맡은 것은 처음이었다.[14]

1371년 윈난성雲南省에서 태어난 정화의 선조는 색목인色目人, 즉 원나라 때 몽골 정권에 귀순한 서방계 민족으로 이슬람 교도였다. 주원장朱元璋이 명나라를 세울 때 윈난성에서 포로가 되어 훗날 영락제永樂帝가 되는 연왕燕王 주체朱棣에게 헌상된 정화는 영락제의 명령으로 1405년부터 1433년까지 총 일곱 차례의 대규모 해상 원정을 통해 인도·사우디아라비아·아프리카·메카 등 37개국을 순항하였다. 그가 원정대를 이끌게 된 데는 연왕의 왕권 찬탈 과정에서 공을 세워 총애를 받았기 때문도 있지만, 그가 이슬람교도 출신의 색목인이라는 점이 크게 작용한 것으로 보인다.

---

13) 주경철, 앞의 책, 19~20쪽.

14) 이성형은 정화를 다음과 같이 묘사하고 있다. "그의 눈썹은 칼 같았고, 이마는 넓었으며 호랑이 이마 같았다", "그의 입은 바다 같았고, 언변은 청산유수 같았으며, 그의 눈매는 요동치는 강물에 비친 빛처럼 번쩍였다" 이성형, 『콜럼버스가 서쪽으로 간 까닭은?』 까치, 2003, 43쪽.

35세의 정화는 황제의 명을 받들어 차근차근 원정 준비를 해나갔다. 온 국가가 동원된 사역이었다. 함대의 중심이 되는 서양 보선西洋宝船 가운데 가장 큰 것은 길이가 151.8미터에 폭이 61.6미터였다. 중간급도 126미터의 길이에 51.3미터의 폭이었다. 보선의 적재 중량은 약 2,500톤, 배수량은 약 3,100톤 규모였으며, 돛이 9개나 되는 배도 있었다. 100년 뒤 대항해시대를 주도하였던 포르투갈이나 스페인 범선들과는 규모면에서 차이가 컸다.

1405년 가을, 317척에 이르는 함대는 2만 7,000명 규모의 대원들을 이끌고 남해 원정에 올랐다. 그리고 1430년 선덕제宣德帝 5년의 마지막 원정에 이르기까지 무려 7차에 길친 대원정은 동서양 바다의 역사에 가장 획기적인 사건이었다. 그의 원정대는 동남아와 인도양을 샅샅이 훑고 다녔다. 동남아의 해역은 중국의 내해나 다름없었다. 난징南京에서 동남아, 동남아에서 인도양에 이르는 해로는 중국인들의 바다가 되었다.

중국 징더전景德鎮의 자기磁器나 항저우杭州의 비단이 해로를 통해서 전해지는 대신 동남아와 인도양의 향신료나 특산물, 기린을 비롯한 진귀한 짐승들은 중국으로 반입되었다. 중국인들은 아프리카까지 시선을 넓혔고 거대한 중국인들의 디아스포라diaspora도 이때부터 시작되었다.

정화의 원정 이후, 동남아 곳곳에 무역에 종사하는 화교 공동체가 생겨났다. 마닐라나 믈라카Malacca에서는 화교들이 정화의 초상을 모시고 그 앞에서 기도를 올렸다. 삼보공三保公 정화가 화교들의 수호신이 된 것이다. 이러한 중국이 바다를 포기하자 서양이 본격적으로 바다를 향해서 뛰어들었다. 중국의 '해상 후퇴'와 곧바로 이어진 유럽의 '해상 팽창'은 세계사의 흐름을 갈라놓는 중요한 분기점이 되었다.

인도양은 물론이고 멀리 아프리카 호르무즈 해협Strait of Hormuz까지 진출하였던 명대의 중국이 왜 바다에서 발을 빼고 물러났는지에 대해서는 살펴볼 필요가 있다.

다음 세 가지를 그 이유로 들 수 있다. 첫째, 대운하가 1415년에 개통되어 바지선에 의해서 남쪽의 곡물이 북경으로 운반될 수 있었다. 둘째, 재정적 어려움이 가중되자 내륙과 해양 2개의 전선을 지속적으로 관리하기가 힘들어졌다.[15] 셋째, 문인 관료들은 이런 상황을 적절하게 이용하여 바다와 무역을 통해 권력을 유지하고 있던 환관 세력들을 밀어내는 데에 성공하였기 때문이라는 것이다.[16]

중국 조정이 바다의 통제권을 버리고자 한 그 순간, 서양은 바다를 향해서 뛰어들었다. 1488년 바르톨로메우 디아스B. Dias가 희망봉을 돌았고, 1498년에는 바스코 다 가마가 인도의 캘커타에 닿았다. 이곳은 정화가 수차례 이용하였던 원정대의 중간 기착지였다. 마르코 폴로의 『동방견문록東方見聞録』을 애독하였던 콜럼버스도 1492년에 대서양을 건너 서인도 제도에 도착하면서 바다는 서양의 무대가 되었다.[17]

---

15) 대륙강국이 해상강국의 지위까지 넘볼 수 없다는 지정학적 징크스에서 거대 중국도 자유롭지 않았다. 여기에 북방 초원 몽골족들의 위협도 만만치 않았다. 더구나 황제가 몽골군에게 잡히는 수모를 겪은 토목土木의 변變(1449)이나, 장성長城을 우회하였던 알탄 칸의 침입도 있었다. 여기에 조정의 재정도 제국 성립 당시와 달리 크게 악화되어만 갔다. 1448년에 있었던 황하의 범람도 정부의 재정을 더욱 고갈시켰을 것이다.

16) 1477년 병부시랑兵部侍郎은 정화 원정대가 남긴 문서를 모두 압수하여 불태워 버렸다고 한다. 과거에 대한 기록을 모두 지워 다시금 해양 원정 이야기가 나오는 것을 막으려고 했던 것이다. 이 사건 이후, 원양선박의 건조 기술이나 화약과 대포 생산 기술은 점차 중국 장인들의 기억 속에서 사라져 갔다.

17) 이성형, 앞의 책, 42~46쪽.

### (4) 마르코 폴로의 『동방견문록』과 지팡구Zipangu

지금까지 대항해시대를 연 유럽과 유럽의 대항해시대 이전, 인도양으로의 중국 진출과 포기에 관하여 소개하였다. 역사에서 만약이라는 가정은 없지만, 해외 원정으로 중국 내의 상업혁명이 촉진되고, 중국 중심의 세계 무역이 발달하면서 중국이 서양보다 앞서 주체적으로 근대화를 이룩했다면 어땠을까? 궁금해지는 대목이다.

지금부터는 유럽인들의 눈에 비친 일본에 대한 이야기를 해보기로 하자. 주인공은 마르코 폴로이다. 그는 1271~1295년에 유럽에서 아시아까지 여행하였으며, 17년 동안 중국에 머물렀다. 이 경험을 기록한 여행기 『빌리오네Il milione』는 흔히 마르코 폴로의 『동방견문록』으로 알려져 있으며, 지리학의 고전으로 평가받는다. 마르코 폴로가 쓴 이 책 속에 지팡구, 즉 일본이 나온다.

지팡구의 유래는 중국어 '지·팡·쿠오'에서 '지팡구'로, 유럽에서는 마르코 폴로가 처음으로 소개하였다고 전해진다. 16세기경 포르투갈인들이 남중국어 발음을 차용해서 '쟈팡Japan'이라고 부르면서 일본의 영문 표기가 되었다고 보는 견해가 일반적이다.

중세 유럽인들의 세계관은 아시아의 여러 지역을 직접 보고 왔다는 각종 여행기들에 의해 확인되고 더 강화되었다. 『동방견문록』에는 실제 그가 본 내용뿐 아니라 그가 들었던 소문, 심지어는 그가 믿고 염원하는 것, 상상하는 것까지 뒤섞여 있었다. 그가 그리는 아시아의 모습이 대개 엄청난 과장으로 부풀려져 있는 것도 이 때문이다. 그의 책에는 예컨대 중국의 항저우杭州에는 모두 1만 2,000개의 돌다리가 있고, 게다가 이 다리의 아치가 얼마나 높은지 그 아래로 배들이 돛대를 접지 않고도 쉽게 지나다닐 수 있으며, 지팡구는 '헤아릴 수도 없을 정도로 금이 나는 곳'이며 '보도歩道들도 순금으로 되어 있고 두께는 두 손가락 정도나 된다'라고 적혀 있다.

『맨더빌여행기』는 더 과장되었다. 중세 말부터 근대 초까지 최고의 베스트셀러였던 이 책의 저자는 단 한 번도 유럽 땅을 떠나 본 적이 없음에도 불구하고, 여러 여행기의 내용을 짜깁기해서 아시아를 몽환적으로 그렸다. 아시아 각지에는 두루미와 싸우는 피그미족, 개미 머리를 한 사람, 머리는 없고 배에 눈이 달린 사람, 엄청나게 큰 발 하나만 가지고 있어서 이것을 양산처럼 사용하여 햇빛을 가리는 사람들이 살고 있다는 식이었다.18)

과연 당시 사람들은 이 여행기들을 실제로 믿었을까 하는 의문이 들지만, 놀랍게도 많은 사람이 그 내용을 그대로 받아들였다. 『동방견문록』과 『맨더빌여행기』를 애독하였던 콜럼버스도 『동방견문록』의 여백에는 꼼꼼하게 주석을 달아 놓았다고 한다. 콜럼버스는 이 중세적인 세계관을 그대로 믿고 항해를 떠났던 것이다.19)

유럽인들이 동양에 관심을 두게 된 이유에는 금 이외에도 향신료인 후추가 있다. 당시 향신료 무역의 중심지는 말레이시아의 믈라카였다. 지금도 믈라카 해협은 온갖 물류가 지나가는 중요한 해로이지만 당시에는 인도양과 자바 그리고 남중국을 잇는 중계항으로 전략적 가치가 높은 곳이었다. 이곳을 1511년에 포르투갈인들이 장악하여 난공불락의 요새 '아 포모사A Famosa'를 세웠다. 이후, 1641년에 네덜란드인들이 포르투갈인들을 밀어내고 동양 무역의 주요 거점으로 삼아 경제적 이익을 취하였다. 그러나 네덜란드인들도 1795년에는 영국인들에게 밀려난다. 태평양전쟁 때 일본인에게 점령되었던 말레이시아는 1957년 열강의 손에서 벗어나 독립을 쟁취하였다.

『동방견문록』은 총 4권으로 이루어져 있다. 각 권의 구성을 보면 제1권은

18) 존 맨더빌 지음·주나미 옮김, 『맨더빌여행기』, 오롯, 2014.

19) 주경철, 앞의 책, 70~73쪽.

이탈리아를 출발해서 중국에 도착하기 전까지로, 주로 중동과 중앙아시아에서 경험한 것들을 기술하고 있다. 제2권에는 중국과 쿠빌라이의 궁전에 관한 것, 제3권에는 지팡구日本·인도·스리랑카·동남아시아와 아프리카 동안 지역에 관한 것, 마지막 제4권에는 몽골에서의 전쟁과 러시아에 관한 것들이 기술되어 있다.

지금부터는 마르코 폴로의『동방견문록』속에 언급된 지팡구에 대해서 살펴보기로 한다. 수많은 유럽인은『동방견문록』에 언급된 지팡구를 '황금으로 가득한 땅'으로 기억하고 있다.

다음은『동방견문록』속 지팡구에 대한 기술의 일부이다.

- 중국 대륙 동쪽 1,500해리 해상에 있는 큰 섬
- 그 나라 국왕의 궁전은 순금으로 만들었다
- 진주가 대량으로 생산된다
- 몽골의 쿠빌라이가 이 나라를 정복하려고 대규모의 군대를 파견하였으나 태풍 때문에 실패하였다

위 기술의 진실 여부에 대해서는, 세 가지는 맞지만 하나는 잘못되었다고 할 수 있다. 진주가 대량으로 생산된다는 것은 일본에 관한 것이 아니라 태평양 한가운데 있는 멜라네시아Melanesia나 폴리네시아Polynesia에 관한 정보인데 일본에 대한 것처럼 기술되어 있다.

"중국 대륙 동쪽으로 1,500해리 거리에 있는 큰 섬"은 맞는 설명이다. 1,500해리를 킬로미터로 환산하면 약 2,778킬로미터가 되는데 이는 대략적으로 정확하다. 당시 중일 무역은 항저우를 중심으로 이루어지고 있었다. 1,500해리라는 표현은 푸젠성福建省 남동부의 항구도시인 취안저우泉州에서

규슈九州 북부까지의 거리와 일치한다. 마르코 폴로는 일본에 대한 정보를 이 취안저우에서 들은 것으로 추정된다. 지팡구라는 말이 중국어 일본 발음 'ji-pen-quo'에서 왔다는 것도 이를 뒷받침하고 있다.

다음 "그 나라 국왕의 궁전은 순금으로 만들었다"는 기술인데, 당시의 장소는 수도인 교토가 아니라 혼슈 동북쪽인 오슈奧州 히라이즈미平泉라는 곳으로 추정된다. 이곳은 교토의 귀족인 후지와라藤原와는 다른 오슈 후지와라奧州藤原 가문이 3대에 걸쳐 100년 동안 지배하고 있었다. 주손지中尊寺라는 사원의 곤지키도金色堂가 국왕이 지내는 궁전의 모델이었다고 전해진다. 당시 히라이즈미는 교토 다음으로 큰 도시로 인구는 10~15만 명으로 추정되는 곳이었다. 곤지키도는 3칸의 작은 건물인데, 지붕·벽·마루·문에 이르기까지 모두 금박을 입혔다. 나전과 유리로 장식한 수미단須弥壇에는 33체의 황금불이 안치되어 있으며 칠보로 장식한 기둥이 주위를 둘러싸고 있다.

주손지 곤지키도

히라이즈미는 고대부터 금의 산지로 유명한 곳이었다. 막대한 금 생산이 오슈 후지와라 가문이 번영할 수 있는 경제적 기반이었다. 마르코 폴로가 원나라에 체류 중이던 13세기경, 오슈 지방의 호족 안도安東는 혼슈 북쪽 아오모리青森의 도사十三항을 경유해서 중국과 독자적인 교역을 하고 있었는데, 여기에서 곤지키도의 이야기가 중국으로 전해진 것으로 추정된다.

네 번째, 몽골의 침략에 대한 기술도 맞는 이야기이다. 몽골은 1274년과 1281년 두 차례에 걸쳐 일본 원정을 했으나 공교롭게도 폭풍이 불어 실패로 끝났다. 일본에서는 이 폭풍을 신이 바람을 일으켜 외세의 침략을 막았다고 해서 신풍神風, 즉 '가미카제'라고 부르고 있다.

# 3

# 일본과 세계의 교류

## 1) 일본의 기층基層문화

지금까지 동서양의 교류와 중세시대 유럽인들이 일본에 대해서 어떻게 인식하고 있는지 살펴보았다. 이제부터는 일본 문화의 형성과 발전과정에 대해서 알아보도록 하자.

일본 문화는 외부 세계로부터 유입되어 들어온 외래문화가 수용과 변용을 반복하면서 만들어졌다. 외래문화의 유입은 특정 시기에 국한된 것이 아니라, 고대부터 꾸준한 접촉을 통해서 이루어졌다고 할 수 있다. 고대에는 도래인과 견수사遣隋使·견당사遣唐使 등을 통해서 중세 말과 근세·근대에는 일본을 방문한 유럽인과의 접촉 등이, 역사적인 대전환기에는 반드시 외부로부터 충격(인적·물적 유입)이 가해지면서 변화해 왔다.

여기에서는 일본의 기층문화 소개를 비롯하여 일본과 아시아의 교류 그리고 일본과 서양의 교류에 관해서 소개한다.

우리는 예기치도 않던 우연한 만남이 인생을 바꾸는 경우를 영화나 드라마 또는 실생활에서 경험한다. 일본 역사에서도 특히 외국과의 우연한 만남이 중요한 터닝 포인트가 되어 역사의 물줄기를 크게 바꾸어 놓는 경우가 많았다.

원시시대에서 고대로 넘어가는 시기에는 한반도에서 도래인到来人들이 건너가면서 시작되었다. 일본 열도로 건너온 도래인의 수는 당시로서는 엄청난 숫자였다. 이들은 높은 수준의 지식과 기술을 보유한 집단이었다. 『나의 문화유산답사기』로 유명한 유홍준 교수는 이들을 한반도에서 일본으로 건너간 고대 '이주민 집단'이라고 부르는데, 적절한 표현이라고 생각한다.[20)]

일본 역사의 시작점이라고 할 수 있는 조몬縄文시대는 약 1만 년 동안 완만하게 발전하였다. 비유하자면 잔잔한 호수와 같은 흑백의 시대였다고 할 수 있을 것이다. 호수는 표면에서 봤을 때는 눈에 띄는 변화가 느껴지지 않지만, 수면 아래에서는 끊임없이 생명체들이 움직이면서 변화를 만들고 있다. 일본 열도에 도래인들이 들어오면서 호수에 큰 돌이 던져진 것처럼 예상치도 못했던 파장을 일으키기 시작한 것이다. 그 파장은 호수의 모양을 바꾸어 버릴 정도의 변화를 가져온 야요이弥生시대이다. 일본 역사는 야요이시대를 기점으로 다양한 색채가 더해지기 시작하였고, 세월이 흐르면서 일본적인 색채가 짙어졌다.

그러나 여기에서 우리가 간과하면 안 되는 것은 일본적인 문화 가운데 많은 부분은 앞서 소개한 것처럼 다른 지역이나 국가들과의 교류를 거치면서 지금의 모습이 만들어졌다는 것이다. 이 책에서 다루고 있는 일본 문화의 대부분은 이런 과정 속에서 형성되고 발전해 온 것들이다.

일본 역사에서 두 번째 우연한 만남은 중세 말인 센고쿠戦国시대의 서양과의 첫 만남이다. 그리고 그 만남은 근세 말부터 근대 초기에 다시 한번 더 거세게 다가온다.

일본 문화를 구성하고 있는 기층문화, 즉 문화의 원류는 다섯 가지로 추정하여 정리할 수 있다. 첫 번째는 남태평양의 멜라네시아 계통의 모계적 수렵민 문화이고, 두 번째는 남중국 산지, 동남아시아 계통의 모계적 화전민 문화

---

20) 유홍준, 『나의 문화유산답사기 일본편』, 창비, 2013.

이다. 세 번째는 중국 동북부, 한반도를 경유해서 건너온 북방 내륙의 퉁구스계의 부계 중심의 화전·수렵 문화이며, 네 번째는 중국 강남의 벼농사 문화이다. 그리고 마지막으로는 아시아 내륙의 부권적·씨족적인 기마 유목민 문화이다. 이렇게 지역과 특징을 달리하는 이문화異文化가 일본 열도에 순차적으로 전해지고 이들 문화가 조화를 이루면서 발전되어 온 것으로 여겨진다.

연구자에 따라 주장이 다소 차이가 있을 수는 있으나, 결국 일본 문화는 장구한 세월에 걸쳐 이루어진 숙성된 교류의 산물이라고 할 수 있다. 따라서 일본 문화의 특징은 다양한 문화가 일본 열도에 들어와 오랜 세월에 걸쳐 혼재되면서 중층성重層性을 이루었으며, 외래문화를 거부하기보다는 적극적으로 수용하는 유연성柔軟性을 가지고 있다고 할 수 있다.

## 2) 일본과 아시아의 교류: 우연한 만남

### (1) 고대

역사시대에 들어와서도 일본 문화는 중국과 아시아의 문화를 적극적으로 받아들이면서 발전하였다. 특히 5세기에서 6세기에 걸쳐 백제를 비롯한 한반도에서 건너온 도래인들은 한자를 비롯해서 유교와 불교·양잠·직조 기술 등 당시로서는 최첨단의 정보와 지식을 전해 주었다. 이 도래인들에 의해 일본의 고대국가는 시작되었다고 해도 과언이 아니다.

지금은 이들을 도래인이라고 부르지만 처음부터 그렇게 불렀던 것은 아니다. 종전에는 귀화인帰化人이라고 불렀다. 귀화라는 개념은 문명화되지 않은 중국 주변의 이민족이 중국 황제의 덕을 흠모하여 문명국 중국에 이주하여 산다는 뜻으로 중화사상적인 발상에서 나온 표현이다. 이런 이유로 한반도에서 이주해 들어온 사람들을 귀화인이라고 부르는 것은 적절치 않기 때문에 도래인이라고 불러야 한다는 주장을 1969년 재일작가 김달수金達寿가 제안한 이래 도래인이라고 부른다.

도래인의 중심은 한반도계라고 할 수 있으며, 도래인들에 의해 전해진 불교는 일본의 고대 문화 형성기에 지대한 영향을 끼치게 된다. 인도에서 시작된 불교는 67년에 중국으로 전해지고 384년 백제에 전파되었다. 그리고 백제 성명왕聖明王이 일본 조정에 불상을 보낸 538년을 일본에서는 공식적으로 불교가 전래된 시기로 본다.

그런데 불교 수용은 단순히 종교상의 문제만이 아니다. 불교는 인도의 가스트 제도와 부족 제도를 초월한 보편적 교의가 중심인 종교이다. 고구려·백제·신라가 불교를 수용하여 국가기구의 중앙집권화를 이루었던 것처럼 불교 수용은 세계적 추세였다. 따라서 일본에서의 불교 수용은 호족 연합정권인 야마토大和 조정을 중앙집권적인 율령국가로 변혁한다는 것을 의미하였다.

여기에서 잠시, 도래인과 불교 전래 과정에서 잘 알려지지 않은 매우 흥미로운 사실을 하나 소개하기로 하자. 지구상에 현존하는 기업 가운데 역사가 가장 오래된 회사가 일본에 있다는 사실을 아는 사람은 많지 않다. 세계 최고最古 기업으로 오사카에 있는 곤고구미金剛組라는 회사이다. 곤고金剛란 불교의 『금강경』에서 온 말이며, 구미組라는 것은 집단 또는 단체라는 의미로 곤고구미는 불교와 관계있는 일을 하는 회사이다.

곤고구미는 578년에 창업하였으며 사원 건축, 설계·시공, 성곽이나 문화재의 복원과 수리를 전문으로 하는 회사로 일본에 불교를 전해 준 백제와 인연이 깊다. 1,440년의 역사를 가진 곤고구미는 쇼토쿠태자가 백제로부터 초빙한 사원 건축 기술자 중 한 명인 금강 중광金剛重光이 세웠다. 지구상에 존재하는 가장 오래된 기업이 바로 일본에 불교를 전해 준 도래인이 세운 회사라는 것이다. 도래인들의 일본 이주는 한반도의 국내 정세와 맞물려 일본으로 정치적 망명을 한 경우라고 할 수 있다.

고대 일본 조정에서는 적극적으로 중국과 대륙의 선진문물을 받아들이려는 노력을 소홀히 하지 않았다. 조정에서는 이들 지역과 국가에 인재를 파견하였는데, 관리와 유학생·유학승으로 조직된 사신단 파견이 그것이다. 사신단 파견은 선진 문물을 받아들이기 위해서 조정에서 파견한 공식적인 외교사절이었다.

조정은 수나라와 당나라에 사신단을 파견하였다. 이들을 견수사·견당사라 부른다. 607년 제2회 견수사인 오노노 이모코小野妹子가 수 양제隋煬帝에게 가지고 간, 국서의 한 부분[21]에서 일본이라는 국호가 성립되었다는 이야기는 유명하다. 역사가 짧았던 수나라에 비해 당과의 외교는 오랫동안 지속되었다. 견당사는 630년부터 894년까지 약 260년 동안 20년에 한 번 꼴로 15차례 파견되었다.

견수사나 견당사 파견의 주목적은 중국의 정치체제인 율령·문화·문물, 특히 학문과 불교를 받아들이기 위한 것이었다. 당시 당나라에는 실크로드를 통해 인도는 물론 오리엔트와 그리스의 문화가 들어와 있었기 때문에 일본은 당을 매개로 해서 세계 각국의 다양한 문화를 흡수할 수 있었다.

아스카飛鳥 문화·하쿠호白鳳 문화·덴표天平 문화로 이어지는 일본 초기의 고대 문화는 이처럼 유라시아 대륙을 중심으로 하는 동서양의 문화교류의 산물이라고 할 수 있다. 예를 들면 아스카 문화를 대표하는 호류지의 기둥은 중간이 볼록하게 나온 모양이다. 이것은 그리스 파르테논 신전에서 볼 수 있는 엔타시스 양식으로, 우리나라 안동 봉정사의 극락전, 부석사 무량수전의 배흘림 기둥 양식도 엔타시스 양식에 해당된다.

---

21) "해 뜨는 곳日本国의 천자(천황)가 해지는 곳中国의 천자(황제)에게 국서를 보낸다."

또 덴표 문화의 정수라고 하는 나라奈良 도다이지東大寺의 쇼소인正倉院에는 페르시아, 서역에서 건너온 수하 미인도樹下美人図, 이란산 유리잔, 인도·중앙아시아의 오현五絃 악기 등 당시로서는 진기한 보물들이 보관되어 있다.

고대 일본 초기의 문화는 전 세계적인 문화교류의 기반 위에 꽃을 피웠던 것이다. 견당사는 위험한 항로와 태풍, 그리고 계절을 고려치 않은 항해 일정, 당의 쇠퇴, 신라·당의 민간 무역선과 발해 사절의 빈번한 왕래, 왜 조정의 재정난 등의 이유로 894년에 폐지된다. 견당사 폐지 후, 중일 관계는 중세시대에 들어와서도 공식적인 대외 관계는 한동안 단절되었다.

그러나 문화면에서는 중국의 영향은 줄었지만 일본적 색채가 강해지는 경향이 나타난다. 10~11세기에 이르면 대륙 문화의 영향과 수용을 토대로 일본의 풍토와 사상이 조화된 문화현상이 일어난다. 이 문화현상은 문학과 예술분야를 중심으로 나타나게 되는데 이를 국풍国風 문화라고 부른다. 특히 가나仮名 문자의 발달은 문화의 국풍화에 부채질을 했다.[22] 헤이안平安시대는 일반적으로 국풍 문화 시대로 불렸으며, 문화의 주체는 귀족 계급이었다.

## (2) 중세

역사학자 세키 유키히코関 幸彦는 일본의 중세를 "선례가 될 만한 모델이 없는 시대"라고 말한다.[23] 일본의 고대는 중국과 한반도, 근세와 근대는 서양과의 만남이 결정적으로 작용하면서 이들 지역과 국가를 모델로 했던 반면, 중세는 참고할 만한 모델 없이 시작된 시대를 표현한 말이다.

이처럼 일본의 무사 시대는 선례 없이 시작되었다. 무사의 시대가 시작되면

---

22) 칙선와가집勅撰和歌集·모노가타리物語·일기문학 등.

23) 関幸彦, 『武士の時代へ東国武士団と鎌倉殿』, NHK, 2008, p.9.

서 공식적인 대외관계는 한동안 뜸해졌지만, 가마쿠라鎌倉 말기의 겐쵸지선建長寺船24)과 무로마치室町 초기의 덴류지선天竜寺船25) 그리고 감합勘合 무역에 의한 대명対明 무역 등은 전개되고 있었다.

중세시대 동아시아의 해상은 왜구의 활동이 활발하였다. 왜구는 14~15세기에 적게는 2~3척에서 많게는 수백 척 규모의 선단으로 한반도와 중국 연안을 침략하였다. 이들은 고려의 수도 개성까지 침략할 정도의 무력을 가지고 있어 쌀을 비롯한 식료품과 주민들을 약탈하였다. 잡혀간 주민들은 노동력이 필요한 일본 국내와 류큐琉球 등지로 인신매매되는 경우도 있었다. 중국에서는 산동山東, 강남 연안에 출몰하기도 하였다. 조선에서는 쓰시마와 잇키壱岐·히젠마쓰라肥前松浦를 왜구의 근거지로 판단하고 이들을 삼도三島의 왜구라 불렀다. 이 가운데 농지가 부족한 쓰시마의 주민들은 필요한 생활물자를 어업이나 교역뿐만 아니라 해적 행위를 통해서 획득하는 경우가 많았다.

왜구는 동아시아 삼국의 바다를 활동 무대로 삼고 있었다. 당시는 국가 의식이나 민족의식이 강하지 않고 해양을 가까이에 둔 여러 민족이 잡거雑居하고 있어서 국적이나 민족을 따지는 것은 큰 의미가 없었다. 지금의 국가 개념으로 보면 왜구는 일본인·조선인 또는 이들 사이에서 태어난 사람들로 구성된 잡거 집단이었다고 보는 것이 일본 학계의 입장이다. 이러한 왜구의 활동이 고려가 망하는 원인이 되었다는 사실은 유명하다. 고려는 규슈 단다이九州探題 이마가와 료준今川了俊과 슈고 다이묘守護大名 오우치 요시히로大内義弘에게 왜

24) 가마쿠라시대 대외 무역선의 하나로, 겐쵸지 조영비를 확보할 목적으로 막부가 원元에 파견한 상선을 말한다.

25) 아시카가 다카우지足利尊氏가 덴류지 조영에 필요한 자금을 조달하기 위해 원에 파견한 무역선. 막부는 이 배가 일본으로 돌아온 후에는 수익에 상관없이 엽전 5,000관문을 내도록 하였고, 해적으로부터 이 배의 안전을 보장하였다.

구 활동 금지를 요구하였다. 이마가와는 왜구에게 붙잡혀 온 사람들을 송환하는 등 고려와의 관계 개선에 노력하였다. 그러나 1392년 왜구를 물리치는 데 공을 세웠던 이성계가 조선을 건국하면서 이들을 무력으로 진압하는 대신 전답을 나눠 주는 회유책으로 왜구 대책을 바꾸어 버린다. 명나라의 영락제와 무로마치 막부 아시카가 요시미쓰足利義満의 왜구 대책도 빛을 발하기 시작하였다. 그 결과 그들은 조선에 투항하거나 해적 행위를 멈추기도 했으며, 그 가운데는 무역에 종사하는 자들도 생겨나면서 세력이 약화되었다.

16세기가 되면서 일본을 근거지로 한 왜구가 중국 연안을 중심으로 출현한다. 이들은 푸젠성福建省과 저장성浙江省 출신들로 명나라의 해금海禁 정책을 무시하고 밀무역을 행하는 무장 세력들이었다. 여기에 포르투갈과 일본의 무역선이 합류한다. 이 가운데 히라토平戸, 고토五島를 거점으로 동남아시아 일대까지 폭넓게 활약한 인물이 안후이성安徽省 출신 왕직王直이었다. 명나라 관헌官憲에게 투항한 왕직이 처형된 것은 1559년이지만 이때가 소위 말하는 후기 왜구의 절정기였다. 이후 명나라는 왜구를 무력으로 제압하는 한편, 1567년에는 해금 정책을 완화시키고 민간인의 해외 무역을 인정하는 쪽으로 정책을 바꾼다. 그러나 일본으로의 도항은 여전히 금지하였다.

1368년에 성립한 명나라는 해금 정책을 취하면서 민간인의 해외 무역을 금지하고 자국 황제의 책봉을 받은 나라와는 조공 형식의 무역을 허용하였다. 아시카가 요시미쓰가 무로마치 막부의 3대 쇼군将軍이 된 것은 명나라가 건국하는 해였으나 당시 일본은 남북조南北朝 내란기였기 때문에 그 지위는 불안하였다.

요시미쓰는 명나라로 사신을 파견하였고, 1410년에는 황제로부터 감합부勘合符와 함께 정식으로 일본 국왕의 책봉을 받았다. 요시미쓰와 명나라 사이의 외교 담당은 젯카이絶海·주신中津과 같은 한문과 중국어 회화에 능한 오산五山

의 선승禪僧들이었다. 요시미쓰 자신도 송·원시대의 서화를 수집하는 등 중국에 대한 취미를 가지고 있었다.

감합 무역이란 명나라 황제에게 조공하는 나라가 진상품을 바치면 이에 대한 보답으로 황제의 하사품回賜品을 받는 형식의 무역이다. 감합부는 1383년에 지금의 태국인 샴シャム, 베트남인 참파チャンパ, 캄보디아에 교부되기 시작하여 이후 많은 나라로 확대되었다.

요시미쓰의 외교 자세는 당시에는 비판을 받았으나 아시아에서는 이상할 것이 없는 외교 방식이었다. 참고로 명나라의 책봉을 받은 나라 가운데는 가장 많은 171번이나 조공을 한 류큐 왕국이 있다. 1429년에 쇼하시尚巴志에 의해 성립된 류큐 왕국은 중국과의 조공 무역뿐만 아니라 일본이나 동남아시아 각국을 연결하는 중계 무역을 통해 번성하였다. 이 무역은 민간인뿐만 아니라 류큐 왕국이 관여하는 공적인 무역이었다. 아시아에서 중국을 중심으로 정치와 경제가 하나가 되어 국제질서가 형성되었던 것이다.26)

14세기 말부터 16세기까지 중국과의 조공 무역은 관세도 없고, 체재비와 그 외의 경비까지 명나라의 부담이었기 때문에 그만큼 일본의 경제적 이익은 컸다. 이때 명과의 무역은 왜구와 사무역선을 구별하기 위하여 명에서 교부받은 도항 증명서文引인 감합부를 지참하였기 때문에 감합 무역으로 불렸다.

다음은 중세 일본과 고려와의 관계에 대해서 살펴보도록 하자. 10세기 동아시아는 변혁기에 접어들었다. 907년 당나라가 망하고 5대 10국의 혼란기를 거쳐 송나라가 세워졌고, 한반도에서는 신라가 멸망하고 918년 고려 왕조가 들어섰다. 일본에서는 율령체제가 약화되면서 귀족 후지와라 가문에 의한 셋칸攝関 정치가 시작되었으며, 중국의 북쪽에서는 거란족이 건국한 요遼나라,

26) 日本史教育研究会編, 『Story日本の歴史 古代·中世·近世編』, 山川出版社, 2002, pp.130~135.

남쪽 베트남에서는 대월大越, 운남에서는 대리大理가 건국하였다.

고려를 건국한 왕건은 920년에 일본과의 통교를 원하였으나, 신라 말기 이후 통교를 끊고 있던 일본은 이를 거절하였고 이후에도 응하지 않았다. 후지와라는 송나라와의 교역에 강한 관심을 표명한 반면, 고려에 대해서는 계속적으로 적대시하였다. 이러한 자세는 인세이院政 시대27)에도 변하지 않았다.

그러나 9세기 후반부터 대외교류와 교역에 변화가 일기 시작한다. 예전과 같은 국가 간의 관계가 필요 없어진 대신, 유력한 상인이나 호족들이 독자적으로 경제 활동을 전개하기 시작했던 것이다. 원의 근신近臣이나 승려들의 대외활동도 활발해졌다. 후지와라의 뒤를 이어 조정의 권력을 잡은 다이라平 가문은 대송対宋 무역에 주력하였다. 한반도의 금주金州에는 일본에서 오는 무역선을 맞이하기 위한 시설이 들어섰고 상인들이 활발하게 왕래하였다.

13세기 초 대제국을 건설한 몽골은 1231년부터 계속해서 고려를 침략하였다. 고려는 강하게 저항하였지만, 결국 1359년 원의 복속하에 들어갔다. 그 후, 국호를 원으로 바꾼 몽골은 일본 침략을 결정한다. 이때 고려의 삼별초와 같은 저항은 원의 일본 침략을 지연시키는 효과가 있었다.

원의 침략은 고려와의 관계를 냉각시켰지만 이미 활발하게 이루어지고 있던 지역 교류는 오히려 자극을 받았다. 원의 침공 후, 남송 및 원과 일본의 인적·물적 문화교류는 활황을 띠게 되었다. 그러나 이때부터 왜구의 활동이 본격화되어 고려에서는 국가의 존망을 바꿀 만큼 중대한 문제로 대두되었다. 고려는 수차례에 걸쳐 왜구 금지를 요구하였지만, 가마쿠라 막부는 이미 말기였

---

27) 천황이 황위를 후계자에게 물려주고 상황上皇이 된 후, 천황을 대신하여 직접 정무를 행하는 형태의 정치. 셋칸 정치가 쇠퇴한 헤이안시대 말기부터 가마쿠라시대, 즉 무가武家 정치가 시작될 때까지의 사이에 나타난 정치의 한 형태이다.

고 이어지는 겐무建武 정권이나 무로마치 막부도 주변과 왜구를 단속할 만한 능력이 없었다. 이런 가운데 고려를 멸망시킨 이성계는 1392년 조선을 건국한다. 중국에서는 이보다 20년 앞서 원이 멸망한 뒤 명나라가 성립하였고 일본에서는 남북조 내란이 끝나가고 있었다.

이성계는 막부와 서일본의 다이묘에게 왜구 금지를 요구하였다. 남북조 내란을 끝낸 쇼군 아시카가 요시미쓰도 이에 응하면서 왜구는 급속하게 감소하게 되었고, 이를 계기로 요시미쓰와 조선의 왕은 1404년 대등한 선린외교에 입각해 국교를 체결하였다. 600여 년 만에 열린 정식 국교였다. 양국이 명을 종주국으로 하는 책봉 외교를 맺으면서 동아시아의 국제관계는 안정되어 갔다. 조일朝日 관계도 예전에는 볼 수 없었던 활발한 교류가 이어졌다.

두 번째 무사 정권인 무로마치 막부는 도쿠가와德川 막부와 같은 쇄국 정책을 취하지 않고 국가에 의한 통교도 일원화하지 않았다. 이런 이유로 조일 간의 외교는 특이한 형태로 진행되었다. 국가 간의 사신 교환은 물론 호소가와細川 가문이나 오우치大內 가문과 같은 유력 슈고 다이묘, 쓰시마 번주藩主 소宗 가문, 왜구·해상 세력들이 조선과 교류하였다. 이 가운데 원래 왜구의 중심에 있던 소 가문은 조선으로부터 도항 증명서 발급자의 지위를 인정받아 조일 무역을 총괄하는 역할을 맡았다. 게다가 막부로부터는 슈고에 임명되었으며 조선으로부터는 매년 하사품으로 쌀과 잡곡을 받았다. 예전의 왜구·해적 그리고 상인의 유력자는 조선에 투항하여 형식상으로는 조선 국왕의 신하가 되면서 통교권을 받았다. 이렇게 해서 교역은 조선에 대한 조공과 이에 대한 답례回賜 형식으로 이루어졌으며, 이를 통해 일본은 큰 경제적 이익을 얻을 수 있었다.

조선은 쓰시마에서 가까운 부산포·염포塩浦·내이포乃而浦의 삼포에 입항장을 만들고 접대소 겸 상관인 왜관을 두어 사자使者와의 무역을 허용하였다. 한 해에 많게는 200척의 무역선이 들어오기도 하면서 15세기 말에는 삼포에 정주하는 일본인의 수가 3,000명이 넘기도 하였다. 이들은 무역 외에 농지를 경작하거나 어업·밀무역을 하며, 일본인 마을을 형성하게 되었다.

주요 교역품은 일본으로부터는 동·유황·금 이외에 남해 무역에서 들어온 소목蘇木·후추 등이었고, 조선으로부터는 면이 중심이었다. 동은 1510년 이후부터 은으로 대신하였다. 이와미石見에 광산이 발견되고 조선에서 들여온 정련법精練法으로 은을 대량 생산할 수 있었기 때문이었다. 면은 센고쿠 다이묘들에게 있어서 병사들의 옷과 뎃포鉄砲에 불을 붙이는 도구로, 범포帆布 또는 어망 재료의 필수품이었지만 이때만 하더라도 일본에서는 생산량이 많지 않았다. 조선의 면이 그 수요를 충족시켜 주었던 것이다. 문화면에서는 불교 경전(고려판 대장경)·불화·불상·도자기 등이 있었다. 그러나 조일 간의 무역은 양자의 이해관계로 인해 때로는 긴박한 상황이 발생하기도 하였고, 1510년의 삼포왜란과 같은 충돌이 일어나기도 하였다.

### (3) 근세

근세 일본은 더 강력하고 분명하게 그리고 제한적으로 외국과의 교류를 선택하였다. 그것은 바로 에도江戸 막부의 쇄국 정책이다.

도요토미 히데요시豊臣秀吉의 조선 침략은 중국과의 관계를 악화시켰다. 막부는 조선과 류큐를 통해 명나라와의 국교회복에 노력하였지만, 명의 해금 정책으로 실현되지 못했다. 조선과는 쓰시마의 소가 조선인 포로 송환을 위해 교섭과 노력한 결과, 1609년 을유조약乙酉条約이 맺어지면서 국교가 회복되었다. 무역은 쓰시마번을 통해서 이루어지게 되었으며, 부산 초량에 왜관이 설치되어 연간 20척의 무역선이 파견되었다.

조선에서는 히데요시의 침략 당시 일본으로 끌려간 조선인을 송환시킬 목적으로 회답 겸 쇄환사回答兼刷還使를 일본으로 파견하였다. 이 사절은 네 번째 이후부터 통신사로 불리게 되었고, 평균 400명의 규모로 쇼군이 바뀔 때마다 방일하였다. 이때 일본 각지에서는 한시문과 서화를 통한 문화교류가 활발하게 이루어졌다.

15세기 이래 류큐 왕국은 중계 무역으로 번성하였으나, 1609년 막부의 허락을 얻은 사쓰마薩摩번의 시마즈 이에히사島津家久 세력의 침공으로 요로도与論島 이북 아마미奄美 제도는 시마즈의 지배하에 들어가고, 특산품인 설탕을 상납한다. 게다가 쇼군이 바뀔 때마다 축하 사신慶賀使을 에도에 파견하는 의무를 갖게 되었다. 또 사쓰마번은 명과 류큐와의 종속관계를 유지시켜 조공 무역에 따른 중국의 산물들을 수중에 넣었다.

한편 지금의 홋카이도北海道인 에조지蝦夷地에는 많은 아이누족アイヌ民族이 살고 있었다. 세력을 확대한 가키자키蛎崎 가문에게 히데요시와 도쿠가와 이에야스徳川家康가 그 지위를 인정하면서 가키자키는 마쓰마에松前로 성을 바꾼 후 마쓰마에를 거점으로 하여 에조지를 지배하였다. 에조지에는 쌀 등의 농산물 수입이 없었기 때문에 마쓰마에번에서는 가신들에게 아이누와의 교역권을 지교知行[28]로 부여하는 상장지행제商場知行制를 실시하였다. 그러나 실제로 이 무역은 상인이 맡는 장소청부제場所請負制로, 일본의 옷감은 비싼 값에 팔고, 연어·다시마·청어는 헐값에 부당하게 사들여 아이누족은 오랫동안 불리한 조건으로 거래할 수밖에 없었다. 이 때문에 1669년 샤쿠샤인シャクシャイン의 난이 일어나기도 했지만 마쓰마에번은 이를 진압하였다.

28) 일본 중·근세에 다이묘가 행사한 영지領地 지배권을 의미하는 역사 개념.

### 3) 일본과 서양의 교류

쇄국 정책은 주로 서양을 대상으로 한 것이었지만 아시아와의 교류도 규슈 남쪽 나가사키長崎에서 중국으로 한정되었고, 조선통신사에 의한 조선과의 국교 관계 외에는 아시아 각국과의 교류가 거의 단절되어 있었다. 그런데 아이러니한 것은 근세, 즉 에도시대에 일본을 대표하는 전통문화가 만들어졌다는 사실이다.

일본은 1543년 포르투갈 상인 페르낭 멘데서 핀투F. M. Pinto가 중국으로 향하던 도중 규슈의 남쪽 섬 다네가시마種子島에 표착한 것이 계기가 되어 서양과의 교류가 시작되었다. 이때 화승총, 즉 뎃포의 위력을 알게 된 다네가시마의 다이묘 다네가시마 도키타카時尭는 즉시 뎃포를 구입하고, 뎃포와 화약 제조법을 배우게 하였다. 곧바로 뎃포 제조법이 일본 각지에 전해지면서, 일본에서도 뎃포 제작이 가능하게 되었다. 그로부터 6년 후인 1549년 스페인 선교사 프란시스코 자비엘F. Javier이 들어와 2년 3개월가량 머물면서 기독교를 전파한다.

여기에서 잠시, 화승총의 전래와 관련된 이야기를 해보도록 하자. 중국에서 개발된 총과 화약은 주변의 여러 문명권에 전파되었다. 그런데 특이하게도 일본은 중국으로부터 총이 전래된 것이 아니라, 포르투갈인에 의해 서양식 총기가 전해졌다.

일본 최초의 총은 핀투가 표착한 섬의 이름을 따서 다네가시마라고 불렀고, 그 후 포르투갈인들이 날아가는 새를 맞춰 떨어뜨리는 시범을 보이면서 조총鳥銃이라고 이름 붙였다고 한다. 그런데 '이런 일화 이전에 이미 서양식 총기가 들어와 있지 않았을까?'라는 견해가 조심스럽게 제기되고 있는 것도 사실이다. 하여튼 중요한 것은 이 무렵 일본은 서양에서 들어온 총을 수용한 후 자체 개발을 통해 서양보다 성능이 우수한 총을 개발하게 되었다는 사실이다.[29)]

일본인들은 서양 물품을 똑같이 모방하는 재주가 있어 조총을 똑같이 만들어 내기 시작하였고, 단기간에 일본 전역에 30만 정의 총이 보급되었다고 한다. 그들은 이처럼 기술적으로 모방하는 데 그치지 않고 총의 사용 방식을 창의적으로 개발하였다. 초기의 총은 다루기 어려운 물건으로 악명 높았다. 우선 탄환을 장전하여 발사하기까지 28단계의 조작을 해야 했기 때문에 그 자체가 아주 힘들었고 무엇보다도 시간이 너무 오래 걸렸다. 총의 성능이 좋아진 16세기에도 여전히 한 발을 발사하기까지 몇 분이 소요되었고, 사정이 이렇다 보니 총을 발사한 후 다시 장전하는 동안 적이 돌격해 오면 어떻게 대처해야 할지 난감하였다.

이런 단점을 보완한 해결책이 연속 발사 방식이었다. 사수들이 열을 지어 있다가 앞줄의 사수들이 쏘고 나면 그 사이 다음 줄이 장전을 준비해서 발사하고 이것이 반복되는 형식이었다. 1575년 6월 28일, 오다 노부나가織田信長가 나가시노長篠 전투에서 이러한 연속 발사 방식으로 강적 다케다군武田軍을 제압하고 천하통일의 기반을 확보하였다는 사실은 일본사에서는 유명한 이야기이다. 이때 노부나가 부대는 조총 사수들을 23열로 세워서 빠른 속도로 쏘게 함으로써 20초에 1,000발의 발사가 가능하였다고 한다.

이후, 일본인들은 포르투갈이나 스페인 등의 유럽인을 남쪽 바다에서 온 이민족이라는 의미로 남만인南蛮人이라 불렀다. 이들은 기독교를 비롯하여 의학·천문학·역학·예술 분야는 물론, 화승총·화약·조선술·항해술·측량술·광산 등 다양한 분야에서 새로운 기술을 전해 주었다. 이 유럽인들에 의해 전해진 유럽의 문화를 일본인들은 남만南蛮 문화라고 불렀다. 그리고 남만 문화는 센고

---

29) 오세영 작가의 소설 『베니스의 개성상인』에는 유럽의 전쟁터에서 일본산 조총인 '다네가시마'의 성능이 우수하니 구해 달라고 요구했다는 대목이 나온다.

쿠시대인 아즈치安土·모모야마桃山 문화에도 큰 영향을 끼치게 된다.

에도 막부에 의한 쇄국 정책은 기독교 금지가 주된 목적이었기에 네덜란드는 종교를 배제하고 무역만을 하겠다는 조건으로 국교를 맺고 200년 가까이 일본과 독점 무역을 하였다. 이 시기에 눈부신 발전을 이룩한 유럽의 근대 과학은 네덜란드를 통해서 일본으로 전해졌다. 일본에서는 네덜란드의 한자음 표기인 화란和蘭의 난蘭 자를 따서 유럽에서 들어온 문화와 지식을 난학蘭学이라고 불렀다.

이처럼 중세 말부터 근세에 일본의 새로운 상대로 등장한 서양인과 서양 문화는 이후 일본 역사 흐름에 중요한 영향을 비치세 된다. 그 과정에서 나타나는 쇄국 정책의 역사적 의의를 살펴볼 필요가 있다. 어떤 이유로 쇄국 현상이 일어났는지에 관한 의문이 들겠지만, 이 시기에 쇄국 정책을 폈던 나라는 비단 일본뿐만이 아니었다. 청나라를 비롯해 동아시아의 몇 나라가 쇄국 혹은 그와 비슷한 상태에 놓여 있었다. 당시 동아시아의 외교 역사에서 볼 때 쇄국은 어쩌면 소극적인 형태의 국제질서였는지도 모른다.

그러나 사실, 일본 국민들은 쇄국 이전에 이미 역사상 보기 드문 국제화시대를 체험하고 있었다. 16세기 중반에 포르투갈 선박이 규슈의 남단 다네가시마에 표착해 서양식 총을 전하였고, 스페인의 선교사 자비엘이 일본에 와서 기독교 포교를 시작한 것은 유럽 대항해시대의 물결이 아시아의 동쪽에 도달하여 일본인이 처음으로 서양의 물자·사상과 접촉하였다는 사실을 의미한다. 이전부터 동중국해에서 활약하던 일본의 무장 상선단은 포르투갈·스페인에 자극을 받아 동남아시아 각국에 진출하였고, 이로 인해 각지에 일본인 마을이 만들어졌다. 17세기 초, 해외에 거주한 일본인은 5,000명이나 되었다고 한다. 그러나 쇄국 정책에 의해 해외에 거주하던 일본인들은 귀국하지 못하고 그 지역에 남겨지게 되었다.

일본 중세 역사학자인 아미노 요시히코網野善彦는 17세기 남미 페루에 일본인들이 생업에 종사하며 살았다고 말한다. 아미노 교수는 스페인이 지배하던 1613년부터 1614년까지 페루 리마Lima의 인구조사를 토대로 다음과 같은 흥미로운 사실을 소개하고 있다.

인구조사 결과, 약 2만 4,000명의 리마 인구 중에 스페인인이 약 1만 명, 흑인 1만 명, 인디오 약 2,000명, 메스티소 약 200명, 그리고 흑인과 백인 혼혈인 물라토가 약 700명 정도 거주하고 있었다. 여기에는 인디오를 세분해서 구분하고 있는데, 인디오는 아시아계를 의미한다. 아시아계 인디오는 포르투갈계 인디오(믈라카/고아) 출신 56명, 지나(중국) 출신 인디오 38명, 파퐁(일본) 출신 인디오 20명이라고 기재되어 있다. 이들 일본인은 일본식 이름을 사용하지는 않았다. 하지만 가정부, 옷 수선 가게나 헌 옷 가게에서 일하는 사람과 같이 리마 사회의 하층민에 속하지만 직업을 가지고 자립생활을 하는 사람들이 대부분이었다. 이뿐만 아니라 멕시코의 과달라하라Guadalajara의 16세기 공증인 문서를 통해서도 이곳에 일본인들이 살고 있었다는 것을 알 수 있다.[30] 아미노 교수의 설명을 통해 적어도 16세기에는 상당수의 일본인이 직선거리로 1만 5,000킬로미터 이상 떨어진 태평양 반대편의 남미 대륙으로 건너가 정착생활을 하고 있었다는 것을 확인할 수 있다.

이야기를 다시 일본으로 돌려 보면, 당시 규슈를 중심으로 한 기독교의 확산도 상상을 초월하는 것이었다. 자비엘이 포교를 시작한 지 20년째 되는 해에는 서일본 각지에 200곳 이상의 성당이 생겼고, 반세기를 지나면서 신자 수가 수만 명에 달하였다.

그러나 16세기의 내란이 수습되어 새로운 사회질서가 편성됨에 따라 지배자

---

30) 網野善彦, 『日本とは何か』, 講談社, 2001, pp.69~72.

에게 기독교의 교리와 외국인 선교사 그리고 신자들의 결집은 방해 요소가 되었다. 그리하여 1587년을 정점으로 선교사의 국외추방과 함께 신자들에게 가혹한 탄압이 가해지기 시작한다. 기독교는 쇄국 정책의 좋은 구실 중 하나였다.

에도 막부가 기독교를 탄압하고 쇄국 정책을 결심하게 된 사건이 1630년 규슈에서 일어난다. 기독교 신자들을 중심으로 한 시마바라 아마쿠사島原天草의 난이다. 이 사건의 주체는 기독교 신자인 농민들이었지만, 난의 발단은 지역 다이묘의 악정에 불만을 가진 농민들의 봉기였다. 기독교 신자들이 중심이 된 이 대규모의 농민 봉기는 출범한 지 얼마 안 된 막부에게는 기독교 신자들에 의한 체제 붕괴로 비춰졌다.

이처럼 쇄국 정책의 이유가 언뜻 보기에는 막부의 종교 금지 정책의 일환으로 보일 수도 있지만, 사실 막부가 기독교를 경계하게 된 것은 일본과의 무역을 독점하려는 네덜란드의 공작이 작용하였기 때문이었다. 스페인과 포르투갈보다 뒤늦게 동아시아 무역에 뛰어든 네덜란드는 신교 국가였기 때문에 구교 국가들과는 달리, 종교를 배제한 무역을 일본에 제시하였다. 기독교는 받아들일 수 없었지만 그렇다고 무역에 따른 이윤을 포기하고 싶지 않았던 막부에게 네덜란드는 스페인과 포르투갈을 대신할 수 있는 최대의 교역국으로 인식되었던 것이다. 이것은 막부가 전부터 해외 무역을 독점하기 위해 미리 치밀한 계획을 세웠다는 것을 의미한다.

막부는 지방의 다이묘들이 해외 무역을 통해 이윤을 남기고 있다는 사실을 알고 있었다. 해외 무역을 통한 다이묘들의 경제적 이윤을 막부의 통제하에 두기 위해서는 자유 무역을 금지할 필요가 있었는데, 이것은 다이묘가 막부보다 더 부유해지는 것을 막는 효과도 있었다. 막부는 쇄국 정책을 펴는 동안 규슈의 나가사키에 통상 항구를 설치하여 특정 상인 집단에 의한 네덜란드, 중국과의 무역을 허용하였다.

정리하자면 막부는 기독교를 배제하고 무역의 이익을 독점하기 위해 쇄국 정책을 이용하였다. 처음부터 나라를 완전히 폐쇄하여 고립시키려고 했던 것은 아니라는 것이다. 그런데 이쯤 되면 쇄국이라는 용어가 누구에 의해서 언제부터 사용되기 시작했는지가 궁금해진다. 쇄국이라는 용어는 1801년 나가사키의 통역관인 시즈키 다다오志筑忠雄가 독일인 엥겔베르트 켐퍼E. Kämpfer의 『일본지日本誌』[31] 중 일부를 '쇄국론'이라고 번역한 것이 계기가 되었다.[32]

대내외적으로 여러 방면에 걸쳐 일본에 큰 영향을 끼친 이런 상황을 오늘날 우리는 시즈키의 용어를 빌려 쇄국이라고 부른다. 그런데 엄밀히 말해서 에도시대의 쇄국은 외국과의 교류를 일절 중단한 형태라기보다는 막부에 의해서 엄격하게 제한되고 통제된 것이었다고 보는 것이 정확할 것이다.

어쨌든 쇄국 정책의 결과로 해외로 나가는 것뿐만 아니라 나가 있던 사람들의 귀국도 금지되는 등 일본인들의 해외에 대한 관심은 이전보다 줄어들 수밖에 없었다. '섬나라 근성'이라고 부르는 국민성이 이때 만들어졌다는 사실을 부정할 수 없을 것이다.

그러나 반대의 측면도 있다. 쇄국 정책하에서 200년 동안 국내 자원이 개발되어 국내 시장 중심의 경제가 발달하였고, 부의 축적이 진척되었으며 기술의 발달도 진행되었다. 오늘날의 일본적인 전통문화와 생활양식, 가치관이 형성된 것도 이 시기였다. 1853년, 페리M. C. Perry 제독이 이끄는 군함 흑선黒船이 우라가浦賀만에 나타나 일본에 통상을 요구하면서 200여 년에 걸친 쇄국 정책은 막을 내리고, 그로부터 15년 후에는 에도 막부가 붕괴되고 근대인 메이지明治 시대가 시작되었다.

---

31) 독일어판으로는 부록 제2장, 네덜란드어판으로는 부록 제6장에 해당된다.

32) 日本史教育研究会編, 『日本の歴史 歴史に流れをつかむ』, 新泉社, 2016, pp.114~115.

근대화의 상징, 삿포로의 시계탑과 구 홋카이도 도청 청사庁舎

메이지시대는 그동안의 쇄국 정책에 따른 여러 제약이 사라지고 정부 주도의 부국강병, 식산흥업 정책을 비롯하여 서양의 문물과 제도를 적극적으로 받아들이면서 시작되었다. 이렇게 해서 서양을 모방한 문명개화의 시대가 열린 것이다.

개국 이후, 무수히 많은 서양 문화가 유입되었다. 이로 인해 일본인들은 오랫동안의 봉건적 억압과 인습으로부터 해방되었고, 공장과 철도·우편·학제가 도입되면서 서구화의 생활양식을 가능하게 만들었다. 그러나 한편으로는 전통문화를 무시하거나 홀대하는 경향이 생기면서 서구화만이 능사라고 믿는 사회적 풍조가 생겨나기도 하였다.

일본인들은 봉건제 사회였던 에도시대와 근대인 메이지시대를 다음과 같이 이미지화하고 있다. 봉건시대를 '상투 튼 머리를 두들기면 완고고루頑固固陋한 소리가 들린다'라고 표현하는 반면, 세계사의 주변국에서 강국으로 변화시킨 메이지시대를 '서양식 헤어스타일의 머리를 두드리면 문명개화의 소리가 들린다'고 표현하는 식이었다. 근세를 고리타분하고 발전이 없는 사회로, 근대를 문명사회로 진입해서 단기간에 세계 강국이 된 것에 대한 자긍심과 찬사를 보내는 상반된 평가를 하고 있다.

당시 일본인들이 에도시대를 어떻게 평가하였는지를 짐작할 수 있는 것으로 '덴포센天保銭'이 있다. 덴포센이란 1835년 에도 막부에서 발행한 백문白文짜리 동전이다. 그런데 1871년 화폐개혁으로 화폐 단위가 엔円·센銭·리厘로 바뀌면서 구 화폐의 가치는 '백문 = 1센'으로 평가 절하되었다. 그러나 덴포센은 8리의 가치로만 통용되었다. 이처럼 근대의 덴포센이라는 말은 시대에 뒤떨어지고, 2% 부족하다는 의미로 쓰였다.

메이지시대는 일본이 아시아의 새로운 강국으로 부상하게 된 개혁의 시대이며, 일본인들이 세계를 상대로 자신감을 갖게 만든 시대라는 점에서 높이 평가할 만하다. 그러나 일본 문화를 연구하는 입장에서 볼 때, 외래문화의 영향을 최소화하면서 지금의 전통문화를 확립시켰음에도 불구하고 상대적으로 평가 절하된 에도시대에도 주목할 필요가 있다고 생각한다.

II

# 국민성과 문화코드 그리고 의식주

1. 문화코드와 국민성

2. 의依생활

3. 식食생활

4. 주住생활

# 1

# 문화코드와 국민성

## 1) 일본 문화의 특징

오랫동안 일본은 같은 동아시아 문화권에 속하는 한국이나 중국·베트남과는 다른 독특한 무사 문화를 만들어 냈다. 에도江戸 막부幕府가 붕괴되고 150여 년이 지난 지금도 일본은 무사들이 완고하게 지켜 온 전통이 일본인들의 생활 깊숙이 영향을 끼치고 있다. 남자 국가대표 축구팀과 프로야구 대표팀을 '사무라이 블루', '사무라이 재팬'이라는 애칭으로 부르는 것만 보더라도 무사와 사무라이가 일본인들의 마음속에 선명하게 각인되어 있다는 것을 알 수 있다.

일본은 12세기 말, 최초의 무사 정권인 가마쿠라鎌倉 막부로부터 메이지유신明治維新 직전까지 무사 계급이 지배하게 된다. 이렇게 700여 년 동안 지배층이 문인이 아니라 칼 찬 무사였다는 사실은 이들에 의해 형성·발전된 전통과 문화가 일본인들의 일상생활 속에서 녹아 있다는 것을 의미한다. 그런 까닭에 일본 문화 가운데는 무사 계급에 영향을 받은 것이 헤아릴 수 없을 정도로 많다. 일상생활에서는 다도茶道, 결혼식 때 입는 하오리하카마羽織袴, 스모相撲 선수의 헤어스타일인 오이초大銀杏, 근면하고 예의 바른 일본인의 이미지 등이 그것이다.

다도는 중세시대 무사들 사이에서 한 사람의 제대로 된 무장이 갖춰야 하는 덕목으로 인식되었다. 즉, 시를 즐기고 다도를 할 줄 알아야 하는 것이 당연하게 여겨졌다. 다도를 취미로 할 수 있을 때, 비로소 한 사람의 무장으로 인정받았다는 이야기이다. 무사들의 스테이터스 심벌status symbol이었던 다도가 취미로만 한정되었던 것은 아니었다. 다도를 정치적으로 이용하기도 했다. 오다 노부나가織田信長는 '다도는 곧 정치이다'라고 말할 정도로 다도를 가신단家臣団 통제의 일환으로 잘 활용한 인물로 알려져 있다. 논공행상으로 다기와 다회를 열 수 있는 권리를 나눠 주기 시작하면서 센고쿠 다이묘戦国大名들 사이에서 다도는 크게 유행하게 된다. 이러한 다도는 근세에는 상인, 근대 이후에는 여성들의 생활 예술로 자리매김하면서 지금도 많은 사람으로부터 사랑받고 있다.

하오리하카마는 원래 에도시대 무사들의 약식 예복이었는데, 메이지시대가 되면서 태정관太政官 포고布告에 다섯 가지 검은 문양이 들어간 하오리하카마를 남성의 예복으로 정하면서 지금은 남성들의 최고 예복이 되었다.

에도시대 남자 헤어스타일인 사카야키

에도시대의 남성은 사카야키月代형 헤어스타일의 상투 크기나 굵기·휘어진 정도를 보고 신분이나 직업, 나이와 취미를 가늠할 수가 있었다. 물론 무사나 서민 모두 두 번 접은 모양의 상투가 기본이지만, 무사들이 하던 큰 은행잎이라는 의미의 오이초 스타일이 현재 스모 선수들의 상투머리가 되었다. 참고로 서민들은 작은 은행잎 모양이었다.

앞에서 설명한 바와 같이, 무사의 지배는 끝났지만 지금도 일본인들의 일상생활 곳곳에는 무사들이 완고하게 지켜 온 전통이 남아 있다. 생활 속 언어 가운데도 무사와 관련 있는 단어 및 속담은 수없이 많다.

현대 일본어 가운데 사용 빈도가 높은 '잇쇼겐메이一所懸命·一生懸命'는 무사들의 근본정신이라고 해도 과언이 아닐 정도로 중세 무사와 관계가 깊은 단어이다. 가마쿠라시대 무사들이 조상 대대로 고생하면서 개간하였거나 목숨을 걸고 싸워 획득한 영지를 지켜내야만 한다는 심정을 나타낸 표현이다. 일족의 기반이 되는 영지를 생활 근거로 하여 목숨을 걸고 지킨다는 점에서 지금은 '무슨 일을 열심히 함' 또는 '그 모양'이라는 의미로 사용된다.

일대일 승부라는 의미의 '잇키우치一騎打ち'는 헤이안平安·가마쿠라시대의 전투에서 온 말이다. 또 승패나 운명을 판가름하는 갈림길이라는 의미의 덴노잔天王山이라는 단어가 있다. 교토京都 인근에 위치한 덴노잔天王山은 오다 노부나가가 최측근 가신인 아케치 미쓰히데明知光秀의 습격을 받아 혼노시本能寺에서 자결하고 난 뒤, 도요토미 히데요시豊臣秀吉와 미쓰히데가 최후의 결전을 치른 장소로 유명하다. 이외에도 무사 문화를 상징하는 칼과 관계있는 단어들이 다수 있다.

이처럼 무사 계급에 의해 형성·발전된 문화적 요소가 일본을 대표하는 지역문화로서 자리매김하고 있다. 그런 점에서 무사에 대해 제대로 된 정보를 알고 있으면 역사나 문화 속에 내재하고 있는 일본의 속살을 이해할 수 있을 것이다.

무사들은 정신적인 면과 양식미様式美를 중시하고, 충효정신과 예의규범을 기준으로 삼는 삶을 살았다. 또한 그들은 체면도 중시하였다. 그런 정신성을 살린 말이 '무사는 굶고도 먹은 체하며 유유히 이를 쑤신다武士は食わねど高楊枝', '무사는 두 말하지 않는다武士に二言なし'와 같은 숙어이다. '그 사람은 영락없는 사무라이네!'라는 말은 시원스러운 행동과 성격을 칭찬하는 말이다. 이처럼 오늘날 일본 사회와 일본인들에게서 볼 수 있는 고유의 특성을 무사들의 생활방식과 정신에서 찾을 수 있다.

무사의 영향은 언어와 눈에 보이는 일상뿐만 아니라 조직과 의사결정 등의 행동 패턴 그리고 일본인들의 이름과 친족관계에도 남아 있다.

## 2) 국민성과 문화코드

### (1) 문화코드

'일본은 어떤 나라일까?'라고 물었을 때, 떠오르는 이미지나 단어가 있는가?

일본을 여행해 본 사람은 할인마트인 돈키호테나 드럭스토어에 가본 적이 있을 것이다. 이곳에서 물건을 사면 면세가 되는데, 그 배경에는 1990년대 일본 사회의 장기불황이 있다. 약 20년가량 장기불황을 겪으면서 외국인 관광객들이 일본에 와서 많은 쇼핑을 할 수 있도록 면세 규제를 완화하였기 때문이다. 2018년 일본을 방문한 외국인 수가 3,000만 명을 넘었다고 한다. 이는 쿨재팬Cool Japan이나 면세 매장의 증가도 영향이 크지만, 경제적으로 궁지에 몰린 일본인들의 실리주의와 현실주의가 작동하였기 때문이라고 생각한다.

'일본인들은 궁지에 몰리면 어떤 개혁도 삼킨다'는 말이 있다. 아주 정확하고 적절한 표현이다. 일본이 단기간에 서양과 견줄 만한 강대국이 될 수 있었던 원동력도 궁지에 몰린 그들이 과감하게 개혁, 즉 메이지유신을 선택하였기 때문이다.

하나의 예로서 조슈長州번과 관련된 시모노세키下関 전쟁을 살펴보면 이 말을 실감할 수 있다. 시모노세키 전쟁은 1863~1864년에 조슈번이 영국·프랑스·네덜란드·미국 등 열강을 상대로 벌인 전쟁이다. 양이攘夷 사상에 근거한 조슈번은 강력한 근대 무기를 가진 서구 열강에 패한 막부의 통치하에서는 양이가 불가능함을 깨닫고, 영국에 접근하여 군비 증강에 힘쓰며 토막討幕 운동을 추진한다. 부강한 나라를 만들기 위해서는 근대식 군대를 보유해야 한다고 판단한 조슈번은 군사학교를 설립하여 지휘관을 양성하는 등 서양식 군대를 만드는 데 주력한다. 이후, 사쓰마薩摩번과 삿쵸薩長 동맹을 맺고 문벌門閥 출신의 세습직 가로家老 추방을 주장한다.

이처럼 시모노세키 전쟁과 조슈번의 선택을 통해 우리는 다음과 같은 일본의 본질을 알 수가 있다.

① 일본(인)은 외부로부터 큰 변화의 파도가 밀려오면 변하기 쉽다.

② 정권을 바꾸고자 할 때는 톱다운 방식으로 개혁이 매우 효율적으로 추진된다.

앞으로도 우리는 일본과 일본인들이 위기라고 생각했을 때 어떤 선택을 하는지를 지켜볼 필요가 있을 것이다. 그런 점에서 '일본인들은 궁지에 몰리면 어떤 개혁도 삼킨다'라는 말처럼 일본이 어떤 나라인지 일본 국민은 어떤 사람들인지를 알기 쉽게 축약한 표현도 없을 것이다.

일본·일본인론에 관해 좀 더 자세하게 들여다보려면 일본을 대표하는 문화코드를 살펴보아야 한다. 문화코드는 한 사회 구성원에 의하여 습득·공유·전달되는 일정한 문화적 규약이나 관례를 말한다. 이를 통해 그 나라의 국민에게 공통적으로 나타나는 가치관·행동양식·사고방식·기질 등도 엿볼 수 있다.

어느 나라든지 그 나라의 역사나 사회문화·국민성을 이야기할 때 그 나라를 이해할 수 있는 문화코드가 있다. 일본 역시 다양한 문화코드가 존재한다. 다테縱사회·의리義理·축소지향·집단주의·회사인간·장인정신·무사도武士道·천황제·관료사회·불교와 신도 등 모두 열거할 수 없을 정도로 다양하다. 이들을 이해하게 되면 일본인들의 국민성을 자연스럽게 알 수 있다.

### (2) 일본의 대표적인 문화코드

수많은 연구자가 다양한 방법으로 일본인들만이 가지고 있는 독특한 사고방식이나 의식구조에 관해 연구해 왔다. 사회인류학자인 나카네 치에中根千枝

는 일본을 '다테사회의 구조'라는 개념으로 설명하고 있다. 다테사회란 오랫동안 조직의 상하관계가 중시되어 온 사회를 말한다. 일본 사회의 구조적 특징을 가리키는 이 말은 일본을 이해하는 하나의 키워드로 인식되었다.

일본 사회에서 많이 사용하는 단어 중 하나인 '의리'는 일본어로 '기리'라고 한다. 기리는 일상의 인간관계에서 상대방에 대해 예의를 가지고 살아간다는 취지의 말로 사용되기도 하고, 다른 의미로는 본심은 하고 싶지 않지만 관계상 어쩔 수 없이 해야 하는 경우를 나타내기도 한다. 대표적인 예로 밸런타인데이 때 주변 사람들에게 의무적으로 주는 '기리 초코'가 있다. 그리고 혈연이 아닌 사람이 결혼을 통해 혈연관계가 만들어지는 경우, 그 가족을 기리 부모 또는 기리 형제·자매라고 부른다.

1980년대의 일본 사회를 적절하게 표현한 또 하나의 개념으로 '축소지향'이라는 말이 있다. 이 말을 처음 사용한 사람은 초대 문화부 장관을 지낸 이어령 교수였는데, 그가 어린 시절 일본 식민지 교육을 받은 경험을 바탕으로 선별한 키워드가 『축소지향의 일본인』이라는 책의 제목이 되었다. 저자는 '축소지향'이라는 키워드가 일본의 고전·역사·현재의 과학기술 분야를 모두 아우르는 근본적인 개념이라고 설명하며, 이를 총 6장으로 나누어 일본인의 의식을 분석하고 있다. 제대로 된 일본 길라잡이 서적이 없던 당시, 일본 문화 속에 깊이 박혀 있는 일본인의 속성을 예리하게 해부했다는 평가를 받았으며, 일본어로도 번역되어 화제가 되었던 책이다.

다음에 소개하려는 문화코드는 전후 경제성장 일변도의 일본 사회를 그대로 반영하는 상징어처럼 인식되었던 회사인간 또는 맹렬사원이라는 단어이다. 일본어로는 가이샤닌겐会社人間이라고 한다. 지금은 예전만큼 많이 들을 수 없게 된 이 단어는 고도 경제성장기에 기업 중심적인 사회구조가 형성되면서, 일본 국민들의 생활도 회사가 중심이었다는 것을 보여 준다.

전후 일본은 피고용자 층이 늘어나면서 많은 사람이 인생의 대부분을 회사에 의존하게 되었다. 사람들은 회사를 통해 생계만을 해결한 것이 아니라 고도성장에 의해 가능해진 소시민적 소비생활을 했다. 회사는 현재의 수입원일 뿐만 아니라 개인의 생활 전반을 보살펴 주고 장래도 든든하게 보장해 주는 곳이기 때문에 사람들은 회사에 소속됨으로써 안정을 찾을 수 있었다. 남자들은 회사에 충성하는 맹렬사원이 되어 열심히 일을 했고, 여성들은 남편이 회사 일에 전념할 수 있도록 내조하는 것을 미덕으로 삼았다.

당시에는 월급쟁이가 되는 것을 일종의 신분 상승으로 여기는 사회적 분위기가 있었다. 메이지시대 이래, 서민들 사이에서는 농가의 아들은 월급 받는 직장인이 되는 것을, 농가의 딸들은 월급쟁이의 아내가 되는 것을 '출세'라고 생각하였다. 여성들은 가업에 종사하여 노동을 하더라도 그 대가로 자신이 자유롭게 쓸 수 있는 돈을 벌 수 없었기 때문에 가정에서 가사와 육아를 전담하는 주부가 되는 것을 편안한 처지로 여겼다.

우리나라에서도 방영되고 있는 〈고독한 미식가〉라는 일본 드라마가 있다. 주인공인 이노가시라 고로井之頭五郎가 소박하고 오래된 식당들을 찾아다니며 음식 맛을 즐기는데, 항상 비슷한 복장을 하고 나온다. 이것은 전형적인 일본의 샐러리맨 스타일로 흰색이나 푸른색 와이셔츠에 회색이나 감색 양복, 비즈니스 가방에 정장 구두라는 일정한 패턴이 있음을 알 수 있다. 지금도 일본 어디에서든 비슷한 차림을 한 샐러리맨들을 볼 수 있다. 이것은 고도 경제성장기에 구축된, 정형화된 샐러리맨의 이미지이다.

### (3) 일본인의 이름 체계

지금부터는 앞에서 언급한 것 외에 무사와 관련이 있는 두 가지를 일본의 문화코드로 설명하고자 한다. 하나는 일본인들의 이름 체계이고, 다른 하나는 양자제養子制이다.

프랑스의 사회학자 엠마누엘 토드E. Todd는 가족 제도와 가족 관행이 이른바 조직의 행동 패턴을 만들어 민족 형성에 미치는 영향에 대해 연구하고 있다. 또 근세 일본의 역사를 연구하는 이소다 미치부미磯田道史 교수는 "가족에게서 일어나는 일은 회사에서도, 국가에서도 일어난다"1)라는 말을 통해 국가의 최소 단위인 가족 조직의 중요성을 언급하고 있다.

특히 무사 사회를 통해 일본만의 독특한 이름 체계를 살펴볼 수 있는 만큼 일본인과 일본 사회, 나아가 일본인들의 국민성을 이해하기 위해서는 그들의 가족관계 또는 친족관계를 들여다보는 과정은 필수라고 할 수 있다. 가족관계 또는 친족관계에서 오랫동안 행해지고 전해져 온 전통과 관습이 일본을 이해하는 중요한 요소로 작용하고 있기 때문이다.

아이가 태어나서 부모에게 받는 첫 선물은 이름일 것이다. 독창적이면서 개성이 담긴 이름을 지어 주는 것이 부모로서의 첫 의무라고 할 수 있다. 그러나 부모의 잘못된 생각이 소송으로 이어지는 경우가 1993년 일본에서 있었다. 부모가 아이 이름을 '악마'라고 하려다가 받아들여지지 않아 소송까지 간 사건이다. 당시 아이의 부모는 한 번 들으면 잊어버리지 않을 이름을 지어 주려고 했다는 것인데, 이것은 부모의 잘못된 생각이 상식 밖의 행동으로 나타난 사례이다.

일본인들의 이름은 메이지시대를 전후해서 크게 달라진다. 메이지 이전의 무사의 이름은 복잡하였다. 첫 번째, 무사는 풀 네임이 길었다. 두 번째, 실명実名 대신에 통칭通称을 사용하였다. 세 번째, 실명 중에 한 글자는 정해진 글자가 있었다. 네 번째, 무사의 이름에는 주종관계 및 무사 상호 간의 친소親疏관

1) 磯田道史,『歴史の読み解き方』, 朝日新聞出版, 2013, p.11.

계가 담겨 있다. 위에서 언급한 것들을 순서대로 살펴보도록 하자.

다음의 〈표 1〉은 중세 무사의 이름을 풀 네임으로 열거한 것으로, 묘지苗字·名字 + 직명職名 + 본성本姓 + 경칭敬称 + 통칭通称(게묘仮名라고도 함) + 실명実名 + 아명児名 + 법명法名으로 구성되어 있다. 이 전통은 에도시대에도 변하지 않고 이어진다. 그리고 무사의 이름과 관련해서 또 하나의 특성은 일생 동안에 이름이 여러 번 바뀌었다는 것이다. 아명에서 시작해서 성인식 때에 실명이 지어지고, 관직에 오르게 되면 통칭으로 또 한 번 이름이 바뀌었다. 이름이 바뀐 것이 아니라 계속 더 추가되었다고 하는 것이 정확할 것이다. 그런데 일상생활에서는 풀 네임으로 부르거나 사용했던 것은 아니었다.

〈표 1〉 무사의 이름

| | 묘지<br>名字 | 직명<br>職名 | 본성<br>姓名 | 경칭<br>敬稱 | 통칭<br>通稱 | 실명<br>實名 | 아명<br>兒名 | 법명<br>法名 |
|---|---|---|---|---|---|---|---|---|
| 중세 | 와다<br>和田 | 사에몬<br>左衛門尉 | 다이라<br>平 | | 쇼타로<br>小太郎 | 요시모리<br>義盛 | 쇼타로<br>小太郎 | |
| | 하타케야마<br>畠山 | 쇼지<br>荘司 | 다이라<br>平 | | 지로<br>次郎 | 시게타다<br>重忠 | 우지오마루<br>氏王丸 | |
| | 오다<br>織田 | 단조추<br>弾正忠 | 다이라<br>平 | 아손<br>朝臣 | | 노부나가<br>信長 | 기쓰보시<br>吉法師 | |
| 근세 | 도쿠가와<br>徳川 | | 미나모토<br>源 | 아손<br>朝臣 | 지로사부로<br>次郎三郎 | 이에야스<br>家康 | 다케치요<br>竹千代 | |
| | 도야마<br>遠山 | 사에몬<br>左衛門尉 | | | 긴시로<br>金四郎 | 가게모토<br>景元 | 나오노신<br>通之進 | 기운<br>帰雲 |

*아손(朝臣)은 헤이안시대 이후 5위(位) 이상인 자에게 붙인 경칭(敬稱)

위의 표에서 도쿠가와 이에야스徳川家康의 풀 네임은 도쿠가와 + 지로사부로次郎三郎 + 미나모토源 + 아손朝臣 + 이에야스이다. 도쿠가와는 묘지이고, 미나모토는 동족명을 가리키는 본성, 아손은 가문의 격을 나타내며, 지로사부로는 통칭, 이에야스가 실명이다.

실명보다 많이 사용했던 통칭은 크게 두 가지 패턴이 있다. 하나는 태어난 순서로 부르는데, 예를 들어 첫째 아들이면 다로太郎, 둘째이면 지로次郎 등이고, 다른 하나는 관직명을 통칭으로 부르는 경우이다. 다이나곤大納言, 사에몬左衛門尉 등은 요즘 식으로 말하면 ○○부장, ○○과장과 같은 것이라고 보면 된다. 우리나라나 중국에도 있는 자字와 호号가 이와 비슷하다.2)

자는 중국과 한국 등지에서 성인이 되었다는 징표로 새로 지어 주는 이름이다. 본명이 태어났을 때 부모에 의해 붙여지는 데 비해, 자는 윗사람이 본인의 기호나 덕을 고려하여 붙이게 되며, 자가 생기면 본명은 별로 사용하지 않는다. 본명을 부르기를 삼가야 하는 이름이라는 의미의 휘명諱名 또는 줄여서 휘라고만 하는 것이 일반적이다. 예로부터 중국이나 한국에서는 어느 정도 글을 아는 사람이면 본명 외에 자와 호를 가졌는데, 이는 두 가지 이상의 이름 가지기를 좋아하는 복명속複名俗이나 실제의 이름 부르기를 꺼리는 실명경피속実名敬避俗에서 유래한 것이다. 호는 우리나라나 중국에서 본명이나 자 대신 허물없이 부르기 위해 쓰는 이름을 통틀어 이르는 말로 아호雅号·별호別号라고도 한다.

다음은 집안 대대로 사용하는 이름인데, 게이지系字 또는 도오리지通り字라고 한다. 이것은 우리의 항렬과 유사해 보이지만 사실은 다르다. 항렬이 씨족 안의 순서를 나타내는 것인 반면, 게이지는 조상이나 후손이 같은 글자 하나를 사용하는 것이다. 무사는 아니지만 천황가의 남자들이 히토仁라는 글자를 사용하는 것을 생각하면 이해하기 쉬울 것이다. 무사의 이름을 보면 시대를 초월해서 일관된 원칙이 있음을 알 수 있다. 하지만 일상생활에서 풀 네임으로

2) 사극 드라마나 영화에 많이 나오는 '~효에兵衛', '~사에몬左衛門', '~우에몬右衛門', '~노스케之介', '~스케助'는 관직명에서 유래한 것으로, 가마쿠라시대에도 있었지만 센고쿠 이후에 유행한 이름이며, 에도시대가 되면서 무사뿐만 아니라 서민 남성들의 보편적인 이름으로 자리매김하게 된다.

사용했던 것은 아니었다. 반면 여성의 이름은 남성의 이름과 같은 공통된 원칙은 없었다. 중세시대 여성의 이름은, 장녀는 '오오이코大子', 차녀는 '나카쓰코中子', '미쓰코三子', '요쓰코四子' 등으로 불렸고, 귀족 후지와라藤原 가문에서는 '이치노히메一姫', '니노히메二姫'처럼 태어난 순서를 이름처럼 불렀다.3)

이런 긴 이름은 신분이나 성별에 따라 차이는 있지만 매우 복잡하고 어려운 것이었다. 그러다가 메이지시대 이후 '묘지 + 나마에名前'와 같은 현재의 이름 체계가 정착되었다.4) 메이지 정부는 1872년 태정관 포고를 통해 이름을 실명과 통칭 중 하나만 사용하도록 하였다.5)

다음의 〈표 2〉를 통해 태정관 포고가 발령되고 난 이후의 이름의 변화를 잘 살펴볼 수 있다.

---

3) 이름은 그 시대의 사회적 상황이나 유행을 반영하고 있다. 메이지야스다明治安田생명이 매년 그해에 유행한 이름을 정리한 자료를 내놓고 있다. 이 자료를 보면, 다이쇼大正시대(1912~1926)에는 전체적으로 남자는 쇼이치正一·쇼지正二·쇼조正三와 기요시清가 압도적으로 많았으나, 다이쇼 5년(1916)은 용띠 해로 다쓰오辰雄라는 이름이 많았다. 반면 여자의 경우, 다이쇼 초기에는 마사코正子·시즈코静子·치요千代, 후반으로 가면서 히사코久子·후미코文子·사치코幸子가 많았다. 쇼와昭和시대에는 '昭', '和'가 유행하면서 남자의 경우, 아키오昭夫·아키오昭雄·아키히코昭彦·가즈히코和彦·가즈오和夫, 여자의 경우, 아키코昭子·아키요昭代·가즈코和子·가즈요和代 등의 이름이 많았다. 그러나 헤이세이平成시대가 되면서 사정은 달라진다. 이전까지 이름에 많이 사용되던 연호年号 대신 남자의 경우, 마코토誠· 즈요시剛·모토元·준純 등 외자 이름이 많아지고, 여자의 경우는 시오리志織·미사美沙·리사リサ·미키ミキ·아미亜美·에리絵理 등 서양식 발음이 나는 이름이 주류를 이루는 대신 뜻은 별로 중요하게 여기지 않는 경향을 띠고 있다. 이것은 전통에 구애받지 않는 부모가 새로운 느낌의 참신하고 개성 있는 이름을 지어주고 있다는 것을 의미한다. 식별성識別性을 생명으로 여기는 이름의 본질에서 볼 때 이는 당연한 현상일 것이다. ○○코子, ○○요代가 너무 많아 신선함이 떨어지는 것도 이러한 현상의 원인으로 지목되는 등 이름도 개성을 중시하는 쪽으로 바뀌고 있다. 이처럼 이름은 시대적 특징을 반영하고 있다고 할 수 있다.

4) 1871년 4월 호적법이 공포되면서 국민들을 통제하기 위해 호구조사를 하였고, 이것이 치안유지 수단으로 이용되었다.

5) 태정관 포고 149호의 내용은 "지금까지 사용해 오던 통칭과 실명을 이후에는 하나로 해서 사용해야 한다"는 것이다.

〈표 2〉 메이지 전후의 이름 체계

| | 메이지 이전 | | | 메이지 이후 | |
|---|---|---|---|---|---|
| | 묘지 | 통칭 | 실명 | 묘지 | 나마에 |
| 1 | 사이고<br>西鄉 | 기치노스케<br>吉之助 | 다카모리<br>隆盛 | 사이고<br>西鄉 | 다카모리<br>隆盛 |
| 2 | 이타가키<br>板垣 | 다이스케<br>退助 | 마사가타<br>正形 | 이타가키<br>板垣 | 다이스케<br>退助 |
| 3 | 기도<br>木戸 | 준이치로<br>準一郎 | 다카요시<br>孝允 | 기도<br>木戸 | 다카요시<br>孝允 |
| 4 | 오쿠보<br>大久保 | 쇼스케<br>正助 | 도시미치<br>利通 | 오쿠보<br>大久保 | 도시미치<br>利通 |

먼저 1번의 정한론征韓論으로 유명한 사이고 다카모리西鄕隆盛는 원래 사이고 + 기치노스케吉之助 + 다카모리였는데, 태정관 포고 이후 통칭인 기치노스케를 버리고 실명인 다카모리를 사용하면서 사이고 다카모리가 되었다.6) 반면, 2번의 이타가키 다이스케板垣退介는 이타가키 + 다이스케 + 마사카타正形였는데, 실명인 마사카타를 버리고 통칭인 다이스케를 선택한 경우이다. 이런 식으로 해서 일본인들의 이름은 묘지 + 나마에 체계로 정착되었다. 사회가 복잡 다양화되어 가는 것과는 반대로 이름은 간단해졌다고 할 수 있다.

지금까지 소개한 일본인들의 이름을 정리해 보면, 일본인들은 메이지 이전까지는 복잡한 이름 체계를 가지고 있었다. 무사는 일생 동안 몇 번의 개명을 했고, 도요토미 히데요시처럼 이름의 변천과정을 통해 신분의 변화를 알 수 있는 사람도 있다. 이름은 시대적 상황·국가나 사회 제도, 관습·종교·문화를 반영한다. 즉, 이름은 각 시대의 신분관계나 군신관계·친소관계 등의 특성이

---

6) 사이고처럼 통칭을 버리고 실명을 선택한 사람으로는 기도 준이치로 다카요시木戸準一郎孝允와 오쿠보 이치조 도시미치大久保市蔵利通가 있다.

반영되어 있는 까닭에 자신의 정체성을 나타내는 중요한 요소가 되는 것이다.

### (4) 양자제와 일본

다음으로 일본을 이해할 수 있는 또 하나의 문화코드로 양자제를 소개하겠다.

한 사회를 이해하고자 할 때, 친족관계는 매우 중요한 키워드라 할 수 있다. 일본은 지배·피지배계급에 상관없이 양자제가 발달해 왔다. 에도시대 무가에서는 비교적 신분이 낮은 계층에서 인재를 찾아내어 당주当主로 세우는 경우가 많았고, 조닌町人이나 농민의 가문에서도 양자로 가서 그 집안의 대를 잇는 경우가 있었다. 동아시아 삼국 가운데 일본에서만 특히 양자제가 발달한 이유는 무사 계급과 관련이 깊다.

일본의 양자제는 비非혈연자도 세대와 관계없이 가문을 계승·상속할 수 있는 것이 특징이다. 사회인류학자 나카네 치에가 "일본처럼 양자나 무코요시婿養子가 재산을 상속받을 수 있는 사회는 드물다"[7]라고 할 정도로 일본의 양자제는 한국이나 중국과는 확연히 달랐다.

무코요시와 한국의 데릴사위를 같은 개념으로 보는 경향도 있는데, 이 둘은 다르다. 데릴사위는 처가살이를 하지만 처가의 성을 따르거나 재산을 상속받지 않는 반면, 무코요시는 처가의 성을 쓰고 재산을 상속받는다. 드라마나 영화 속에 자주 등장하는 장면 중 하나로 사위가 대를 이어서 처가의 가업을 계승하는 것도 일본이 양자제가 발달한 것과 밀접한 관계가 있다.

일본의 무사는 이에家의 가록家禄을 장남이 단독으로 상속받는다. 직계 자손이나 같은 성씨의 혈연자가 없을 경우에는 성이 다른 사람을 양자로 들여 상

7) 中根千枝, 「東アジアの階層(紳士·両班·武士)」, 『社会人類学 アジア諸社会の考察』, 東京大学出版会, 1987, p.109.

속받도록 한다. 이것을 이성 양자異姓養子라고 한다. 양자와 양부의 관계를 법률적으로는 의제적擬制的 친자관계 또는 의사擬似 친자관계라 한다. 이는 '생물학적인 부모자식 관계가 아닌 사회적으로 승인된 부모자식 관계'를 말하는데, 일본에는 의제적 친자 또는 친족관계의 유형이 많다. 양자에 대한 시대별 개념도 다르다. 근대 이전에는 가문을 잇기 위한 양자, 근대에는 노동력 확보와 노후의 부양을 대비한 양자, 전후가 되면서 불우한 아이를 구제하기 위한 방법으로서의 양자가 많았다.

장자 단독상속과 함께 이소로居候라는 단어가 있다. 이소로는 더부살이라는 의미로 장가를 가지 못한 차남이나 삼남이 부모나 장남 부부와 같이 사는 것을 말한다. 그러나 이소로를 구제하는 방법이 있다. 그중 하나가 아들이 없는 친척 또는 남의 집에 양자로 가는 것이다. 물론 몇몇 조건이나 상황이 맞아야 한다는 전제가 있었지만, 양자로 가면 결혼도 상속도 가능하였다.

일본의 전통사회에서는 자신의 집이 없이 셋방살이하는 사람들은 찬밥 신세를 감수해야 했다. 사회적으로나 경제적으로 한 사람의 성인 또는 구성원으로 인정해 주지 않았기 때문이다. 그렇다고 차남이나 삼남이 모두 양자로 갈 수는 없었다.

에도시대 무사 계급의 양자는 크게 두 종류로 구분할 수 있다. 하나는 같은 무사 가문에서 양자를 들이는 것이고 다른 하나는 상인이나 서민의 자제를 양자로 들이는 것인데, 후자의 경우에는 지참금이 있어야 했다. 에도시대 무가의 양자 비율은 놀랍게도 평균 40%에 가까웠다.

도쿠가와 가문은 15명의 쇼군將軍 가운데 6명이 양자이다. 이런 사정은 지방의 번도 비슷하였다. 지금의 야마구치山口현에 있었던 기요스에清末번의 경우도 양자율이 약 40%에 가깝다. 시기별로 조금 차이가 있기는 하지만 같은 가문에서보다 다른 가문, 즉 성이 다른 집에서 양자를 들이는 경우가 높았다.

이는 매우 흥미로운 사실이다.

일본의 드라마나 영화를 볼 때 주인공의 이름이 여러 번 바뀌는 바람에 헷갈렸던 경험이 있을 것이다. 이유는 다른 집안에 양자로 갔기 때문인데 어떤 경우는 양자로 갔다가 본가의 대를 이을 사람이 죽거나 하여 다시 본가로 돌아오면서 원래의 성으로 바뀌기도 했다. 대표적인 인물로 니토베 이나조新渡戸稲造가 있다. 메이지시대 때 영문으로 『무사도武士道』라는 책을 쓴 인물이자 과거 5,000엔 지폐의 주인공으로서, 교육자 겸 외교관이었다. 그는 삼남으로 태어나 삼촌의 양자가 되었으나, 본가를 잇는 형이 사망하면서 다시 돌아와 니토베라는 본래의 성을 되찾았다.

필자는 일본인들의 이름 체계와 양자제가 가지고 있는 구조를 이해하면 일본 사회의 속살을 알 수 있다고 생각한다. 아울러 흥미로운 것은 메이지시대를 연 인물 가운데는 양자로 가서 무사가 된 사람들이 의외로 많다는 사실이다. 메이지유신은 피지배계급이 아니라 지배계급, 정확하게 말하면 하급 무사들이 주도적으로 일으킨 혁명인데, 이들 가운데는 양자가 많았던 것이다.

### (5) 무사 조직의 의사결정 방식

무사의 영향은 눈에 보이는 일상뿐만 아니라 조직과 의사결정 등 일본인들의 행동 패턴에서도 나타난다.

역사학자 가사마쓰 가즈히코笠松和比古는 근세의 품의서稟議書 결재 방식에 주목하고 무가 사회의 조직과 의사결정 방식이 현대에도 이어지고 있다고 주장하고 있다.[8] 품위제는 현장 실무자가 기안한 결재 문서가 위로 올라가면서

8) 笠松和比古, 『士(サムライ)の思想』, 日本経済新聞社, 1993; 同氏, 『武士道その名誉の掟』, 教育出版社, 2003; 同氏, 『武士道と日本型能力主義』, 新潮社, 2007.

수정 과정을 거치고 상사의 추인을 받는 형식으로 진행된다. 이 방식은 도쿠가와 막부의 관료 제도하에서 정착되었다. 품의제를 중심으로 하는 막부 및 번의 의사결정은 말단의 현장 실무자를 포함한 사람들이 참여하고 합의에 의해 결정하는 형태이다.

품의제를 바탕으로 하는 합의제는 서구화를 목표로 하는 메이지시대에 관공서 및 회사조직에도 그대로 이어져서 현대에 이르고 있다. 품의제 방식의 의사결정에서 발생하기 쉬운 단점은 좁은 범위의 일을 담당하는 현장 전문가들이 눈앞에 보이는 일을 처리할 때 조직 전체보다는 선례를 따른다는 것이다. 선례주의를 중시하는 조직에서는 품의제를 선호하며 매뉴얼에 의존하게 된다. 그 때문에 일의 내용이 바뀌거나 예상치 못했던 상황이 발생하면 능동적으로 대처하지 못하고 무력해지기도 하고, 심지어 그 일을 맡은 부서에 불리한 안건은 올리지 않는 경우가 생기기도 한다.

번이나 막부의 의사는 다이묘나 쇼군이 아니라 가로家老나 부교奉行의 협의에 의해 결정되는 경우가 많고, 다이묘나 쇼군은 가로나 측근의 인사 문제에 의견을 피력하는 정도이다. 에도 중기 이후가 되면 다이묘는 가로 회의에는 아예 출석도 하지 않았다. 가로가 인사를 결정하고 다이묘는 보고만 받는 식이다. 인사도 선례를 따랐으며, 무사 가문의 사회적 신분이나 지위로 거의 모든 것이 결정되고 세습되었다. 따라서 실질적인 것은 실무를 담당하는 비서진, 즉 관료에 의해 결정되었다. 오늘날 관료가 일본을 움직인다는 말이 있는 것도 이와 무관하지는 않다.

가로 곁에는 반드시 행정서사行政書士가 붙어 있었다. 신분은 낮지만 유능한 이들은 기안이 올라오면 선례나 판단에 필요한 자료를 조사해서 상부로 올렸다. 자료를 가로 회의에 제출하고 가로에게 상황을 알려줌으로써 번 정치가 돌아가는 시스템이었다. 사이고 다카모리나 오쿠보 도시미치가 이러한 실무를 담당하는 하급 무사 출신이었다는 사실이 시사하는 바가 크다.

이처럼 무사 조직은 품의제와 합의주의·선례주의가 연동해서 움직이고 있었다. 그리고 지금도 이 세 가지는 관공서나 회사 등 일본의 조직에서 중요한 의사결정 수단으로 작동하고 있으며, 일본인들의 중요한 행동 패턴으로 기능하고 있다. 700여 년 동안 지배층이 칼 찬 무사였다는 사실은 이들에 의해 형성·발전해 온 전통이나 문화가 일본인들의 일상생활 속에 지금도 살아 숨 쉬고 있다는 것을 말해 준다.

### (6) 일본인과 국민성

여기에서는 일본인들의 국민성과 관련이 깊은 '와和'와 집단주의에 대해서 생각해 보자. 흔히 일본인들의 화합과 단결 그리고 배려하는 마음을 '와'라는 말로 표현한다. 그리고 서양인들은 근대 이후 일본이 아시아의 모범적인 근대국가로 발전할 수 있었던 이유 중 하나로 일본인들의 집단주의를 꼽기도 한다. 기본적으로 농경문화가 발달한 동아시아 국가들은 집단주의적 특징을 가지고 있다. 근대화를 가장 먼저 시작한 일본을 아시아의 다른 나라들과 비교하기 위해 일본을 경쟁적 집단주의 사회라고 말하는 전문가들도 있다.

흔히 일본인들의 성향을 집단적 에고이즘Egoism[9]이라고 말하기도 한다. 유명한 코미디언 겸 영화감독인 기타노 다케시北野 武는 일본인들의 집단주의적 인간관계를 "빨간 신호등도 모두 함께 건너면 무섭지 않다!"라고 표현하고 있다. 일본인은 집단성과 협조성이 풍부한 반면, 폐쇄적이며 두터운 인간관계가 특징이다. 이것은 농경문화와 함께 지형적으로 좁은 범위 내에서 무라村라고 불리는 촌락村落을 이루어 생활해 온 것이 원인이라고 할 수 있다.

---

9) 집단적 에고이즘에는 가족 에고이즘·촌락 에고이즘·기업 에고이즘·국가 에고이즘 등이 있다.

일본인들의 무라 생활에서는 개인보다 공동체의 권익과 발전이 더 우선시되었다. 즉, 공동체 생활에서 중요한 것은 타인에 대한 배려와 양보를 미덕으로 삼는 와의 정신이었다. 일본인들이 인간관계에서 가장 중요하게 여기는 와는 고대 아스카飛鳥시대 쇼토쿠태자聖徳太子가 제정한 헌법17조의 "와를 중요하게 생각해야 한다"는 항목에서 유래된 것이다.

한편, 와를 중요시 여기는 일본인들의 집단성에 나타나는 문제점은 다음의 두 가지로 정리할 수 있다. 첫 번째, 개인의 자립성을 키우기가 어렵다는 것이다. 이는 상대방에게 응석을 부리는 아마에甘え의 태도와 개성을 억압하는 사회적 분위기의 영향 때문이라고 볼 수 있다. 두 번째, 자신이 소속한 집단 이외에는 무관심과 무책임한 태도를 보이기 쉽다는 것이다. 이 때문에 일본인들은 억압적이며 폐쇄적인 인간관계를 형성하게 되었다고 할 수 있다.

중세 무사 시대가 시작된 이후, 일본인들의 집단성은 엄격한 주종 관계의 지배질서 속에 편입되었고, 이러한 사회적 분위기는 근·현대까지도 이어졌다. 대표적으로 일본을 전쟁으로 몰고 간 쇼와昭和시대 전반기의 파시즘화fascism[10]는 비판 정신을 억압하는 사회적 분위기와 집단 에고이즘이 만들어 낸 비참한 결말이었다. 이외에도 전후에 발생한 여고생에 대한 집단 따돌림, 즉 무라하치부村八分 사건[11]은 전형적인 집단 에고이즘이 나타난 경우이다.[12]

---

10) 국가 중심의 전체주의 운동 또는 그런 정부를 가리킬 때 사용하는 용어이다. 국가가 절대 우위에 있고 개인의 뜻을 굽혀 국가가 명시한 뜻에 따르며, 국가를 상징하는 카리스마적인 지도자에게 완전히 복종하는 것이 특징이다.

11) 1952년 참의원 보결선거 때 무라 차원의 부정 사건을 고발한 시즈오카静岡현의 여고생 이시카와 사쓰키石川さつき 가족에 대해 발생한 집단 따돌림 현상. 이 여학생의 용기 있는 행동은 전국적으로 깊은 감동을 주었고, 다니던 학교의 학생회에서도 이시카와를 지지하는 등 전국적으로 관심을 불러일으켰으나 결국 가족은 무라하치부를 당해 마을을 떠나야만 했다.

12) 奥平康弘 外, 『新現代社会』, 一橋出版, 1990, pp.240~241.

# 2

# 의衣생활

## 1) 기모노着物

일본의 의복은 고대부터 풍토·문화·사람들의 생활방식에 따라 형태가 바뀌면서 오늘날에 이르고 있다. 이와 관련해서 재미있는 자료를 살펴보자.

아래 그림 속 여성이 입고 있는 치마에 주목하기 바란다. 〈에시노소시絵師草紙〉라는 이 두루마리 그림은 중세시대인 14세기경의 작품으로 추정된다. 그림 속 여성의 앉은 모습은 우리네 여인들이 한복을 입고 앉은 모습과 똑같다. 지금의 기모노로는 취할 수 없는 자세이다.

〈에시노소시〉

일반적으로 일본 전통의상을 기모노 또는 와후쿠和服라고 한다. 원래 기모노라는 말은 '입는 것' 또는 '몸에 걸치는 옷'이라는 의미이다. 그리고 와후쿠는 일본에 서양 의복이 들어오면서 일본 전통 옷이라는 의미로 사용되어 왔다.

일본인들은 일본적인 것을 말할 때, 보통 와를 붙여서 쓴다. 와후쿠를 비롯해서 음식은 와쇼쿠和食, 다다미방은 와시츠和室이다. 우리나라가 전통적인 것 앞에 한韓 자를 붙일 때와 같은 맥락이다.

### (1) 기모노의 특징

기모노는 펼쳐 놓으면 한 폭의 그림과 같이 평면이 된다. 나가기長着라는 긴 원피스 형태로서 단추나 고름이 달려 있지 않기 때문에 히모紐라는 끈과 오비帯라는 허리띠로 옷을 고정시킨다. 겨드랑이가 트인 점도 한복이나 서양식 옷과는 다른 점이다.

서양식 의복은 체형에 맞추어서 입체적으로 만드는 데 비해 기모노는 재단할 때나 옷을 입을 때 몸의 윤곽선이 드러나지 않게 한다. 기모노는 입으면 몸에 달라붙게 되지만 허리에 두터운 오비를 맴으로써 허리선이 드러나지 않으며, 치마폭은 매우 좁아 보폭을 좁게 해서 걸어야 한다. 따라서 활동하기에 불편하고 비능률적인 면은 있으나 다다미 생활에 편리하도록 만들어졌다. 지금의 기모노는 에도시대 중기에 나타난 스타일이다.

게다가 기모노는 양복이나 한복과는 달리 옷깃의 좌우 방향 구분이 없기 때문에 옷을 입을 때는 왼쪽 깃이 위로 올라오게 해야 한다. 오른쪽 깃이 위로 올라오는 것은 죽은 사람에게 입히는 방법이므로 주의해야 한다. 또한 기모노는 신체 조건에 관계없이 재단 방법이나 크기가 거의 일정하므로 대대로 물려 입을 수 있다.

### (2) 기모노의 종류

기모노는 성별과 연령, 용도에 따라 종류가 매우 다양하고 복잡하다. 따라서 여기에서는 일상생활에서 입는 기모노와 특별한 날에 입는 기모노에 대해서 살펴보기로 한다.

기모노는 용도에 따라 크게 하레기晴れ着와 후단기普段着로 나눈다.[13] 하레는 특별한 행사가 있을 때를 말하며, 그 특별한 날에 입는 의복을 하레기라고 한다. 즉, 출생축하·결혼식·입학식·졸업식 등 축하나 격식을 갖춰야 하는 날 또는 장례식에 입는 의복인 것이다. 근대 이후 하레기는 기모노에서 서양식 복장으로 바뀌었지만, 지금도 여전히 특별한 행사가 있을 때는 하오리하카마·도메소데留め袖·시로무쿠白無垢 등을 착용한다. 하레기의 특별한 기능은 요소유키ヨソユキ라 부르는 외출복으로서의 기능이다. 요소유키는 일상생활 공간이 아닌 외출 등의 이유로 다른 장소에 갈 때 입는 옷이라는 의미이다.

후리소데

하레기의 일종인 도메소데는 소매 자락이 짧은 것이 특징으로 기혼 여성이 입으며, 미혼 여성의 경우에는 소매 자락이 긴 후리소데振り袖를 입는다. 결혼식 때 입는 신부용 의상인 시로무쿠는 후리소데에 해당한다.

---

13) 민속학에서는 일본인들의 생활을 나타낼 때 하레晴れ 또는 게ケ·게가레穢れ라는 말을 자주 사용한다.

옷 이야기 1

### 후리소데, 옛날에는 남자아이도 입었다

후리소데는 성인식이나 결혼식 피로연 등에서 자주 볼 수 있는 미혼 여성의 제1예복이다. 소매 안의 주머니를 뜻하는 후리가 있는 기모노라는 의미로, 소매길이에 따라 나가長후리소데·주中후리소데·고小후리소데로 나뉜다. 소매길이가 길수록 격식이 높았다고 한다.

후리소데는 무로마치室町시대에도 있었는데, 당시에는 남녀 아이들이 모두 입었다. 후리소데는 원래 소매 겨드랑이 부분이 뚫려 있었는데, 이것은 아이들의 체온을 조절하기 위해서였다. 예전에는 겨드랑이 부분이 뚫려 있다는 의미로 와키아케脇明け라고도 불렀다. 원래 와키아케의 소매길이는 길지 않았으나 나중에 후리소데로 불리게 되면서 차츰 길어졌다. '아름다운 후리소데 땅에 조금만 더美しい振袖土へもうちっと'라는 에도 센류는川柳[14]는 조금만 더 길면 땅에 닿을 것 같은 소매길이의 후리소데를 읊은 것이다.

한편, 남성용 정장으로는 하오리하카마가 있다. 하오리는 겉옷, 하카마는 바지라는 의미인데, 우리의 남자 한복을 바지저고리라고 부르는 것과 비슷하다. 하오리하카마는 원래 에도시대 무사들의 약식 예복이었다. 그러다가 메이지시대에 '다섯 가지 검은 문양이 들어간 하오리하카마를 남성의 예복으로 한다'는 태정관 포고 이후 서민 남성들이 예복으로 입기 시작하였으며, 지금은 남성의 최고 예복이 되었다.

반면, 일상생활에서 입는 의복은 후단기 또는 시고토기仕事着라 한다. 예전에는 일상복인 후단기와 일할 때 입는 시고토기, 논이나 밭에서 작업할 때 입는 노라기野良着를 구분해서 착용하지는 않았다. 작업복은 윗옷의 뒷자락을 걷

14) 5·7·5음으로 이루어진 단시短詩. 구어체口語体를 사용하고 세태와 풍속을 풍자와 익살스럽게 묘사하는 것이 특징이다.

어서 그 끝을 허리띠에 끼우고 소매를 걷어 올려 끈으로 매고 앞치마를 둘렀으며, 손목에는 보호용 토시를 정강이에는 각반을 대고 머리에는 수건을 두르는 것이 일반적이었다.

쓰츠소데筒袖는 재팬 컬러Japan color라고 부르는 남색 계통의 통소매 옷으로 시고토기이며, 스키니진이나 쫄바지와 비슷한 모모히키股引도 시고토기로 바지폭이 좁고 거추장스럽지 않아서 작업복으로 적합하였다. 거추장스러움을 최소화한 토시와 각반은 일할 때 손목과 발, 다리를 보호하는 기능을 하였다.[15]

옷 이야기 2

### 고소데小袖, 현대 기모노의 루트

고소데는 무로마치시대까지 내의로 착용되었으나 그 이후부터는 겉옷으로 바뀌었다. 고소데라는 말은 '소맷부리가 작은 의복'이라는 뜻으로 현대 기모노의 루트가 되었다.

겉옷으로 입게 된 고소데는 시대에 따라 형태나 문양 등이 바뀌었으며, 특히 여성용 고소데에 많은 변화가 있었다. 에도시대 전기의 고소데는 소매 기장이 짧고 품이 넉넉했지만, 중기가 되면 기장이 길어지고 품은 좁아졌으며, 후기가 되면서 현대의 기모노와 거의 같은 형태가 되었다. 고소데에 들어가는 문양도 초기에는 크고 화려하여 눈에 띄는 것이 많았으나, 중~후기가 되면서 문양이 작아지고 옷자락 모양이 수수하게 바뀌었다.

15) 大島暁雄 外篇,『図説民俗探訪事典』, 山川出版社, 1982, pp.4~10.

## 2) 제복制服

일본의 의복 문화를 얘기할 때 빠트릴 수 없는 것 중 하나로 제복 또는 제복 문화를 들 수가 있다. 제복은 종류가 다양하다. 제복은 집단의 연대감과 사회 통제 등의 기능을 수행하기 위해 만들어진 것으로 메이지 이후 군대를 조직화의 모델로 하는 집단들이 착용하기 시작하였다. 예를 들면 경찰관이나 간호사, 보이스카우트 등 각종 단체에서 그 집단의 목적을 달성하기 위해 입었던 것이다. 용도에 따라 의례적인 것으로 연미복이나 프록코트Frock Coat, 직업상의 구별이나 표식 그리고 행사 때에 입는 제복이 있다.

그러나 일본에서 제복이라고 하면 맨 먼저 교복을 떠올린다. 교복은 일본의 독특한 제도라고 해도 과언이 아니다. 일본인들이 처음 제복을 입기 시작한 것이 바로 교복일 것이다. 학교에서 교풍 등을 고려해서 같은 옷을 입기 시작하면서 교복 차림의 학생들을 쉽게 볼 수 있게 되었다. 교복은 유치원부터 초·중·고·대학까지 입는다. 공립 초등학교는 교복이 없지만 사립 초등학교는 대부분 교복을 입는다. 대학생의 경우, 지금은 일부 운동부 학생들이나 응원단 학생들이 입는 정도이다. 이처럼 일본에서는 아이덴티티가 확립되는 성장기인 유년기·청소년기부터 교복을 입고 학교생활을 한다.

인간은 자아가 발달하는 과정에서 다양한 아이덴티티를 획득하며 성장한다. 가족·성별·직업 등의 집단 아이덴티티를 형성해 나가고, 청소년기가 끝날 즈음에는 이러한 아이덴티티를 통합하는 자아가 확립되면서 성인으로서의 자신이 성립된다. 일본인들은 이처럼 자아가 확립되어 가는 과정에서 교복을 입고 집단생활을 배워 나가는 것이다.

일본에서는 조직이 만들어지면 제복을 정하는 것이 일반적이다. 모두가 같은 옷을 입음으로써 서로가 같은 집단에 소속한다는 동질성을 깨닫게 되고,

이를 통해 사회적 안정감을 느낄 수 있기 때문이다. 제복이 가지는 또 하나의 기능으로서는 통제와 관리가 있다. 제복을 입으면 정신도 제복을 입고 있는 것과 같은 효과가 있으며, 다른 사람들과는 구별되는 행동을 하게 된다. 이처럼 제복은 경제적인 면뿐만 아니라 사회성·국민성과도 관계가 있다.

### 3) 고도 경제성장과 청바지

청바지에 티셔츠는 쉽게 볼 수 있는 일상복이자 일본인들의 대표적인 캐주얼 스타일이기도 하다. 예전에는 복장을 통해 성별·연령·직업을 알 수 있었다. 그러나 청바지는 종전의 일본인들의 의복에 대한 고정관념을 바꾸어 놓았다. 차려입는 복장에서 자유로운 복장으로 파격적인 변신을 가져왔던 것이다. 캐주얼 복장의 제복이라고 할 수 있는 청바지가 일본인들의 생활에 아주 자연스럽게 녹아들기 시작한 것은 언제부터였을까?

일본에서 청바지를 입기 시작한 것은 1960년대이며, 1960년 말에서 1970년대로 들어서면서 유행하기 시작하였다. 1966년, 비틀스Beatles가 일본에서 첫 콘서트를 열었을 때 부도칸武道館에는 하루 동안 1만 수천 명이 입장했는데, 수많은 사람이 청바지를 입었다고 한다. 음악·청바지·장발·통기타는 비틀스와 밥 딜런B. Dylan으로 대표되는 일종의 전통에 대한 반항의 상징이었다. 당시 청바지를 입는 것은 자신을 표현하는 하나의 방법이었다. 1969년에만 하더라도 도쿄東京에는 청바지 전문점이 몇 개에 불과했으며, 그곳을 이용하는 젊은이들도 소수였다.

제2차 세계대전이 끝나고 일본에서는 합창단 연주를 중심으로 하는 사회 운동·정치 운동이 유행한다. 노래로서 자기를 주장하는 음악 운동이라는 의미에

서 우타고에うたごえ 운동이라고 불렀는데, 여기에 수만 명의 사람이 참가하기도 하였다. 그리고 '로온労音'이 있다. 근로자음악협의회勤労者音楽協議会의 약자인 로온은 1949년에 오사카大阪에서 시작된 음악 감상 단체로, 회원들이 중심이 되어 기획하고 운영하는 것이 특징이었다. 당시 로온이 일본인들의 음악운동에 미친 영향은 매우 커서, 한 달에 약 60만 명이 참가하기도 했다고 한다. 1969년에 도쿄 신주쿠新宿에서 개최된 '우드스톡 뮤직 페스티벌Woodstock Music and Art Festival'에는 하루 동안 50만 명의 젊은이들이 참가하였는데, 이들은 약속이라도 한 것처럼 청바지를 입고 있었다. 지금이야 청바지에 티셔츠가 보편적인 복장이지만 당시로서는 특별한 것이었다. 고도 경제 성장기에 미국 문화가 들어오면서 일본에서도 록Rock 음악과 청바지로 상징되는 미국의 청년 문화가 유행하기 시작하였다. 청년들로부터 시작된 청바지가 미국 드라마나 영화의 영향으로 장년층은 물론 여성과 아이들에게도 확산되었다. 1970년대

자유와 젊음의 상징, 청바지

후반이 되면서 청바지가 청년들의 상징이라는 이미지는 없어졌지만, 청바지를 백안시白眼視하는 것은 여전하여 일류 호텔에서는 청바지를 입으면 출입을 거부당하기도 했다. 1977년에는 오사카대학교에서 영국인 강사가 청바지를 입은 여학생의 청강을 거부했다는 이야기가 당시에 뉴스거리로 등장할 정도였다.

## 4) 청바지가 일본에서 인기를 끈 이유

청바지는 1850년경 캘리포니아에서 리바이 스트라우스L. Strauss가 염색한 텐트로 작업복을 만들기 시작한 것이 최초이다. 일본에서는 전후 미군GI들이 휴가 중에 입고 거리에 나오면서 'GI 팬츠'라고 불렸고, 이 말을 줄여서 '지G판'이라 부르기 시작하였다. 청바지는 튼튼하면서도 경제적이어서 미국에서는 노동자들이 입는 평상복으로서 정착하였다. 이 청바지가 1970년대 일본에서 캐주얼 스타일로 유행하게 된 배경에는 몇 가지 이유가 있다.

먼저 소재와 색깔인데, 소재는 두꺼운 데님에 염료는 인디고 또는 쪽藍이다.

재팬 컬러의 유카타

일본인들이 집에 돌아오면 평상복으로 입는 유카타浴衣의 소재가 면이고, 쪽 염색은 전통적인 유카타의 색이기도 하다. 쪽 염색은 미국에서도 벌레나 독사 퇴치 등에 사용되었다고 한다. 거기에다가 방충 효과가 있고 노동할 때 입는 시고토기의 색깔과도 비슷했기 때문에 받아들이기가 쉬웠을 것이다. 털이나 화학섬유로 만든 바지를 입을 때

는 '즈봉시타ズボン下'라고 하는 속옷을 입었으나, 청바지는 직접 피부에 닿는 감촉이 좋아 입기에도 적합하였다. 청바지가 유행하고 주택의 난방 사정이 좋아지면서 실내복으로 입던 즈봉시타의 수요는 줄어들었고, 이로 인해 백화점 등에 있었던 즈봉시타 매장은 없어지게 되었다.

청바지와 세트로 입는 티셔츠는 소매가 'T' 자형 모양을 하고 있다고 해서 붙여진 이름이다. 원래는 실용적인 속옷이었던 티셔츠는 청바지의 인기와 더불어 유행하게 되었으며, 지금은 청바지와 마찬가지로 연령대에 상관없이 편안한 복장으로 애용되고 있다.16)

옷 이야기 3

### 유카타, 본래는 입욕入浴용 옷

지금의 유카타는 여름철 마쓰리祭에서 많이 볼 수 있는 옷이다. 그러나 유카타는 본래 목욕할 때 입는 입욕용 옷이었다. 하이쿠俳句에서 유카타는 여름의 계절감을 나타내기 위해 넣는 기고季語로 정해 놓고 있을 정도이다. 浴衣라는 한자에서도 알 수 있듯이, 입욕할 때 착용하는 목욕가운으로 그 유래는 다음과 같다.

옛날 사찰에서는 욕탕을 가까운 이웃들에게 개방하여 입욕하게 했는데, 이를 시욕施浴이라고 불렀다. 시욕은 사찰의 포교 수단이기도 했다. 시욕 때에는 남녀가 여럿이 함께 입욕하는 경우도 있어서 하얀 옷을 입었는데, 그 옷이 유카타비라湯帷子였다. 유카타비라는 궁중과 무가에서도 착용하였다.

이 유카타비라가 유카타의 원조이며, 유카타라는 말은 유카타비라를 생략한 것이다. 에도시대 초기에는 남자는 스모相撲 선수들이 경기를 할 때 차는 것과 같은 훈도시褌, 여자는 허리 부분을 두른 고시마키腰巻를 걸치고 탕에 들어갔고, 나올 때는 유카타를 입고 땀을 닦았다. 유카타는 목욕용 가운 외에도 여름에 집에서 입는 옷으로도 사용되었으며, 오늘날에는 외출 시에 입는 평상복 등 다양한 용도로 쓰이고 있다.

16) 水谷 修 外篇, 『日本事情ハンドブック』, 大修館書店, 1995, pp.410~411.

# 3

## 식食생활

일본의 음식은 농경문화의 영향이 크고 쌀을 주식으로 한다는 점에서 우리나라와 매우 닮아 있다. 일본인들은 오랫동안 쌀에 조와 보리쌀을 섞은 잡곡밥을 주식으로, 부식으로는 된장국이나 생선과 절인 음식을 먹어 왔다. 이외에도 끓이거나 굽거나 볶으면서 조리하는 것이 많았다. 지금은 하루 세끼 식사가 당연하지만, 일본에서 세끼 식사가 정착된 것은 에도시대에 이르러서이다. 점심点心이라는 말은 원래 정식 식사라는 의미가 아니라 아침과 저녁 사이에 먹는 간식이라는 의미였다. 일본 음식은 밥 또는 술안주가 기본이며, 제철에 나는 식재료를 계절감을 살린 그릇에 보기 좋게 담아내는 것이 특징이다.

여기서 한 가지 알아 두어야 할 사실이 있다. 일본을 대표하는 전통요리는 대부분 에도시대에 생겨났고, 이때 요리 기술이 완성되었다는 점이다. 그 이유는 간장이 본격적으로 음식 맛을 내는 조미료로 사용되기 시작했기 때문이다. 이전까지 일본 음식은 된장과 소금 그리고 식초로 맛을 내고 조리했는데, 여기에 간장이 들어가기 시작한 것이다. 이유는 에도시대 상업 유통망의 발달과 관련이 깊다.

사료에 간장이 처음 등장한 것은 1597년에 나온 『에키린혼세쓰요슈易林本節用集』라는 사전인데, 여기에 "1521년에서 1528년경 교토에서 간장이 만들어졌다"라고 적혀 있다. 다마리쇼유溜り醤油[17]라고 부르는 이 담금 간장이 본격적으로 생산되기 시작한 것은 에도시대에 들어서면서부터이다. 에도시대 초기,

지금의 지바千葉현 노다野田와 조시銚子 지역에서 만들어진 진한 간장이 대소비 도시 에도에 들어오면서 간장 소비가 늘어났다. 에도시대 초·중기까지만 하더라도 가미가타上方에서 만들어진 염도가 높고 색깔이 연하면서 질 좋은 간장이 에도의 간장 시장 절반을 점유하고 있었다. 한편, 가미가타에서 만들어진 간장에 비해 진한 색깔을 띠는 간토關東 지방의 간장은 색깔·맛·깊이·향이 뛰어나 소바蕎麦 국물이나 스시寿司에 사용되었다.[18]

에도시대 후기에 이르면 가미가타의 연한 간장보다 대두와 밀가루를 사용한 노다, 조시에서 만들어진 진한 간장이 대세가 되면서 소비가 늘어났다. 이렇게 해서 에도에서는 진한 간장이 소바와 덴푸라天ぷら 등에 빠질 수 없는 조미료로서 자리매김했고, 서민들의 음식 맛의 기본이 되었다. 반면, 가미가타에서는 효고兵庫현 다츠노竜野의 양조장에서 만들어진 연한 간장이 에도시대 초기에 유통 중심지였던 교토로 진출해, 한때는 간장 소비의 35%를 차지했다고 한다.

이처럼 에도시대에는 간장뿐만 아니라 집에서 만들어 먹던 된장도 상업망을 통해 판매되면서 간장과 된장은 사서 조리해 먹는 조미료로 인식이 바뀌게 된다. 그래서 일본에는 우리처럼 어머니의 된장 맛이나 할머니의 장맛이라는 말이 없다. 양조장마다 간장과 된장의 맛이 다르기 때문이다. 술도 양조장에서 대량 생산하여 유통망을 통해 판매하는 시스템으로 바뀌면서 일본 요리사料理史는 가히 혁명이 일어나게 되었다. 모든 길은 로마로 통한다는 말이 있는 것처럼 모든 일본 요리에는 간장이 들어간다고 해도 과언이 아닐 정도가 된 것이다.

요즘 우리나라는 집밥 또는 어머니의 손맛에 대한 관심이 높다. 어머니가 해주시던 음식에 대한 향수를 가진 현대인들이 어렸을 적 먹었던 입맛이 그리

---

17) 이 간장은 원료인 콩을 찐 다음 누룩을 넣어 1년 이상 발효·숙성시켜 만든다.

18) PHP研究所 編, 『江戸と上方』, PHP, 2007, pp.54~55.

워 그와 비슷한 맛을 찾기 시작했기 때문이다. 일본인들도 우리와 마찬가지로 옛날에 먹던 맛에 대한 그리움을 표현하는 말이 있다. 일본에는 '어머니의 손맛은 간장 맛, 고향의 맛은 된장, 즉 미소시루味噌汁 맛으로 기억한다'는 말이 있다. 일본의 가정식에서 반찬류는 간장으로 만든 조림이나 익힌 것이 많고, 된장은 그 지역의 업체에서 만든 맛에 익숙해 있기 때문이다. 된장은 고장마다 맛이 다르다. 어떤 지역은 된장의 색깔이 연하고 하얀색에 가까운 시로미소白味噌인가 하면, 어떤 지역은 붉은색에 가깝다. 도호쿠東北 지방의 센다이仙台라는 도시에서는 붉은색 된장이라는 의미의 아까미소赤味噌를 많이 먹는다.

미소시루

## 1) 일본의 식문화

일본 요리는 '조리調理는 있어도 조미調味는 없다'고 할 정도로 식재료가 가지고 있는 본연의 맛을 중시한다. 간장이나 된장 그리고 다시와 같은 조미료는 어디까지나 소재의 맛을 돋보이게 하는 보조 역할에 불과하다.

일본은 남북으로 가늘고 긴 국토에 사계절이 뚜렷하기 때문에 같은 식재료라고 하더라도 계절의 변화에 따라 음식 맛이 미묘하게 다르다. 식재료 본연의 맛과 계절감이 더해진 자연 그대로의 맛을 추구하기 위해 계절 재료인 슌旬 또는 슌노모노旬ノ物를 중요시 여기게 된 것이다. 따라서 신선한 식재료는 되도록 가공하지 않고 소금이나 간장을 살짝 곁들여서 조리한다. 생선 소금구이·

채소 절임처럼 식재료 본래의 색채와 미각, 모양을 그대로 살리는 음식이 일본인들의 식탁에는 항상 오른다.

사면이 바다로 둘러싸여 있는 일본은 수산물이 풍부하여 어패류를 생식하는 회膾 문화도 발달하였다. 예로부터 어패류는 일본인들에게 중요한 동물성 단백질 공급원이었다. 일본인의 어패류 소비량은 서양인의 6~8배나 된다. 열도의 태평양 연안이 세계 3대 어장에 속하는 데다 연안에 서식하는 어종만도 약 3,492종으로, 지중해의 1,300여 종, 북미 서안의 1,800여 종보다 압도적으로 많다.

일본 요리는 중세 이후부터 에도시대에 걸쳐 완성되었다. 그러나 언뜻 보기에는 일본 고유의 요리처럼 여겨지는 것들도 기원을 찾아보면 대부분이 중화요리나 남만南蛮 요리에서 유래되었다는 사실에 놀라게 된다. 이것은 가공하지 않은 자연 그대로의 음식 맛을 중요시하는 일본인들이 그들만의 독자적인 요리 문화를 고집하지 않고, 세계 각국의 식문화를 수용하여 자신들의 입맛에 맞게 조리해 왔다는 것을 의미한다.

또한 일본 요리에서는 조미의 기본이라고 할 수 있는 가쓰오부시かつお節·다시마·버섯·마른 멸치를 우려낸 국물인 다시だし도 빼놓을 수 없다. 이 아미노산을 이용한 맛내기 요리법은 오랫동안 육식을 하지 않았던 일본인들이 식생활에서 얻은 지혜라고 말할 수 있다.

문명화된 요리란 먹을 수 없는 것을 먹을 수 있게 가공하는 기술 또는 자연에 없는 맛을 창조하는 기술에 의해 만들어지는데, 일본 요리는 이와는 정반대의 방향을 취하였다. 즉 '요리하지 않은 요리가 가장 이상적인 요리'라는 역설이 통한 것이다.

일본 요리는 소재 본연의 맛을 그대로 살리는 것을 최고로 친다. 주방장에게 가장 중요한 것은 요리 기술보다는 재료를 다루는 기술이다. 일본 사람들은 요리 맛의 좋고 나쁨보다 신선도의 좋고 나쁨을 문제시하는 까닭에, 제철이 아닌 재료는 요리의 대상으로 삼지 않는다.

제철에 난 최고 상등품만 사용하고 나머지는 미련 없이 버린다는 것은 식재료에서 승부를 거는 요리법이다. 이렇게 사치스러운 재료 사용법을 일반 가정에서는 도저히 따라갈 수 없다. 따라서 세계에서 일본 요리만큼 가정집과 요릿집의 격차가 큰 경우는 없을 것이다. 만능 조미료인 간장의 보편화와 소재를 중시하는 요리관이 결합될 때 요리 기술은 매우 간결해진다. 그 때문에 프로 요리사의 솜씨 자랑이라는 것도 칼 쓰는 솜씨와 음식을 담는 법 정도에 그치고 요리의 미학은 미각보다는 시각적 효과를 중시하게 되었다.

일본인들이 문명개화를 통해 그동안 터부시된 네발 달린 짐승의 고기를 본격적으로 먹지 않았더라면 서양요리나 중화요리가 일본에 침투하기 어려웠을 것이라는 말이 있다. 에도시대의 경우, 이들 요리는 나가사키長崎의 지방 요리로만 존재했을 뿐이다. 육식이라는 새로운 소재가 등장했을 때 일본 요리로 식탁에 올릴 수 있는 아이템은 쇠고기 전골과 이를 발전시킨 스키야키すき焼き 정도였다. 그마저도 음식점이 아닌 서민들의 가정식 요리였다. 일본의 요릿집은 오랜 전통요리의 틀에서 벗어나려고 하지 않았던 반면, 서민들의 가정식 요리는 특별히 그럴 필요가 없었다. 생활이란 새로운 환경에 대응하기 마련이다. 새로운 식재료가 있지만 전문가가 요리 기술을 개발하지 않는다면 다른 기술 체계를 빌려오면 된다. 카레라이스·크로켓·탕수육·팔보채처럼 일식·양식·중식이 섞인 가정식 반찬은 언뜻 봐도 무국적 혹은 퓨전 요리이다.

육식이라는 새로운 식재료와 외래의 요리 기술이 도입되기 전까지의 일본 요리는 육류를 자유자재로 사용한 적이 없었고 또 사용할 생각도 못했다. 육류를 자유자재로 사용한다는 것은 동물 한 마리를 모두 먹어치운다는 의미였다. 그때까지 일본인은 육식이라면 생선을 토막 내어 먹는 것이 전부였고, 내장 요리는 한국 요리에 의존하였다. 도호쿠 지방의 사냥꾼 집단인 마타기マタギ

의 요리법 등 특수한 경우가 없었더라면, 동물 내장을 활용한 일본의 요리 기술은 개발되지 못했던 것이다.

어쨌든 가정의 식단에 올라오는 음식은 얼핏 무국적인 퓨전 요리처럼 보이지만 이것들은 지극히 일본적인 서양요리이자 중화요리이다. 예를 들면 돈카츠는 포크커틀릿이 아니다. 유럽의 커틀릿처럼 약간의 기름을 두르고 프라이팬에다 구워 내는 팬 후라이pan-fry가 아니라, 기름에 튀긴 딥 프라이deep-fry이다. 젓가락으로 집어먹을 수 있도록 한 입 크기로 잘라서 내놓는 이 음식은 우스터소스나 특히 돈가스소스라는 간장식 조미료를 듬뿍 끼얹어서 먹는다. 나아가 큰 사발에 밥을 넣고 그 위에 돈가스를 얹은 덮밥인 가츠돈かつ丼은 매우 성공적으로 변형된 일본 요리로 볼 수 있다. 이처럼 외국에서 들어온 요리가 정착하여 안정된 메뉴로 자리 잡는 과정을 거치면서 일반 가정의 부엌에서도 새로운 일본 요리가 만들어지게 되었다.

## 2) 식사 예법

서양의 테이블 매너는 어렵고 까다롭기로 유명하다. 예의를 중요시 여기는 일본도 마찬가지로 식사 예법은 관대하지 않다. 여기에서는 지금은 많이 변하여 보통의 가정에서는 쉽게 찾아볼 수 없는 전통적인 식사 예법 몇 가지를 소개하기로 한다.

### (1) 앉는 자리

다다미방인 와시츠는 가미자上座라 부르는 상석上席과 시모자下座라 부르는 하석下席으로 구분한다. 방 한쪽에 족자가 걸려 있는 도코노마床の間가 있는 경우는 이를 등지고 앉는 곳이 가미자로서 주로 주빈主賓이 앉는다. 도코노마가 없는 경우에는 출입구나 복도를 기준으로 하여 출입문과 가까운 곳은 시모자, 출입문에서 멀수록 가미자가 된다. 그리고 오른쪽이 가미자, 왼쪽이 시모자가 되기도 한다. 식사 예법을 중요하게 여기는 고급 요릿집에서는 오른쪽부터 먼저 음식을 내는 것이 기본이다.

### (2) 젓가락 사용

식사를 할 때 한국인은 숟가락, 일본인은 젓가락을 많이 사용한다. 한국인은 식사를 마칠 때까지 숟가락을 상 위에 내려놓지 않는 것이 일반적이다. 가끔 숟가락을 도중에 내려놓으면 주인에게 '왜 그만 드시죠?'라는 말을 듣기도 한다.

한편, 일본인은 식사 때에 주로 젓가락을 사용하며 가끔 숟가락을 쓰는 경우도 있다. 미소시루 등의 국물 요리를 먹을 때도 숟가락은 쓰지 않고 국그릇을 들고 마신다. 반면, 우리는 국그릇을 들고 마시는 것은 예의에 어긋난다고 여기므로 항상 숟가락을 사용한다. 숟가락은 국물, 젓가락은 건더기를 먹을 때로 구분하는 것이다. 우리는 국이나 탕, 찌개는 모두 건더기의 맛보다 그 국물 맛에 가치가 있다고 본다. 그래서 국물 맛을 '구수하다', '얼큰하다' 등으로 표현하는데, 이는 건더기에서 우러난 맛이거나 조미료와의 조합을 나타내는 말

해서는 안 되는 젓가락질

이다. 그 까닭에 때로는 국물이나 양념의 맛이 원료의 맛을 능가해 버리거나 변질되기도 한다.

우리의 국이나 찌개와 비슷한 것이 일본의 나베鍋 또는 나베 요리이다. 나베는 고기·버섯·파·채소 등을 냄비에 넣고 끓여 먹는 요리이다. 그런데 나베의 중심은 국물이 아니라 건더기이며, 이 건더기에서 참맛을 느낀다. 국물도 마시기는 하지만 대부분 재료들을 골라 접시에 건져 내서 먹는다.

전골인 스키야키도 나베와 비슷하지만 온갖 재료의 건더기를 건져 내어 날계란과 간장소스인 쓰유つゆ에 찍어 먹는 점이 다르다. 샤부샤부しゃぶしゃぶ 또한 뜨거운 국물에 채소나 고기 등을 넣어 익혀서 건져 먹는 음식이다. 사람에 따라 국물을 마시기도 하지만 이 역시 건더기가 중심이 된 요리임에 틀림없다. 라면도 그런 식으로 먹는다. 대부분 국물은 남긴 채 면과 건더기만 건져 먹고 냉수 한 컵으로 입가심한다. 이처럼 일본인은 국물 있는 찌개나 탕 요리도 재료 본연의 맛을 최대한 살려 먹으며, 이에 편리한 젓가락을 사용하는 것이다.

음식 이야기 1

### 일본의 젓가락 예절

젓가락질에는 다양한 규칙이 있다. 따라서 다음과 같은 그릇된 젓가락질은 피하는 편이 좋다.

어떤 요리를 먹을지 고민하며 음식 위에서 젓가락을 이리저리 움직이거나, 국물이 있는 요리 속을 뒤져서는 안 된다. 요리를 찔러서 집거나, 젓가락으로 사람이나 물건을 가리켜서는 안 된다. 젓가락을 이쑤시개처럼 사용하거나, 젓가락 끝에 국물을 뚝뚝 흘리면서 요리를 집어서도 안 되며, 그릇을 입에 대고 젓가락으로 음식을 밀어 넣어서도 안 된다. 젓가락을 움켜쥐고 사용한다든지, 젓가락으로 접시나 그릇을 끌어오거나, 식사 도중에 접시나 그릇 위에 올려놓아서는 안 된다.

이러한 그릇된 젓가락질은 보기에도 좋지 않고, 동석자에게 불쾌감을 준다.[19]

19) 日本雑学研究会 編,『日本社会の決まりごと』, 明治書院, 2009, pp.92~93.

### (3) 술

술을 잘 마시지 못하더라도 건배용으로 한 잔 정도는 받는 것이 예의이다. 전혀 마시지 못하는 경우 살짝 입에만 갖다 대면 된다. 그 다음에는 빈 그릇에 술을 붓고 잔을 덮어 놓는다.

### (4) 생선과 회

생선을 먹을 때는 머리 부분을 잡고 뼈를 따라 발라 먹는다. 반대쪽은 위쪽을 다 먹고 난 다음 머리 부분과 중간의 뼈를 떼어 내고 먹는다. 반대쪽을 뒤집어서 먹는 것은 예법에 어긋난다.

회를 먹을 때는 와사비山葵라고 불리는 고추냉이를 간장에 풀지 않고 직접 회 위에 놓고 말듯이 해서 간장에 찍어 먹어야 한다. 회에 딸려 나오는 채소나 해조류는 장식용이라 생각하고 먹지 않는 경우가 많은데 이는 잘못된 것이다. 생선 비린내를 완화시키기 위해 같이 내놓은 것이기 때문에 회와 번갈아 가며 먹어도 무방하다.

### (5) 뚜껑 있는 그릇에 담겨 나오는 음식

맑은 국이나 조림은 뚜껑이 있는 그릇에 담겨 나오는 경우가 대부분인데, 뚜껑이 잘 안 열릴 때는 왼손으로 그릇을 쥐고 아래를 안으로 살짝 누르면 쉽게 열린다. 뚜껑은 그릇이 놓인 곳의 상 바깥쪽에 위를 향하도록 놓는다.

### (6) 식사

음식과 술을 먹는 과정이 어느 정도 끝나고 나면 밥이 나온다. 보통은 국물을 마시고 난 다음 밥을 먹는데, 사실은 밥을 한 젓가락 먹고 나서 국물을 마시는 것이 맞다. 그리고 밥을 먹을 때에는 좌·우·가운데 순으로 먹고, 곧바로 가운데에 젓가락이 가지 않도록 한다. 남길 경우에는 그릇 가운데에서 자기 앞쪽으로 깨끗하게 모아 놓는다.

### (7) 도메완止椀과 오카와리御代わり

준비된 음식이 다 나온 다음 마지막으로 나오는 국을 도메완이라 하는데, 밥과 같이 나오는 경우가 많다. 도메완이 나오면 남아 있는 술을 다 마신 후 밥과 함께 먹는데, 이때는 국·밥·채소 절임 순으로 한 입씩 먹는다. 밥을 추가로 더 먹는 오카와리의 경우 밥그릇에 밥을 한 입 정도 남겨 둔 채로 종업원에게 건네주는 것이 예의이다.

### (8) 1인 밥상 문화

일본의 식탁은 젠膳이라 불리는 반상에서부터 다리를 접었다 폈다 할 수 있는 낮은 밥상인 챠부다이ちゃぶ台 그리고 오늘날의 테이블로 바뀌어 왔다. 메이지시대 말기에 밥상이 보급되기 전까지는 각자의 식기를 넣어 두었다가 식사 때 뚜껑을 뒤집어서 사용하는 1인용 밥상 하코젠箱膳이라는 것을 사용하였다.

하코젠 속에는 밥그릇·국그릇·작은 접시·젓가락 등이 담겨 있었으며, 가족이라도 공용으로 쓰는 법은 없었다. 영화 〈무사의 체통〉을 보면 시작부에 하코젠이 나온다. 하급 무사인 주인공이 무사 생활에 염증을 느끼고 일을 빨리 그만두고 싶어 하는 장면에서이다. 옆에는 부인이 앉아서 차를 준비하지만 같이 식사를 하지는 않는다. 식사를 마치면 그릇에 뜨거운 차를 부어 마시고 마른 수건으로 닦아 하코젠에 넣어 둔다.

가족이 둘러앉아 식사하는 밥상인 챠부다이를 사용하기 시작한 것은 다이쇼大正 말기에서 쇼와 초기부터이다. 이 시기에 가족이 모이는 공간은 챠노마茶の間였으나, 밥상이 식탁으로 바뀌면서 챠노마는 점차 사라지고 식기도 공용

으로 사용하게 되었다. 1960년대 들어서면서부터는 도시를 중심으로 다이닝 키친dining kitchen이 보급되기 시작한다.

식사 시간에는 우리의 밥상머리 교육처럼 아이들에게 예절 교육을 가르쳤고, 아이들은 젓가락질하는 법이나 식사 예절 등을 통해 사회성을 익혔다.

### 3) 요리 양식의 분류 - 스타일과 방법에 따라 다른 요리명

일본 요리의 기본적인 상차림은 밥·국·나물 반찬인 나菜·채소 절임인 고香의 네 가지이다. 절임 음식인 고노모노香の物는 나에 포함되지 않는다. 여기에서는 스타일이나 방법 등 접대를 중심으로 하는 일본의 요리에 대해서 알아본다.

#### (1) 혼젠本膳 요리

혼젠 요리는 격식을 중요하게 여기는 관혼상제 때 내는 일본 요리의 정식 상차림이고, 메뉴의 기본형이라고 할 수 있다. 원래는 혼젠本膳, 니노젠二の膳, 산노젠三の膳, 요노젠四の膳,[20] 고노젠五の膳까지 모두 다리가 있는 상에 음식을 차려서 낸다.

상차림은 '○즙○채'라 부르는데, 일반적으로 일즙삼채 이상을 원칙으로 한다. 그리고 요리와 요리 사이에는 반드시 밥을 한 숟가락 먹어야 하고, 국물을 마실 때는 젓가락을 내려놓아야 하는 등 규칙이 복잡하기 때문에 최근에는 약식인 후쿠사袱紗 요리를 더 선호한다.

---

20) 일본어로 4는 '시'로 발음하는데 '시'는 죽음을 의미하는 시死와도 발음이 같아 4의 다른 발음인 '요'를 쓴다.

손님 정면에 차려진 상인 혼젠은 밥·미소시루·나마스なます·졸임·절임이 기본이다. 혼젠 오른쪽에 삶거나 익힌 것·무침 요리인 아에모노和え物·맑은 장국이 나오는 것이 니노젠이고, 왼쪽에 맑은 생선국인 우시오지루潮汁·생선회·술안주가 나오는 것이 산노젠이다. 오사카나 교토와 같은 가미가타에서는 통째로 구운 도미가 나오는 요노젠과 다이비키台引라 해서 가지고 돌아갈 수 있도록 선물용으로 준비한 과자와 가쓰오부시가 나오는 고노젠이 있다.

### (2) 가이세키会席 요리

한자는 다르지만 가이세키 요리에는 두 종류가 있다. 그중 여기에서 언급하는 가이세키 요리는 밥과 국물 중심의 혼젠 요리와는 달리 시작詩作 모임이나 다회에서 제공하는 요리에 술이 곁들여진 것이었으나, 최근에는 고급스럽고 호화로운 연회 요리의 성격으로 바뀌었다. 메뉴는 네 가지와 아홉 가지 식단의 두 종류가 있으며 상은 2개가 원칙이다.

전채前菜와 맑은 국·생선구이·절임·밥 순서로 나오고, 음식을 하나씩 먹는 것이 기본이지만, 격식을 중요하게 생각하는 전통 있는 고급 요정을 제외하고는 규율이 그다지 엄격하지 않다.

가이세키会席 요리 중 일부

### (3) 가이세키懐石 요리

다회에서 참석자들에게 내는 소량의 음식을 말하며, 차가이세키茶懐石라고도 한다. 요리 이름에 사용되는 가이세키懐石는 선종禅宗의 승려들이 수행 중에 추위와 배고픔을 달래기 위해 따뜻하게 데운 돌을 배에 대었던 것에서 유래하는

가이세키懐石 요리

데, 지금은 일즙삼채가 기본으로 미소시루·회 또는 초 무침·절임·생선구이·밥이 나온다. 계절감을 느낄 수 있도록 하기 위해 그릇에 특히 신경을 쓰며, 같은 상에는 같은 재료를 사용하지 않고, 혼젠 요리와 마찬가지로 형식을 중요시한다. 이 가이세키는 요리라기보다는 차 본래의 맛을 느끼는 데 부담이 가지 않도록 공복감을 면할 정도의 가벼운 식사를 발한다.[21]

〈표 3〉 가이세키 요리 비교

| | 가이세키會席 요리 | 가이세키懐石 요리 |
|---|---|---|
| 기원 | 에도시대 중기 | 아즈치·모모야마시대 |
| 요리 종류 | 주연용 코스 요리 | 공복을 잊을 정도의 일즙삼채 |
| 술의 양 | 제한이 없음 | 소량 |
| 요리의 고명 | 계절감을 느낄 수 있도록<br>고명은 남겨 둠 | 다 먹어도 상관없음 |
| 맨 먼저 나오는 음식 | 술안주 | 밥과 미소시루 |
| 밥이 나오는 순서 | 마지막 | 맨 처음·추가 |
| 밥의 양 | 보통 한 공기 | 한 입 정도 |
| 과일 | 마지막에 나옴 | × |
| 국 | 맑은 국과 미소시루 두 가지 | 처음에 미소시루가 나옴 |
| 요리 마무리 | 밥·도메완·채소 절임 | (그릇을 깨끗이 헹구기 위한)<br>뜨거운 물·채소 절임 |
| 주인의 역할 | 함께 식사함 | 손님 대접에 전념 |

21) 宮崎正勝, 『知っておきたい「食」の日本史』, 角川書店, 2009, pp.88~89.

### (4) 쇼진精進 요리

생선이나 육류를 일체 사용하지 않는 사찰 음식으로 채소·해초·두부·두부를 끓일 때 표면에 생기는 얇은 막을 가리키는 유바湯葉 등 식물성 재료만으로 만들어진다. 원래는 혼젠 요리에서 비롯된 것으로 정식으로는 이즙칠채가 기본이다.

### (5) 후차普茶 요리

법회 후에 승려들에게 차를 대접하던 데서 유래한 요리로서, 선종의 승려가 에도시대 초기에 고안한 중국풍 쇼진 요리이다. 식사 방법은 4명이 밥상을 중심으로 모여 앉아 큰 접시에 담긴 음식을 작은 개인용 접시에 덜어서 먹는다. 요리명이나 식기류는 모두 중국어이다.

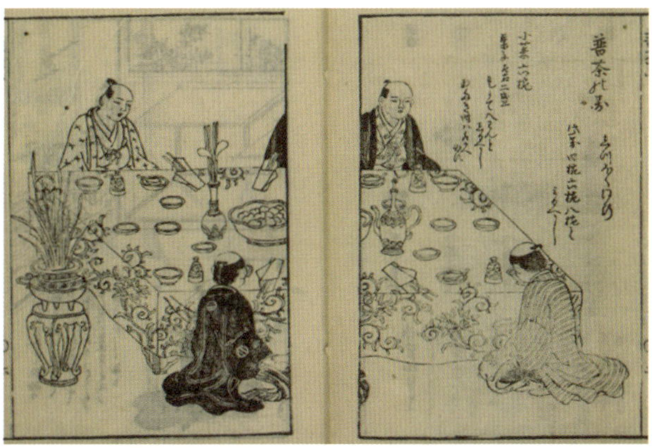

에도시대의 후차 요리 식사 풍경

### (6) 싯포쿠卓袱 요리

에도시대 전기에 완성된 나가사키 지방을 대표하는 일본식 중화요리로서, 원래는 하나의 냄비에 쇼진 요리 재료를 넣어 먹던 것에서 유래한 가정식 요리이다. 싯포쿠란 식탁에 두르는 테이블보를 말하는데, 현재는 하나의 테이블을 둘러싸고 앉아 큰 접시에 담긴 음식을 각자가 먹을 만큼 덜어서 먹는다.

### (7) 오세치お節 요리

원래는 궁중에서 1년에 다섯 번 있는 명절(인일人日·상사上巳·단오端午·칠석七夕·중양重陽)에 먹던 요리였는데, 에도시대 후반부터 민간에 전해지면서 설날에 먹는 찬합 음식으로 바뀌었다. 정식으로는 다시마·찐 어묵·검은콩·강낭콩과 고구마를 으깬 뒤 밤 등을 넣어 만든 단 음식인 긴톤金団·다진 생선과 달걀을 섞어서 두껍게 말아 부친 다테마키伊達巻가 들어간 구치토리口取·구운 음식·조림 음식·식초로 절인 음식이 들어간 찬합 등 네 가지로 구성된다. 보통은 며칠 두어도 상하지 않는 조림 음식을 중심으로 구성되는데, 여기에는 설 연휴 3일 동안만이라도 주부들이 음식 만드는 부담을 덜고 쉴 수 있도록 하는 배려의 마음이 담겨 있다.22)

### (8) 에키벤駅弁

일본 음식 문화의 특징 중 하나로 에키벤을 들 수 있다. 에키벤이란 원래 철도역이나 열차 안에서 판매하는 도시락을 말하는데, 지금은 철도에 국한하지 않고 웬만한 도시의 역에서 전국의 인기 에키벤을 한곳에 모아 판매하는 매점이 많이 늘어났다. 지금도 에키벤을 맛보기 위해 전국을 찾아다니면서 여행하는 마니아들이

에키벤

22) 日本雑学研究会, 『日本社会の決まりごと』, 明治書院, 2009, pp.32~33.

있을 정도로, 열차 안에서 에키벤을 먹는 것을 여행의 로망으로 생각하는 사람들이 많다.

에키벤이 언제 처음 등장했는지는 확실하지 않지만, 1885년 도호쿠 본선本線의 우쓰노미야宇都宮역에서 판매한 에키벤이 최초라는 설이 가장 유력하다. 우쓰노미야역에서 판매된 에키벤 1호는 검은깨를 뿌린 주먹밥 2개와 단무지를 대나무 잎으로 싸서 만든 소박한 것이었다고 한다. 지금은 지역마다 다양한 에키벤이 있으며, 그 종류는 수백 가지에 달한다. 종류는 다양해졌지만 한편으로는 비슷한 에키벤이 많아 지역적 특색이 옅어졌다는 지적이 많은 것도 사실이다.

## 4) 에도시대의 음식 변천사

### (1) 에도시대의 식탁

요리의 변천 과정을 보면 그 나라 사람들의 식습관이나 선호도를 알 수가 있다. 앞에서도 언급했듯이 우리가 알고 있는 일본 요리는 에도시대에 간장이 보급되면서 지금의 모습을 갖추게 된 것이 많다. 오뎅おでん도 에도시대 이전에는 두부에 된장을 발라서 꼬치에 끼워 구워 먹던 덴가쿠田楽라는 음식이었는데, 이후 간장을 베이스로 한 국물 음식으로 변신한 것이다.

주요 요리의 변천 과정을 간략하게 살펴보면, 에도 초기인 1600년대에는 『요리 이야기料理物語』라는 책이 출판되었고, 1657년에는 서민들의 주거지였던 아사쿠사浅草에 식당이 생겼으며, 1700년대가 되면서 기근 등 식량 부족에 대비하여 감자와 고구마 재배가 활발해졌다. 1790년에는 장어 꼬치구이가 등장하고, 1791년에는 일본인들이 좋아하는 팥 과자, 1792년에는 군고구마 가게가 등장한다.

1800년대에는 여러 종류의 포장마차가 등장하여 서민들이 저렴하게 다양한 음식들을 먹을 수 있게 되었다. 야오젠八百善 등 고급 요릿집도 생겼으며, 1804~1818년 무렵에는 과자류에 일본제 설탕이 첨가되었고 식당도 유행하였다. 1818~1830년에 접어들면서 니기리즈시握り寿司가 등장하고, 이어 덴푸라 가게와 유부초밥인 이나리즈시稲荷寿司도 등장하였다. 1833년쯤에는 기근에 대비하여 쌀을 절약할 수 있는 요리 해설서가 출판되었으며, 에가와 다로사에몬江川太郎左衛門이라는 사람이 일본 최초로 빵을 선보인 이후 본격적으로 빵도 먹기 시작하였다.

시대가 변화함에 따라 식재료와 조미료의 종류가 다양해지고 요리법이 개발되면서 다양한 요리책이 출판되었다. 이전까지는 지배계급인 귀족이나 무사와 관련된 음식이나 예법 그리고 의례 등이 중시되었지만, 에도시대에 들어서면서부터는 사람들이 요리법이나 맛에 시선을 돌리게 되면서 식생활은 더욱 다양해졌다. 에도시대 중반을 넘어서면서부터는 무사나 유복한 상인들이 요릿집에 들러 요리를 즐기게 되었고, 에도 후기에는 여러 가지 포장마차나 반찬 장수가 출현하여 서민의 배를 채워 주었다.

### (2) 간장의 보급

덴푸라·소바·스시·양념장에 절인 장어구이 등은 모두 일본 요리를 대표하는 음식들이다. 이 음식들의 요리법도 대개 에도시대에 개발되었다.

생선회도 옛날부터 내려온 습관에 따라 식초에 절여서 먹었지만, 에도시대에 간장이 보급되면서부터 지금과 같은 형태로 먹게 되었다. 기본 조미료는 종래부터 사용된 소금·된장·식초·튀김 기름이 있었고, 에도시대에 간장과 설탕·다시마·다랑어를 쪄서 말린 후 얇게 깎은 가쓰오부시가 널리 쓰이게 되었다. 또 우려낸 다시의 사용이 일반화되었으며, 메이지시대 이후 일본 요리에 새로 첨가된 조미료는 다시의 즉석화를 꾀한 MSG, 즉 화학조미료 정도이다.

다양한 조미료와 상업망의 발달로 인한 식품 유통 구조 덕택에 에도시대에 일본의 전통요리 기술이 완성되었다. 특히 18세기에 출현한 요릿집으로 인해 오늘날 소위 말하는 일본 요리가 완성되는데, 이는 세계 요리 역사에서도 특수한 경우이다.

## 5) 일상의 식사와 특별한 날(하레)의 식사

### (1) 일상의 식사

앞에서 설명했듯이 일본인들의 식문화에서는 제철에 나는 계절 음식이 중요시된다. 그런 까닭에 '제철에 나는 재료로 만든 음식을 먹으면 75일 더 산다'는 말이 있을 정도로 제철 음식을 최고로 생각한다.

일본인의 평상시 식사는 매우 심플하고 소박하다. 주식은 된장국과 채소 절임이 기본이며 여기에 부식 한두 가지가 추가되는 정도이다. 국은 제철 채소를 건더기로 넣은 미소시루 또는 수분을 뺀 두부와 여러 가지 채소를 튀겨 양념 국으로 끓인 다음 간장으로 맛을 낸 겐친지루けんちん汁를 즐겨 먹었다.

채소 절임은 1년 내내 먹을 수 있도록 계절에 맞추어 배추절임이나 단무지 등을 준비해 두었으며, 부식도 언제든지 먹을 수 있도록 채소나 콩을 간장으로 삶거나 익힌 니모노煮物를 준비해 두었다. 예전부터 일본에서는 주부의 음식 솜씨는 니모노를 먹어 보면 알 수 있다고 한다.

'세상에 맛있는 음식의 가짓수는 이 세상 어머니만큼 많다'는 말이 있듯이 우리는 항상 어머니가 해주시던 음식에 대한 향수가 있다. 일본인들은 니모노 맛으로 어머니를 기억한다는 것이다.

다음은 평범한 일반 농가의 식사의 기본 구성이다.

① 주식: 대체적으로 보리밥을 먹었는데 '보리 1 대 쌀 1'의 비율이거나 '보리 7 대 쌀 3'의 비율이었다. 아침에는 하루치의 밥을 지어 밥통에 보관해 두고 점심과 저녁으로 먹었다. 저녁밥이 충분하지 않거나 모자랄 때는 우동うどん이나 수제비를 먹기도 했다.

② 국물류: 미소시루가 일반적이었으며, 여기에 미꾸라지나 직접 만든 낫토納豆를 넣기도 했다.

③ 부식: 기본적으로는 집에서 가꾼 농산물을 삶거나 익혀서 먹었다. 생선은 가끔 먹었으며, 육류는 먹는 횟수가 적었다. 닭을 기르는 집에서는 닭을 요리하여 먹기도 했다.

④ 채소 절임: 단무지·누카즈케糠漬け 등 소금으로 절인 채소를 1년 내내 먹었다.

– 사이타마埼玉현 야시오八潮시의 경우

### (2) 하레의 식사

특별한 날인 하레 때 먹는 음식은 연중행사와 깊은 관계가 있다. 행사마다 정해진 음식이 있었기 때문이다. 일본인들은 같은 음식을 먹으면서 신과 사람들이 소통한다는 믿음을 가지고 있었다. 또한 사람이 태어나 생을 마칠 때까지 통과의례 때에 먹는 음식이 따로 있다. 예를 들면, 태어난 지 100일째 또는 만 한 살이 될 때에 먹는 음식이 정해져 있었고, 결혼식이나 장수 축하연에서 먹는 특별한 음식이 있었다.

하레의 음식을 대표하는 것 중에 하나가 떡이다. 민속학자 야나기타 구니오柳田国男가 "떡은 생명력을 불어넣어 주는 음식"이라고 말할 정도로, 떡은 각종 의례나 행사에 빠질 수 없는 중요한 음식이었다.

① 떡과 경단

츠키미月見 경단

일본의 떡은 찹쌀을 쪄서 절구에 빻아 만든다. 떡은 신에게 바치는 공물로 설날이나 명절·기념일에 많이 먹었는데, 모양은 둥근 모양·마름모꼴·사각형이 있었다. 경단은 곡물 가루를 뭉쳐 찌거나 삶아서 만든 음식으로, 연중행사뿐만 아니라 불교 행사에도 많이 이용되었다.[23)]

② 우동과 소바[24)]

면류는 하레의 날에 먹는 특별 음식으로 설날·기념일·손님이 방문하는 날에 정성을 들여서 만들었다. 우동과 소바는 오봉お盆 때 신불神仏에게 올리는 공물이었을 뿐만 아니라, 병문안 때 들고 가는 음식 또는 연중행사 때 먹는 특별 음식으로 여겼다.

23) 설날에 먹는 조니雑煮는 지역에 따라 맛을 내는 방법이나 재료가 달랐으며, 떡 모양도 둥근형 또는 사각형으로 달랐다. 모내기나 추수 후에는 시간과 노력을 들여 보통 때에는 잘 먹지 못하는 음식과 떡을 만들어 먹었다.

24) 우동과 소바와 같은 면류는 비교적 역사가 짧다. 곡물 가루를 면으로 만들어 먹기 시작한 것은 맷돌이 보급되기 시작한 에도시대 중기 이후이다.

음식 이야기 2

### 힛코시소바引っ越しそば

일본인은 이사를 하면 그곳의 이웃에게 국수를 가지고 인사를 다녔다. 이것을 힛코시소바라 한다. 이사했을 때 국수를 나누는 풍습은 에도시대 중기쯤에 생겼다. 한편, 에도시대에는 1월 15일, 1월 18일, 11월 1일에 팥죽을 먹는 풍습이 있었다. 팥죽은 쌀과 팥을 함께 넣어 쑨 죽인데, 이사했을 때 팥죽을 쑤어서 먹거나 이웃과 함께 나누기도 하였다.

에도시대 단가短歌인 센류에는 '팥죽, 집주인에게 먼저 나누어 준다'라는 내용이 있다. 이사를 했을 때 집주인에게 먼저 팥죽을 돌리고 국수를 나누는 것은 가늘고 긴 사귐을 바란다는 의미로, 에도 토박이의 유머 감각에서 기원한 것이다. 게다가 에도 사람들에게 있어서 국수는 친숙한 음식이었고 가격도 적당하여 많이 나누어 먹어도 경제적으로 큰 부담이 없었다. 여기서의 국수는 소바를 가리키는데, 에도시대에는 힛코시소바를 이웃에게는 2개, 집주인에게는 5개를 나누는 것이 원칙처럼 되어 있었다.

## 6) 전통적인 일본의 미각

오늘날 일본인들의 식생활에서는 인스턴트식품이 차지하는 비중이 점차 높아지고 있다. 그러나 재료 본연의 맛을 최대한 살리고 발효를 통해 맛의 깊이를 더하는 전통먹거리에 대한 관심도 여전히 높다. 흔히 미각에 대해 이야기할 때, 서양은 네 가지 맛, 중국은 다섯 가지 맛, 일본은 여섯 가지의 맛이 있다고 한다. 여섯 가지 맛이란 서양의 단맛·매운맛·짠맛·신맛과 중국의 쓴맛에 떫은맛이 추가된 것이다.

일본인들의 식생활은 곡류 위주의 주식과 부식으로서의 생선이 차지하는 비중이 대단히 높으며 채소나 콩의 소비도 많다. 전통적인 식생활에서는 육류를 적게 섭취하는 대신 쌀을 통해 필수 아미노산의 대부분을 섭취하였다. 된장과 두부로 식물성 단백질, 생선 등으로 동물성 단백질을 섭취하였으며, '썩

어도 도미'라는 말이 생길 정도로 '바다에서 나는 진미'를 최고의 반찬거리로 여겼다.

### (1) 보존식품과 가공식품

식품을 보존하는 방법으로는 크게 건조와 염장이 있다. 건조한 것은 장거리 이동에 필요한 휴대식품 혹은 비상용으로 이용되었다. 쌀을 쪄서 말린 보존용 밥인 호시이이乾飯는 뜨거운 물에 불려서 먹었다. 건어물에는 가쓰오부시, 채소 종류로는 건조시킨 표고버섯·무·감자·고구마·토란·산채 등이 있다.

염장은 음식을 소금에 절여서 보존하는 방법이다. 대표적으로 누카즈케가 있다. 누카즈케는 식초나 쌀겨에 소금과 물을 혼합하고, 거기에 채소나 과일·생선·육류를 절여서 만든 음식이다. 그 외에도 재료에 열을 가하거나 발효·응고시키는 방법으로 만든 음식도 있는데 두부와 곤약 등이 여기에 해당된다.

### (2) 조미료

아시아에서 발달한 조미료로는 인도의 향신료, 동남아시아의 생선을 소금에 절여 발효시킨 액젓, 한국과 중국·일본의 장醬을 들 수 있다. 그 외에 음식의 맛을 내는 기본적인 조미료로는 소금·식초·설탕·간장·된장이 있다.

일본의 전통요리는 기름과 향신료를 적게 사용한다. 기름을 사용하는 요리로는 덴푸라가 있으나 이것은 에도시대 후반에 등장하기 때문에 예외로 볼 수 있다. 일본의 향신료에는 생강·매운 맛이 나는 여뀌·깻잎과 유사하나 향이 강한 시소シソ·와사비 등 주로 생선을 먹는 데 쓰이는 양념 등이 있으며, 고추는 16세기 이후에 들어왔다.

일본은 예로부터 바닷물을 이용하여 소금을 추출하는 제염법이 발달한 까닭에 요리에 소금이 많이 사용되었고, 또 된장과 간장 같은 아미노산 식품에 들어감으로써 그 맛을 완화시키는 역할을 했다. 이렇게 해서 된장과 간장을 완전한 소스로 사용할 수 있게 된 것이다.

식초는 오래된 조미료이다. 일본에는 쌀 식초와 술지개미 식초가 있었으며, 스시를 비롯해 보존 식품에 많이 이용되었다. 설탕이 보급되기 이전에는 감미료로 말린 감이나 곶감 표면에 생기는 하얀 가루가 주로 이용되었다. 사당수수나 사탕무로 만드는 설탕이 조미료로 사용되기 시작한 것은 메이지시대 이후이다.

간장은 밀과 콩을 누룩과 염수를 이용해서 발효시켜 만든 것으로, 진한 맛·연한 맛·진간장·어간장이 있다. 된장은 공과 쌀·보리에 누룩과 소금을 섞어서 만든 발효식품으로 무침이나 국의 조미료로 널리 사용되고 있다.

### (3) 스시寿司와 사시미刺身

우리가 흔히 스시라 부르는 것은 에도마에江戸前즈시 또는 니기리즈시握り鮨이다. 에도마에[25]는 도쿄식이라는 뜻으로 이해하면 된다. 18세기까지 스시라고 하면 교토나 오사카식 오시즈시押し鮨(하코즈시箱寿司라고도 함)가 주류였다. 19세기 초에 바쁘게 일상을 살아가는 에도 사람들을 위해 즉석에서 만들어 내는 니기리즈시가 생겨나면서 이것이 스시의 대명사가 되었다.

니기리즈시가 패스트푸드라면 시간을 필요로 하는 오시즈시는 슬로푸드라고 할 수 있다. 그리고 이때부터 스시를 비롯해 다양한 길거리 음식을 파는 야타이屋台, 즉 포장마차가 등장하였다.[26]

---

25) 보통 두 가지 의미로 사용되는데, 첫째는 도쿄만에서 잡은 어패류를 가리킨다. 둘째는 교토·오사카 지방을 가리키는 가미가타와 비교되는 에도 방식, 지금의 도쿄 스타일이라는 의미로 사용된다. 대표적인 표현으로 에도마에즈시가 있다.

26) 大久保洋子, 『江戸の食空間』, 講談社, 2012, p.37.

그렇다면 사시미는 언제부터 먹기 시작했을까? 어패류를 썰어서 식초에 담가 먹는 것을 나마스膾라고 한다. 나마스는 나라奈良·헤이안시대 이전부터 있던 요리이지만, 나마스의 한 종류로서 어패류를 생식生食하는 사시미는 무로마치시대부터 먹기 시작하였다. 에도 후기에 나온 『마쓰노야힛키松屋筆記』에는 "나마스에서 사시미라고 하는 명칭이 생겨났으며 조리 방법은 무로마치시대부터 있었다"고 적혀 있다.

예전에는 사시미의 한자를 指身·指味·差身 등으로 표기하였다. 사시미는 어패류의 토막을 말하는데, 현재 '刺身'라고 쓰는 이유로는 두 가지 설이 있다. 하나는 일본인들이 '자른다'는 단어를 혐오해서 '찌른다'라고 불렀다는 설이고, 다른 하나는 사시미의 살점만 봐서는 어떤 생선인지 구분하기 어려워 그 생선의 지느러미를 살점의 끝부분에 찔러 놓았기 때문에 그렇게 불리게 되었다는 설이다.

니기리즈시와 사시미 모듬

### (4) 일본인과 육식

조몬縄文시대에 비해 야생 짐승의 고기를 먹을 기회가 줄어들었고, 나라奈良시대 때에는 불교의 영향으로 인해 육식을 하지 않았다. 소나 말·원숭이 고기를 먹지 말라는 금지령이 내려졌기 때문이다. 하지만 일본인들이 불교의 영향 때문에 메이지시대 이전까지 고기를 전혀 먹지 않았던 것은 아니다. 생선이나 조류를 통해 동물성 단백질을 충분히 섭취할 수 있었기 때문이다. 소나 말은 경작용 가축으로 사육했지만 식용으로 먹지는 않았다.

재미있는 것은 토끼를 짐승이 아니라 조류로 분류해서 먹었다는 것이다. 그래서 지금도 토끼를 셀 때는 '○마리'가 아니라 새처럼 '○와羽'로 센다. 또 수렵으로 얻은 사슴이나 멧돼지는 음식이 아닌 약용 식품이라고 생각하고 먹었기 때문에 멧돼지를 산에서 나는 고래라는 의미의 야마쿠지라山鯨로 부르며 짐승의 카테고리에서 제외시켰다. 쇠고기는 막부 말기에 외국인들이 먹기 시작한 이래 일반인들 사이에서 유행하게 되면서 메이지 초기에는 '쇠고기 전골을 먹지 않으면 개화가 덜 된 사람'이라는 말이 생겨날 정도였다. 서구화 과정에서 육식에 대한 일본인들의 인식에도 변화가 생긴 것이다.

### (5) 외식 문화와 포장마차의 등장

에도시대 초기만 하더라도 계급에 상관없이 식사는 집에서 하는 것이었기에 에도 시내에는 음식점이 따로 없었다. 이러했던 에도에 외식 산업이 등장한 것은 1657년에 발생한 메이레키明暦의 대화재 이후이다. 이 대화재로 에도 시가지의 3분의 2가 소실되었다. 그 규모만 보더라도 다이묘 저택 500여 곳, 창고 9,000여 곳, 다리 60여 군데, 하타모토旗本 저택 70개소, 마치町 400여 곳 그리고 사망자가 10만 7,000여 명이나 되었다. 사실 에도는 267년 동안 49번이나 화재가 발생했을 정도로 화재에 취약한 도시였다. 이를 계기로 복구

에도시대의 포장마차

작업을 위해 지방 곳곳에서 목수·미장공·비계공·토목공 등의 장인들이 에도로 모여들었고, 이들 독신자를 위한 외식 산업이 생겨났다.

이 메이레키의 대화재 이후 에도의 인구는 점차 증가하였다. 1657년에 약 87만 명(서민 약 37만 명에 무사 50만 명으로 추정)이던 인구가 1721년에는 약 100만 명(서민 약 50만 명에 무사 50만 명)이 되었고, 이렇게 늘어난 독신자를 위해 에도에는 외식 산업이 성장하였다. 1789년부터 1800년 사이에는 가게 앞에서 조림이나 채소 반찬을 안주로 술을 마실 수 있는 주점이 생겼고, 나중에는 가게 안에서 안주를 먹으며 술을 마실 수 있게 되었다.

대화재 이후, 에도 시내 각처에는 불이 번지는 것을 막기 위해 방화용 공터나 히로코지広小路라고 불리는 큰길이 조성되었다. 막부는 화재 방지 역할을 하는 이런 곳에는 건물을 지을 수 없도록 했다. 그러나 사람들의 왕래가 잦은 길목이나 수많은 참배객이 모이는 사찰 앞에는 이동과 철거가 가능한 노점상이 들어섰다. 이들 노점상 가운데는 야타이屋台라 불리는 포장마차나 갈대발로 둘러싼 찻집이 있었다. 그리고 이런 곳에는 사람들이 많이 모이는 까닭에 순회 공연하는 가부키歌舞伎 극단이나 곡예단의 공연장, 스모 경기장이 가설로 들어섰다. 여기에 야타이뿐만 아니라 점포 형태의 음식점이 설치되면서 서민들의 외식공간으로 자리를 잡기 시작하였다.

에도는 산킨코타이参勤交代로 전근 온 지방의 무사나 하인, 돈벌이하러 온 사람 등 남성 인구(남녀 대비는 남성이 여성의 1.5배)가 많았다. 그 때문에 소바처럼 간편하게 먹을 수 있는 데다 저렴하고 적당히 배를 채울 수 있는 길거리 음식의 외식 산업이 발달하였다. 1664년에 나온 『무카시무카시모노가타리昔々物語』의 기록을 보면, "에도 서민들은 겐돈소바ケンドン蕎麦라 해서 큰 접시에 보기 좋게 담아서 파는 소바를 많이 사 먹지만 무사나 부유층은 먹지 않는다"고 적혀 있다. 이를 통해 나가야長屋에 사는 서민들이 야타이 음식을 즐겨 먹었다는 사실을 알 수 있다.

야타이 음식으로는 서서 먹는 초밥(4~8푼文)[27]이나 튀김(1꼬치에 4~6푼), 소바(한 그릇에 16푼), 장어구이(1꼬치에 16푼) 등이 있었다. 이런 음식을 사 먹는 사람들은 대부분 마부나 가마꾼, 막노동에 종사하는 일용직 노동자처럼 일당으로 생활하는 육체노동자들이었다.

당시 야타이는 어깨나 등에 메거나 지고 다니는 니나이야타이担い屋台와 입점 형식의 포장마차인 쓰지우리야타이辻売り屋台 두 종류가 있었다. 전자의 경우는 소바나 장어구이·덴가쿠·식혜 등을 팔았고, 후자는 주로 덴푸라와 스시를 많이 팔았다.

포장마차의 대표 음식은 단연 소바였다. 당시에는 소바를 니하치소바라 불렀는데, 문헌에 이 말이 등장하는 것은 1716~1736년경이다. 니하치란 메밀가루 80%에 반죽이 잘 되도록 밀가루를 20% 비율로 섞은 것을 말한다. 이전에는 2×8=16으로 1그릇에 16푼 하는 소바를 가리키기도 했다. 이후 밀가루

27) 지금의 엔화로는 100~200엔 정도로, 당시 4푼은 지금의 100엔에 해당한다.

를 섞어 만든 소바가 질이 떨어진다고 알려지면서 니하치소바는 값싼 소바의 대명사가 되었고, 그로 인해 고급 음식점에서는 100% 메밀가루로 만든 소바만을 팔기도 했다. 그러나 지금은 메밀의 질이나 가게의 격과는 무관하게 단순히 배합 비율을 말한다.[28]

## 7) 술과 일본의 음주 문화

### (1) 일본인과 술

① 청주와 일본인

청주는 일본어로 사케酒·니혼슈日本酒·세이슈清酒 등 다양한 이름으로 불린다. 이 중에서도 사케는 신을 뜻하는 사神와 음식을 의미하는 케가 어원이라고 할 정도로 신에게 바치는 중요한 음식이라는 의미를 가지고 있다. 청주는 모내기 전의 풍작을 기원할 때나 가을 수확이 끝나고 열리는 마쓰리祭 등 일상생활의 중요한 행사에 반드시 등장하는 음식으로 인식되어 왔다.

일본에서는 옛날부터 가뭄·천둥번개·태풍 등을 일으키는 신들에게 제사를 지내고, 죽은 조상을 기리기 위해 술을 빚어 바치는 풍속이 있었다. 술은 신과 인간이 교감하는 최고의 음식으로 여겨져 왔다. 지금도 매년 11월 23일에 천황이 신에게 햅쌀을 바치는 궁중 행사인 니이나메사이新嘗祭에서는 오래전 방식대로 술도 바치고 있다.

한편, 술은 관혼상제와 같은 통과의례 때에도 새로 빚어 마셨다. 술은 특별한 행사가 있을 때 사람들이 모이기를 기다리면서 빚었다는 의미에서 기다림

28) 大久保洋子, 『江戸の食空間』, 講談社, 2012, pp.16~22.

의 술, 즉 '마치자케待ち酒'라고 부르기도 했다. 이때의 술은 나마자케生酒라고 해서 제조 과정에서의 통상적인 가열·살균을 거치지 않고 빚어서 바로 마셨다. 마쓰리의 나라라고 불리는 일본에서 청주와 마쓰리는 깊은 관련이 있다. 마쓰리에는 소주나 위스키 같은 증류주가 아닌 청주나 막걸리와 같은 발효주를 사용한다.

8세기의 『만요슈万葉集』에 실린 유명한 「빈궁문답가貧窮問答歌」에는 소금을 안주로 술지게미를 뜨거운 물에 타서 마시는 서민들의 모습과 거르지 않은 맑은 술인 스미자케澄酒를 마시는 귀족들의 모습이 그려져 있다. 이 스미자케가 청주이다.

가마쿠라시대에서 무로마치시대로 가면서 교토와 가마쿠라와 같은 도시에는 술을 빚어 파는 술집이 생겨난다. 이후, 술은 '하레의 날에 마시는 특별한 음식'에서 '일상에서 마실 수 있는 음식'으로 바뀌면서 기호 식품이라는 인식이 점차 확대되어 갔다. 그리고 식생활이 풍요로워지면서 다양한 술안주도 생겨난다.

헤이안시대 귀족들 사이에서는 첫 잔의 안주로 말린 전복, 두 번째, 세 번째 잔에는 각각 다른 안주를 먹는 등 세 잔의 예법이라는 것이 있다. 이것을 산콘노기三献の儀라 하는데 술잔을 세 번 되풀이해서 마시는 예법으로 보면 된다.

술만 마시게 되면 영양이 결핍되기 때문에 술에 곁들이는 안주와 요리에 대한 관심도 높아졌다. 특히 무로마치시대에서 에도시대에 걸쳐서는 고기나 어패류를 사용하지 않고 채소·곡류·해조류·콩·나무열매·과실 등으로 만든 쇼진 요리, 정식 상차림인 혼젠 요리, 가이세키 요리가 등장하면서 술과 요리는 다양성과 세련미를 더해 갔다. 교토의 귀족들이 즐기던 화조풍월花鳥風月의 풍류가 에도시대 서민들의 술 문화로 발전해 간 것이다.

한편, 청주를 따뜻하게 데워서 마시기 시작한 것은 헤이안시대부터이다. 조정의 연중행사인 9월 9일 중양절重陽節부터 이듬해 3월 3일의 히나雛 마쓰리까지 추운 날씨에 귀족들이 몸을 따뜻하게 할 목적으로 청주를 데워서 마셨다. 이것이 계기가 되어 청주를 데워서 마시는 습관이 생겨났고, 이로 인해 그들은 청주의 풍미를 더 느끼게 되었다. 그러나 서민들이 청주를 데워서 마시기 시작한 것은 에도 중기 이후이며, 이 습관이 전국적으로 퍼진 것은 메이지시대부터이다.

최근에는 양조 기술이 더욱 발달하여 1년 내내 술을 빚을 수 있게 되었고, 무균 상태의 나마자케도 상품으로 판매되면서 언제든지 술을 마실 수 있다. 지금의 애주가들은 차게 하거나 따뜻하게 데워 마시면서 술의 부드러운 맛과 진한 맛을 취향에 따라 마음껏 즐긴다.

② 니혼슈의 유래

술을 가리키는 사케의 유래에 관해 살펴보면 다음과 같이 네 가지 설로 정리할 수 있다.

첫 번째, 사카에 미즈栄え水로부터 왔다는 것으로 사카에 → 사케에 → 사케가 되었다는 설이다. 두 번째, 사카에노키栄えのキ에서 왔다는 설이다. 세 번째, '피하다', '멀리하다', '기피하다'라는 의미의 동사 사케루避ける에서 온 것으로, 술을 마시고 나면 추위를 잊을 수 있으며 나쁜 기운을 피할 수 있다는 뜻이다. 마지막으로 네 번째, 구시くし라는 고어에서 왔다는 설이다. 구시는 '신령스럽고 기묘하다', '이상 야릇하다', 즉 나무나 바위의 움푹 파인 곳에 떨어진 열매가 자연 발효된 액즙을 마시면 뭐라고 말할 수 없는 묘한 기분이 든다는 뜻이다. 참고로 술의 신을 구시노가미久志能加美·久斯榊라고도 한다.

고대 일본인들은 술을 '사케'라는 단어 이외에 다양한 명칭으로 부르기도 하였다. 『고지키古事記』나 『니혼쇼기日本書紀』, 『만요슈』 같은 역사서나 가집歌集에는 사케 외에 '키', '구시', '미키'라고 적고 있다.

옛날에는 술을 빚는 것을 가모스醸す라고 하였다. 가모스는 '씹다'라는 의미의 동사 가무噛む에서 온 말로, 갓 지은 밥을 씹은 후에 항아리 안에 담아 타액唾液의 당화糖化 작용을 이용해서 만든 술을 의미한다.

술 빚는 일은 마을에서 다산多産 경험이 있거나 존경을 받는 중년 여성이 담당하였다. 술을 빚는 여자를 가미상이라 부르게 된 것도 이 가무와도 관련이 있다. 또한 황후라는 단어인 기사키后도 기사키酒栄き라는 말에서 유래한 것으로, 신에게 공물로 바치는 술이 잘 만들어지도록 기원한다는 의미가 담겨 있다.

③ 주연酒宴

경사스러운 날에는 술이 따른다. 성인식, 결혼식의 산산쿠도三三九度, 자기 소유의 집을 지은 후의 준공식 등에는 반드시 청주로 축하한다. 이처럼 일본의 축하연에서 청주는 빠질 수 없는 술이다. 이는 원래 청주가 신에게 바치는 것이었기 때문에 마쓰리와 같은 의식에서 마시게 된 것과 같은 맥락이다.

## 세치에節会

세치에란 고대 조정에서 연중행사나 그 밖의 공적인 일이 있을 때 개최하는 연회를 말하며, 천황이 주최자가 되어 베푸는 일종의 제사이다. 설날·단오절·중양절 등이 이에 해당하며 지금도 행해지고 있다.

## 언약의 술

특별한 무언가 약속이나 계약을 할 때 마시는 술을 뜻한다. 약속의 손뼉을 치고 난 다음 서로 잔을 교환해 마시면서 암묵적으로 계약이 성사되었음을 축하한다. 결혼식 전이나 약혼 예물을 교환하고 난 다음에 마시는 유이노노사케結納の酒가 가장 대표적이다.

### 산산쿠도

옛날에는 큰 잔에 술을 부어 모두 같이 마셨다. 3개의 잔은 천天·지地·인人을 뜻하며, 3은 축하의 숫자, 9는 그 가운데 가장 큰 숫자로 축하의 최고 정점을 의미한다. 잔이 한 번 도는 것을 1헌一獻, 3개의 잔이 한 번 돌면 3헌三獻, 이것을 세 번에 걸쳐 돌려 마시는 것을 산산쿠도라고 하는 것이다. 이것은 약속의 술로서 지금도 결혼식에서는 행해지고 있다.

### 교제의 술

청주는 사람들을 대접하는 교제의 술이라는 의미를 가지고 있다. 신에게 제사 지내는 의례나 행사가 끝나고 난 다음, 신에게 올린 술과 음식을 참석한 사람들이 함께 나누어 먹고 마시면서 서로의 건강을 기원하고 연대감을 확인한다.

술은 사람들의 의사소통 수단으로도 사용되고 있다. 현대인들은 어떤 일을 끝냈을 때를 기념해서 술자리를 마련하기도 하는데, 이것도 위와 비슷한 맥락이다. 새로운 목표를 향해서 일치단결한다는 의미도 담고 있는 것이다.

#### ④ 건배乾杯 문화

### 건배의 시작

건배의 역사는 그리 오래되지 않았다. 본격적으로 시작된 것은 메이지·다이쇼시대 이후라고 보는 것이 일반적이다.

개화기 때 미국에 간 사절단이 남긴 문헌에는 "모두 일어서서 잔과 잔을 가볍게 부딪치며 술을 마시고 건배하는 모습을 보았다"라고 적혀 있다. 미 해군제독 페리M. Perry의 『일본원정기日本遠征記』에도 군함에서 행해진 연회에서 건강을 위해 건배하는 모습이 묘사되어 있다.

막부 관리들이 이 장면을 보고 흉내 낸 것이 일본에서의 건배의 시초라고 할 수 있다. 이렇게 시작된 건배는 메이지시대에 서양 문화가 들어와 맥주나 양주를 마시게 되면서 일반인에게 보급된 것으로 보인다.

#### 건배는 만세였다

메이지 말, 동맹관계에 있던 영국 함대를 환영하는 축하연에서 서양식으로 건배하는 모습이 등장하는데, 이때 잔을 들고 만세를 외쳤다고 한다. 원래 만세는 천황을 향한 축하의 의미를 담고 있다. 그러나 이 축하연에서의 건배 소식이 전해진 이후, 일반인들도 축배를 들 때 만세를 외쳤다고 한다.

일본의 연회 행사는 정식 의례나 절차에 따라 이루어지는 경우와 의례나 규칙 없이 행하는 부레이코無礼講[29]로 나누어진다. 1920년대 초의 신문기사에는 '청주로 건배'라는 제목의 올림픽 승리를 기원하는 모임에서 "첫 번째 잔은 정해진 의식과 절차에 따라 청주로 건배를 하고, 그다음에는 지위 고하를 가리지 않고 맥주를 즐기는 부레이코 타임으로 진행되었다"라고 실려 있다. 건배는 서양에서는 연회 도중 하나의 순서가 끝나고 새로운 행사가 시작된다는 의미인 데 반해, 일본에서는 지금도 부레이코 타임의 시작을 알리는 신호로 인식하고 있다.

### (2) 일본의 음주 문화

#### ① 너그러운 음주 문화

일본을 이해하는 키워드는 여러 가지가 있는데, 음주 문화도 그중 하나라고

---

29) 술자리에서는 마쓰리에서 볼 수 있는 부레이코 타임이 반드시 있다. 부레이코 또는 부레이코 타임이란 마쓰리의 마지막에 참가한 사람들이 만취 상태일 때 신이 내려와 신과 인간이 하나가 되고, 인간세계의 상하관계나 예의 등과 같은 것을 떨쳐버리고 모두가 혼연일체의 상태가 되는 것을 말한다.

할 수 있다. 일본 사회는 우리나라만큼이나 음주에 대해서 너그러운 편이다. 무엇이든지 지나치면 독이 되듯이 최근 우리나라에서는 지나친 음주로 인한 사건·사고가 사회적으로 문제 되고 있다. 2015년에 모 일간지에서는 우리의 지나친 음주 문화를 '주폭酒暴'이라는 제목의 시리즈 기사로 연재한 적이 있다. 한 단계 성숙된 선진사회로 가기 위해서는 자신의 건강은 물론 다른 사람에게 피해를 주는 행위를 줄여야 한다는 취지에서 시작된 것이라고 판단된다.

일본도 음주에 대해서는 대체적으로 너그럽게 포용하는 편이다. 정신과 의사 도이 다케오土居健郎는 『아마에의 구조甘えの構造』라는 책에서 '어리광·응석부리기'라는 뜻을 가진 아마에라는 단어로 일본인들의 정신세계와 의식구조를 설명하고 있다. 도이에 의하면, 아마에는 일본 특유의 모자母子관계에서 비롯되었다고 한다. 자녀는 양육 과정에서 어머니에게 감정적 의존과 애정을 받으려고 하며, 어머니는 그 응석을 허용하고 조장한다는 것이다. 그런 의미에서 아마에 감정은 수평적 관계보다 수직적 관계를 적절하게 표현한다고 할 수 있다. 이러한 수직적 상호의존, 즉 상사와 부하·선배와 후배의 개념이 일본인의 제반 인간관계를 형성하였다는 것이다.

일본식 아마에 관계는 친부모처럼 의지하는 사람이라는 의미의 오야붕親分과 이 오야붕을 따르거나 모시는 사람이라는 의미의 고붕子分 관계를 원활하게 만들어 준다고 한다. 음주 문화에서의 아마에 또는 아마에의 구조는 지금도 여전히 일본인들을 이해할 수 있는 적절한 키워드라고 생각한다. 일본에서는 술에 취해서 한 행동이나 실수에 대해 부모나 상사·선배는 아이나 부하가 행한 철없는 행동으로 취급하는 문화가 존재한다. 여기에 일본 사회의 음주 문화가 너그러울 수밖에 없는 또 하나의 이유로 마쓰리에서 행해지는 부레이코를 추가할 수 있다.

② 술과 안주

다음으로 술과 안주에 대해서 알아보자. 술을 마실 때 빠질 수 없는 것이 안주이다. 일본인들이 많이 마시는 청주, 즉 사케는 다른 술에 비해 단맛이 강한 편이어서 많이 마시려면 짜고 매운 안주가 필요하였다.

이 술안주는 근세 일본 요리의 발달을 가져왔으나, 그 때문에 외국인들이 모든 일본 요리를 전채前菜 요리로 생각하기도 한다. 안주는 미각적인 요리만을 뜻하는 것은 아니다. 연회의 주최자에게 잔을 받으면 그 답례로 주흥을 돋우기 위해 한바탕 춤을 추거나 노래를 부르면서 시각적인 안주를 제공하기도 했나. 제사 때, 신에게 바치는 춤과 음악인 가구라神楽에 대응하는 것으로 생각하면 된다.

③ 청주를 왜 니혼슈라 하는가?

일본의 대표적인 전통술은 쌀로 만든 청주이지만 일본에는 그 외에도 막걸리·소주 등 다양한 술이 있다. 그런데 일본어 사전에 술이라고 찾으면 청주 또는 니혼슈라고 나온다. 소주는 쇼츄焼酒, 위스키는 위스키, 맥주는 비루ビール라고 하는데 유독 청주만 니혼슈라고 하는 이유는 무엇일까?

그 이유를 명확하게 알려 주는 자료를 찾을 수는 없지만 다음과 같은 추측은 가능하다. 우리는 '술 한잔하자!'라고 하면 보통 소주를 떠올린다. 우리에게 소주가 술의 대명사이듯이 술이라는 의미의 사케, 즉 청주도 일본인들이 가장 많이 마시는 술이라는 의미에서 니혼슈로 불리는 것은 아닐까!

청주는 와인처럼 지역마다 다양한 종류가 있다. 각 지역에서 제조되는 청주를 지자케地酒라고 부르는데, 전국 각지의 지자케만 모아 놓고 파는 전문 이자카야居酒屋도 있다. 술을 좋아하는 주당들은 여기에서 자기가 좋아하거나 아니면 주인에게 추천받은 청주를 서로 비교해 가며 마시기도 한다.

에도시대의 이자카야

청주는 종류가 매우 다양하기 때문에 한 번에 자기 입맛에 맞는 것을 찾기는 쉽지 않다. 이럴 때는 술집이나 주류 코너의 직원에게 물어보면 좋을 것이다. 일본어 실력이 짧을 경우에도 방법은 있다. 판매량이 많은 것을 고르면 된다. 그러나 무엇보다도 중요한 것은 그 해에 수확한 햅쌀로 빚은 청주를 골라야 한다는 사실이다. 위스키나 와인처럼 오래될수록 좋은 술도 있지만 청주는 묵혀서 마시는 술이 아니기 때문이다. 사실 청주가 대중적인 술임에는 틀림없지만, 청주보다는 소주를 많이 마시는 지방도 있다. 예컨대 규슈九州 지방은 청주보다 소주를 더 많이 마신다.

④ 술 기술자

청주를 빚는 기술자를 도지杜氏라고 한다. 예전에는 술 빚는 일은 농한기에 이루어졌다. 농한기가 되면 농민들 가운데는 가계에 보탬이 되고자 도시로 나가 공사장의 계절노동자로 일하기도 하였는데, 그 가운데는 술 빚는 일을 하는 사람들도 있었다. 출신지에 따라 난부南部 도지·에치고越後 도지·단바丹波 도지·다지마但馬 도지·빗추備中 도지로 불렸던 이들은 여름에는 농사를 짓고, 겨울이 되면 타지로 나가 양조장에서 술을 빚었다.

도지는 원래 술을 빚는 중년의 여성을 가리키는 말로 한자로는 '刀子'라고 썼다. 그러다가 후에 '杜氏'로 바뀌게 되었다고 한다.30)

## 8) 술과 커뮤니케이션

마지막으로 술과 사회생활에 대해서 살펴보기로 하자. 술은 원래 혼자 마시는 것이 아니었다. 술은 사람들과 함께 마시는 것이었고, 그 기원은 신과 인간이 함께 취하는 것에서 비롯되었다고 할 정도로 일본인들의 음주 문화는 술을 매개체로 인간과 신이 교류한다는 생각이 심층에 깔려 있었다.[31]

그러다가 양조장에서 만든 술이 유통되던 에도시대를 거쳐, 메이지시대에 병에 담아 판매하기 시작하면서 술은 하나의 기호 식품이 되었다. 이때부터 가정에서 식사 때에 마시는 반주飯酒 혹은 자기 전에 숙면을 위해 마시게 되면서 음주는 일상에서 흔한 일이 되었으며, 다양한 방법으로 술을 즐기는 문화도 생겨났다. 술을 혼자서 마시기 시작한 것도 이때부터라고 할 수 있다.

한편, 요릿집이나 이자카야와 같은 술집이 생겨나면서 음주는 신과 인간의 교류를 위한 행위에서 사람과 사람끼리의 소통이나 일상의 스트레스를 해소하기 위한 행위로 변해 왔다. 일본에서는 회식자리에서 술을 마실 기회가 많다. 망년회·신년회·송별회·환영회·사원 여행 등 다양한 형태의 술자리가 있다.

현대의 술자리는 일상에서 상하관계나 업무 스트레스 등을 해소하는 기회라고 할 수 있다. 그런데 이때에 술을 못 마시는 사람에게까지 술을 강요하면서 어찌 됐건 참가자 전원이 술을 마셔야만 하는 분위기가 만들어지기도 한다. 이것은 마쓰리에서 술은 신과 인간을 연결하는 도구인 까닭에 누구도 거부할 수 없다는 의미로 받아들여지기 때문이다. 그럼에도 불구하고 끝까지 술을 거부하면 '인간관계가 서툴다'라든지 '술자리의 흥이 깨진다'는 비난을 받기 십상이다.

---

30) 加藤秀俊, 『日常性の社会学』, 角川書店, 1982, pp.109~121.

31) 柳田国男, 『明治大正史 世相編』, 中央公論新社, 2001, pp.217~226.

다음은 술과 관련된 재미있는 이야기 두 가지를 소개하기로 한다. 우리나라에서는 청주를 흔히 정종正宗이라고 부르기도 한다. 이것은 일제 강점기 때에 일본인들과 함께 청주가 들어왔기 때문이다. 그런데 내용물은 청주인데, 왜! 정종이라고 불렀느냐는 것이다.

중세 중기, 교토에 '버드나무'라는 이름의 야나기柳 술집이 있었다. 이 술집에서는 술통에 야나기자케柳酒라는 글자를 적어 놓았다는데, 이것이 일본 최초의 술 이름 상표라고 알려져 있다. 현재, 일본에는 주조회사가 약 2,000개 있고, 1만여 종의 청주가 판매되고 있다. 그중에는 벚꽃 청주라는 의미의 사쿠라 마사무네桜正宗, 국화 청주라는 의미의 기쿠 마사무네菊正宗 등 상표에 '正宗'이 붙는 청주 브랜드가 많다.

그런데 왜 正宗인 것일까? 상표 '正宗'의 원조는 고베神戸의 야마무라 주조山邑酒造에서 만든 사쿠라 마사무네이다. 에도 말기 어느 날, 야마무라가의 주인이 친분이 있는 스님을 방문하였다. 마침 스님이 부재중이라 방에서 기다리면서 책상 위에 펼쳐져 있는 불경을 들여다보던 중 正宗이라는 글자가 눈에 들어왔다. 정종은 음독音読으로는 세이슈, 훈독訓読으로는 마사무네로 발음한다. 이에 야마무로는 正宗의 음독이 청주의 한자음과 비슷하다는 데에 착안하여 자신이 만든 술 이름에 정종을 쓰기로 하고 훈독인 마사무네라는 상표로 판매하기 시작했다.

이후, 1884년 근대화의 일환으로 모든 상품의 상표 등록이 의무화되면서 야마무라 집안에서도 正宗을 상표 등록하려고 했지만 허가가 나지 않았다. 왜냐하면, 이미 正宗이 청주의 대명사가 되어 버렸기 때문이다. 그래서 앞에다 사쿠라 자를 붙여 사쿠라 마사무네桜正宗라고 했다. 그 뒤 다른 양조장에서도 마사무네 앞에 명사를 하나씩 붙이게 되면서 여러 가지 이름의 마사무네가 탄생하게 되었다. 이러한 과정을 거친 청주가 일제 강점기에 우리나라에 들어오면서 병에 붙은 라벨의 한자음 그대로 정종이라고 부르게 되었던 것이다.

다른 한 가지는, 술에 빠질 수 없는 안주에 관한 이야기이다. 수많은 안주 가운데 어묵은 우리들도 많이 먹고 있으며, 특히 요즈음에는 부산의 맛있는 음식으로 뜨고 있다. 어묵은 생선살을 갈아서 으깬 음식의 재료이고, 오뎅은 어묵을 가지고 조리한 요리명이라고 보면 될 것이다.

오뎅의 원형은 덴가쿠다. 덴가쿠는 헤이안 중기에 성립된 일본의 전통예능으로, 모심기 전에 음악과 춤으로 풍작을 기원하던 데서 유래되었다. 의례가 끝난 뒤, 덴가쿠 법사法師라고 하는 프로 예능인이 등장하여 나무 작대기에 올라타 춤을 추었다. 작대기에 발판을 붙이고 그 위에 올라가서 작대기를 잡고 춤을 추는 모습을 상상해 보면 될 것이다. 이것을 덴가쿠 오도리踊り라고 한다.

중세에 두부를 꼬치에 꿰어 불에 구운 모습이 사람이 작대기를 타고 춤을 추는 덴가쿠 오도리와 비슷하다고 해서 이 꼬치를 덴가쿠 또는 덴가쿠쿠시田楽串라 불렀다. 에도시대에 들어 간장이 보급되면서 곤약·감자·생선·육류·튀김 등의 재료를 간장 국물에 푹 끓인 음식으로 바뀌었는데, 이것이 지금의 오뎅이 된 것이다.

# 4

## 주住생활

오늘날 주택은 가족의 건강과 화목을 도모하는 장소로서 새롭게 주목을 받고 있다. 여기에서는 일본인들의 주거 생활과 특징에 대해 알아본다.

자연을 대하는 일본과 서양의 관점을 비교해 보면 일본은 '산천초목에도 신이 있다'고 생각하는 반면, 서양에서는 자연을 '정복하는 것'으로 생각한다. 이러한 일본인들의 자연관은 주택에서도 잘 나타나고 있다.

나무가 가지고 있는 생명력을 중요하게 여기는 일본인은 주로 목조 가옥에서 생활해 왔다. 또 원래 일본의 가옥은 가구를 두지 않는 것이 특징이었다. 가구는 면綿이 본격적으로 사용되기 시작한 센고쿠 말부터 에도 초기에 등장하였다.[32] 따라서 방의 칸막이로 사용하는 후스마襖와 쇼지障子를 떼어 내고 식탁을 접어서 치우면 그 공간은 생활하는 사람의 형편에 맞추어 자유롭게 활용할 수 있었다.

일본 주택은 겨울철보다는 여름철의 온도와 습도 조절에 중점을 두었다. 지진이 많이 발생하기 때문에 주택을 높게 짓지 않고 철근 콘크리트 구조물보다는 목조건물을 많이 지었다. 건물을 낮게 지을수록 지진에 무너질 확률이 낮고 콘크리트보다는 목조건물이 흔들림에 훨씬 강하기 때문이다. 그러다 보니 현재에도 고층 맨션을 제외한 일반 주택은 대부분 목재를 사용해 짓는다. 하지만 이 때

32) 永原慶二, 『新·木綿以前のこと』, 中央公論社, 1990.

문에 화재에 취약하고 방음이 잘 안 되는 단점이 있다. 한 예로, 1995년의 고베 대지진 때 발생한 6,000명 가까운 사망자 중에서 목조건물의 화재에 의한 인명 피해가 절반 이상을 차지하였다. 또한 오래된 목조 아파트에서는 이웃 간에 소음으로 인한 마찰이 자주 일어난다. 옆집의 TV 소리는 물론이고, 심한 경우에는 전화로 대화하는 소리까지 전부 들릴 정도이다. 이러한 일본의 목조주택 구조에 익숙지 않는 외국인들이 소음 때문에 당황스러워하는 경우가 종종 있다.[33)]

## 1) 주거와 주생활

일본 주택은 나무 기둥에 개구부開口部를 크게 만들어 통풍이 잘 되는 구조이다. 여기에서 한국과 일본 주택의 차이를 찾아볼 수 있다. 일본의 집은 목조 구조에 방에는 다다미畳가 깔려 있다. 다다미는 에도시대 이전에는 방의 일부분에만 깔거나 잘 때만 펴고 자는 깔개였다. 이 다다미가 차츰 고정화되어 방 전체에 깔리게 된 것이다.

일본의 다다미와 우리의 온돌은 앉는 자세가 다르다. 다다미는 무릎을 꿇고 앉는 것이 자연스럽다. 온돌에서는 따뜻한 바닥에 닿는 면적을 넓게 하여 앉는 것이 정좌正坐이지만 다다미 위에서는 닿는 부분을 적게 하는 자세, 즉 무릎을 꿇고 앉는 것이 정좌가 된다. 일본에서도 예전에는 다테히자立て膝라 하여 한쪽 무릎을 세우고 앉는 자세를 취했으나, 다다미가 일반화되면서 무릎을 꿇

33) 외국인들의 눈에 비친 일본 주택에 대한 인상은 다양하였다. "종이 집"(영국 작가 윌리엄 부르마), "성냥갑 집"(주간지《타임》), "토끼장 같은 집"(1979년 EC 위원회의 리포트), "일본인은 트랜지스터transistor화된 개미집에서 주식회사 일본을 위해 부지런히 일한다"(미국의 언론인으로 브리태니커의 편집 부위원장이었던 프랑크 기브니)

는 앉음새로 바뀌게 되었다. 일본인들이 정좌를 하게 된 것은 다다미의 보급과 밀접한 관계가 있다.

방바닥이 온돌이냐 다다미냐에 따라 집의 전체 구조도 달라진다. 온돌을 설치하기 위해서는 구들을 놓는 복잡한 과정이 필요하다. 구들이 무너지면 집의 기초를 다시 고쳐야 하기 때문에 집을 지을 때에 구들을 잘 앉히는 것이 중요하다.

이에 비해 일본 주택은 이런 과정을 거치지 않고 짓는다. 일본의 집 짓는 모습은 너무나 간단해 보인다. 물론 집 짓는 일이 그리 간단하지는 않겠지만 주택보다는 과정이 단순하다는 말이다. 우리가 건물 자체에 신경을 써서 짓는 것과 대비된다. 그리고 한일 양국의 집에 대한 관념적 차이도 있다. 일본인은 집터의 영속성에 가치를 두는 반면, 건물은 쉽게 헐고 짓는다는 생각을 가지고 있다. 일본인들은 집은 헐고 다시 고쳐 짓는 것이 하나의 이상이며 즐거움이라고 생각하고 있다. 일본인들이 정원을 잘 가꾸는 것도 이러한 집터를 중요시하는 관념에서 비롯된 것이다. 자신의 땅이 있다는 것을 알리기 위하여 나무를 심어 이것이 밖으로 보이도록 했다.

일본에서는 메이지유신 이후 근대화의 영향으로 입식 문화가 늘어났다. 예를 들면, 지금은 누구나 서서 하는 세면·세탁·취사 등도 메이지시대까지는 대부분 앉아서 했다. 세탁을 서서 하자는 캠페인이 부인용 잡지에 등장하기 시작한 것도 메이지시대 후반에 이르러서이다.

일본의 주택은 다양한 특징을 가지고 있다. 예를 들면, 집안에 들어갈 때는 신발을 벗는데, 이것은 한국도 마찬가지이다. 중국과 달리 한국과 일본의 주택은 개방적인 편이다. 지금은 맨션에도 남쪽에 위치한 마루 쪽에 유리창을 만들어 최대한 열 수 있도록 하였다. 중국의 아파트는 어느 방이든 바깥으로 난 벽 쪽에 창을 내는 정도이다. 회화 속에 묘사된 옛날의 중국 주택을 보면 침실

주변을 나무벽이나 흙벽으로 두르고, 입구도 작고 좁게 만든 까닭에 개방적이라고는 할 수 없었다.

한편, 일본의 주택은 목조 구조로 기둥 등은 나무가 가지고 있는 자연스러움을 최대한 살리려고 노력하는 편이다. 사찰 건물을 보면 붉은색과 녹색이 칠해져 있는 것을 볼 수 있는데 이는 중국과 한반도의 영향이다. 그러나 가장 일본적이라고 여겨지는 에도시대의 다실이나 다실풍의 건물은 철단鉄丹으로 칠해져 있다. 고대에 사찰 건축양식이 들어왔을 때의 현관문이 안으로 여는 방식이었다면, 현관문을 바깥쪽으로 여닫는 방식은 메이지유신 이후 들어온 유럽과 미국식 주택의 영향 때문이다.

중세 무로마치시대에서 근세 에도시대까지의 대표적인 주택 건축양식은 쇼인즈쿠리書院造였다. 천장에서 바로 연결되는 벽면에는 아리카베蟻壁라 불리는 희고 폭이 좁은 큰 벽이 둘러싸고 있는데, 이 부분만 기둥이 안 보이도록 되어 있어 천장이 공중에 떠 있는 것 같은 효과가 있었다. 오늘날 일본 주택 건축양식의 원형인 된 쇼인즈쿠리 주택은 다다미방에 종이로 만든 창인 쇼지와 미닫이 문인 후스마를 이용해 방의 수를 늘리거나 줄일 수가 있었다. 즉, 일본의 주택은 종이 한 장이 벽 역할을 하기도 하고 공간의 활용도도 높이는 특징을 가진다고 할 수 있다.

## 2) 주거의 변천

### (1) 다테아나竪穴 주거

원시에서 고대의 주택 양식으로 다테아나 주거가 있다. 우리의 수혈식 주거 또는 움막집에 해당된다. 땅을 원형이나 방형으로 수십 센티미터 파내어 수직에 가까운 벽이나 평평한 방바닥을 만들고, 그 위에 지붕을 얹은 반지하식 주거 시설이다. 주로 고고학적 조사에서 발견되었으며 일본에서는 구석기시대부터 중세시대까지 사용된 주요 주거 양식 중 하나이다.

### (2) 신덴즈쿠리寝殿造

헤이안시대의 고위 귀족의 저택을 신덴즈쿠리라 한다. 신덴이라는 주 건물을 중심으로 남쪽에 정원이 조성되어 있고, 이 정원에는 다리가 놓인 연못이 있다. 신덴의 동서로는 여러 채의 건물이 연결되어 있었다.

신덴즈쿠리 양식의 귀족 저택

그리고 앞쪽으로 난 긴 복도를 따라가다 보면 연못과 마주치는 건물이 있는데, 이 건물을 쓰리도노釣殿라 불렀다. 쓰리는 낚시라는 의미로 이곳에서 연못을 바라보면서 시를 짓거나 유희를 즐겼다. 당대 최고의 권력자였던 후지와라노 미치나가藤原道長 신덴즈쿠리의 규모는 동서 약 120m, 남북 약 240m로,

요미우리 자이언트 팀의 홈구장인 도쿄 돔 크기와 비슷했다고 한다.

### (3) 부케야시키武家屋敷

부케야시키의 원형은 신덴즈쿠리이다. 신덴즈쿠리를 축소하여 무사들의 생활양식에 맞게 고치고, 무사들이 모이는 공간과 방위 목적의 시설을 갖춘 것이 특징이다. 무가 소유의 저택인 것이다.

다이묘가 소유한 것은 다이묘야시키 혹은 번藩 저택이라고 불리기도 한다. 현재는 하급 무사가 살고 있는 사무라이야시키侍屋敷도 무가의 저택이라고 부르는 경우가 많아졌다.

에도시대의 부케야시키(가나자와金沢시 나가마치長町)

### (4) 성城

성은 적으로부터 자신을 지키기 위한 구조물이다. 그렇기 때문에 성을 설계하는 일은 대단한 기술과 노력을 요한다. 중세의 성곽은 산꼭대기나 산 중턱에 축조되었다. 이것은 주위의 지형을 이용해서 적을 방어하기 위한 지극히 군사적인 목적에서 나온 발상이다. 그러나 중세 말기인 16세기 후반이 되면 성은 군사적인 기능에 정치적인 역할이 더해진다. 즉, 한 지역을 지배하는 거점으로서의 기능이 중시된 것이다. 기존의 군사시설로서의 기능에다 새롭게 정치적인 의미가 더해지면서 성의 중심부에는 이를 상징하는 당당하고 호화로운 천수각天守閣이 축조되었다.

마쓰모토松本성

천수는 하늘과 주인을 가리키는 말로, 천주天主라고 쓰기도 했다. 천주란 '주인이 살고 있는 곳'이라는 뜻이다. 천수각의 기원은 확실하지 않지만, 오다 노부나가가 1579년에 축조한 아즈치安土성의 천수각을 최초로 볼 수 있다.

일본인들은 성이 있는 풍경을 좋아한다. 해당 지역에 사는 사람들은 성을 바라보며 자긍심과 애착을 느낀다. 그리고 방문객들은 성을 그 지방의 역사와 문화의 상징으로 바라본다. 그 안에 우뚝 솟은 천수각은 한 폭의 그림과도 같다. 천수각이 소멸된 경우에는 원래 있던 석단 위에 철근 콘크리트로 재건하기도 하고, 역사와는 전혀 상관없는 장소에 관광 목적의 성을 새로이 짓기도 하는 등 현대에 있어 성은 도시의 랜드마크로 자리 잡고 있다.

앞의 사진은 나가노長野현 마쓰모토松本시에 있는 성으로, 마쓰모토성으로 불리기 이전에는 후카시深志성이라고 불렸다. 아즈치·모모야마安土桃山시대 말기부터 에도시대 초기에 건조된 천수각은 국보로 지정되어 있으며, 천수각 국보로 지정된 5성(마쓰모토성·히메지姫路성·이누야마犬山성·히코네彦根성·마쓰에松江성) 중 하나이다.

### (5) 전통주택

일본에는 지방마다 그 지역의 기후나 지형적인 특징을 고려한 전통주택들

갓쇼즈쿠리(왼쪽)와 이즈伊豆반도의 전통농가(오른쪽)

이 있다. 그 가운데 도야마富山현의 갓쇼즈쿠리合掌造り와 이와테岩手현의 마가리야曲がり屋를 소개한다. 갓쇼즈쿠리의 '갓쇼'는 합장이라는 의미이며, 눈이 많이 내리는 지역의 특성상 지붕에 눈이 쉽게 쌓이지 않도록 지붕을 뾰족하게 만든 것이 특징이다. 대가족이 함께 생활하는 이 전통주택은 1995년 세계문화유산에 등재되었다. 마가리야의 '마가리'는 구부러짐 또는 구부러진 곳이라는 의미로, 주택의 구조가 'ㄱ' 자 모양이다. 이와테현도 겨울철에는 눈이 많이 오는 곳이다. 주택을 'ㄱ' 자로 지은 이유는 주거와 가축의 축사를 한 지붕 아래에 둠으로써, 눈이 많이 내리더라도 가축을 돌볼 수 있도록 하기 위해서다.

#### (6) 단지아파트·맨션·단독 주택

일본의 아파트는 여러 동이 모여 단지를 이루지 않고 건축한 각각의 한 동짜리 맨션이 주를 이룬다. 아파트가 편리하다고는 하지만 아직도 일본인들은 단독주택을 선호한다. 심지어 집이 한 채 있던 땅에 상속세 문제 등으로 3~4채 이상의 소규모 단독주택을 짓는 경우도 늘고 있다.

### 3) 잠자는 공간으로서의 주거

앉거나 눕거나 자는 것은 깨어 있는 것과 함께 하루의 생활을 구성하는 중요한 요소이다. 이러한 자세와 행위가 이루어지는 공간인 방에 대해서 살펴보자.

일본어에서 유카床는 잠을 자는 마루라는 의미뿐만 아니라 잠을 자는 침상, 즉 침대를 말하기도 한다. 중국에서는 지금도 침대를 '床'으로 표기한다. 나라현 도다이지東大寺에 있는 쇼소인正倉院에는 중국에서 건너온 유카와 그 위에 깔았던 깔개가 지금도 남아 있다. 그 당시 유카는 귀족들이 사용하였으며, 서민들은 땅바닥에 짚을 깔고 생활하였다.

고대의 시가집詩歌集인 『만요슈』에는 서민의 궁핍한 생활이 다음과 같이 기록되어 있다.

> 천지는 넓다고 하나 나에게는 좁게 느껴지는구나. 해와 달은 밝다고 하지만 나를 위해서는 비쳐 주지 않는구나. 남들처럼 열심히 일하는데도 불구하고 해초와 같은 누더기 옷밖에 입을 수가 없고, 당장이라도 무너질 것 같은 집 안에는 땅바닥에 짚을 깔고, 부모는 머리맡에 처자는 발밑에 엎드려서 누워 있는 나를 쳐다보고 울며 아우성을 치고 있다. 밥 짓는 솥에는 거미가 줄을 치고 있는데도 마을의 관리는 채찍을 들고 세금을 더 내라고 닦달한다. 산다는 것이 이다지도 괴로운 것인가!
>
> - 「빈궁문답가」(야마노우에노 오쿠라山上憶良 작)

이 시를 통해 당시의 고달팠던 서민들의 생활을 짐작해 볼 수 있다.

### (1) 잠자는 곳은 밀폐된 공간

〈보키에코도바慕帰絵詞〉에 묘사된 침실

잠을 자는 공간은 주택 안에서도 특히 개인 프라이버시가 보호되는 중요한 공간이다. 『만요슈』에 묘사되어 있는 수혈식 주거는 거의 개방형의 1실이었다. 이런 주거는 그 자체가 잠자는 공간으로 만들어졌다고 할 수 있다. 헤이안시대 귀족의 저택인 신덴즈쿠리에는 주가 되는 건물인 모야母屋의 가장 자리에 누리고메塗籠라 부르는 방이 있었다. 여기에는 잠을 잘 수 있는 침상이 갖추어져 있었는데 그 둘레를 휘장이 칸막이 형태로 에워싸고 있었다.

무로마치시대의 두루마리 그림 〈보키에코도바慕帰絵詞〉에 묘사된 침실은 주위가 나무 벽으로 둘러싸여 있고, 입구의 작은 판자문 안쪽에는 견고한 잠금장치가 달려 있다. 이 침실을 난도納戸라고 불렀고, 잠금장치 덕분에 침실 안에는 귀중한 물건을 둘 수 있었다. 난도란 주택에서 평소 사용하지 않는 의류나 가구·세간 등을 수납하기 위한 공간을 말한다.

### (2) 에도시대의 침실

에도시대인 1720년대, 간토関東 지방의 농촌에는 억새로 만든 집 안에 폐쇄적인 침실이 있었다. 이후 침실은 폐쇄적인 공간에서 개방적인 공간으로 바뀌었고, 벽이 없는 침실까지 생겨난다. 전란의 시대가 끝나고 사회가 안정되면서 면으로 만든 침구가 보급되었기 때문이다.

히로시마広島의 번주인 아사노浅野가에 전해지고 있는 사료에는 드물게 번주가 생활하던 방 배치가 그림으로 남아 있다. 그림을 보면 정월의 의식 기간을 제외하고는 1년 내내 안채에 이부자리가 깔려 있었다. 이 안채는 낮에는 거실로 사용되고 있었다.

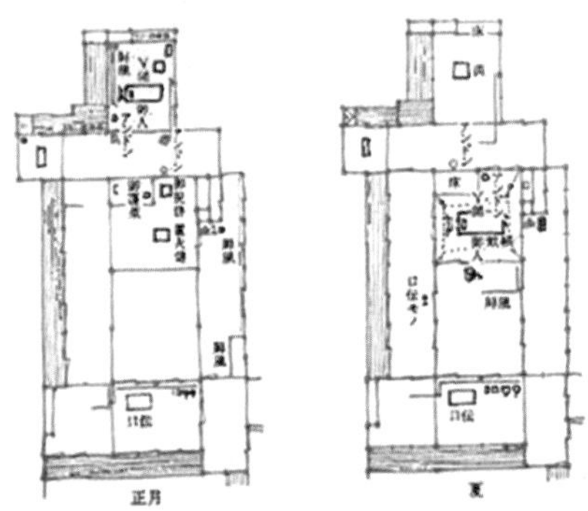

히로시마의 번주, 아사노가의 저택

한편, 에도 서민들의 주거였던 나가야長屋는 농가와는 달리 침실 공간이 따로 없고, 낮에는 거실로 사용하다가 밤이 되면 침실로 사용하였다. 이후, 에도시대 말에 이르면 나가야에서도 침구를 사용하기 시작하였다.

다음 그림은 후카가와 에도 자료관深川江戸資料館에 있는 복원된 나가야의 내부 모습이다. 보통 방 한 칸에 독신자부터 서너 명의 가족이 함께 생활했는데, 방의 크기는 다다미 6조가 기본이었다. 방 입구 왼쪽의 낮은 병풍처럼 생긴 가구 위에 침구가 놓여 있었다. 일본에서는 방의 크기를 다다미 개수로 표시하는데, 예를 들면 3조 방·4.5조 방·6조 방·8조 방 등이 있다.

후카가와 에도 자료관에 있는 복원된 나가야의 내부

### (3) 메이지시대 이후의 침실

나쓰메 소세키夏目漱石의 소설 『나는 고양이로소이다』 속에는 자신이 살았던 메이지시대의 생활상이 잘 묘사되어 있다. 소설 속의 주인공 진노 구샤미珍野苦沙弥 선생은 안쪽 두 방을 가족의 침실로 사용하고 있다. 부부와 갓 태어난 아기가 남쪽 방을 쓰고 나머지 아이들이 북쪽 방을 썼는데, 이는 부부와 자녀가 잠을 분리해서 잤다는 것을 의미한다. 그러나 메이지 말에 출판된 주택 관련 잡지와 계몽서를 보면 여전히 침실이 따로 있었던 것은 아니었다.34)

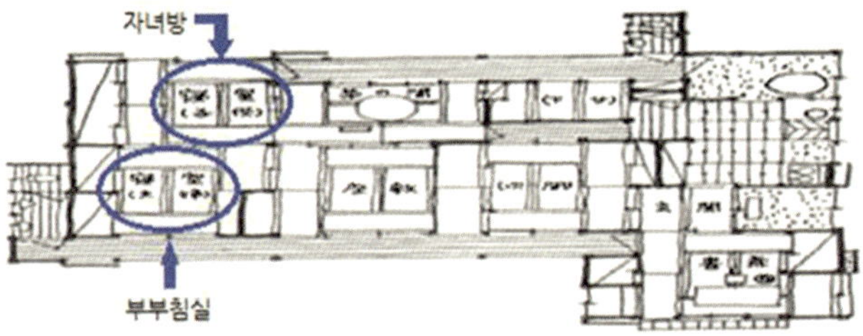


구샤미 선생의 집 배치도

## 4) 집이 가지는 의미

집은 두 가지 의미를 가지고 있다. 건축물처럼 눈에 보이는 집과 조상 대대로 자손들에게 계승되어 온 생활공간으로의 눈에 보이지 않는 집이다. '집을 짓는다'는 말은 조상의 제사를 계승하고 분가해 나가는 가족들을 결합시키는 중추적인 역할을 하는 동시에 부모가 살고 있는 건축물을 계승하는 것을 의미한다.

전통적으로 일본에서는 '한 가정을 꾸리는' 것을 당당한 하나의 사회적 인격체로 인정받기 위한 필수 요건으로 보았다. 따라서 독립된 자기 가옥을 갖지 못하고 본가에 붙어서 생활하는 동안에는 마을 공동체에서 제대로 된 한 사람의 구성원으로 취급받지 못했다. 사무라이나 평민 사회에서 셋방살이하는 사람들은 찬밥 신세였다. 설사 경제적으로 독립하여 생계를 꾸리고 있다 하더라도 셋방살이를 하는 사람은 마을의 자치 기구에 참가할 자격을 인정받지 못했던 것이다.

더부살이라는 의미의 이소로는 장가를 못 간 무사의 차남, 삼남이 부모와 장남 부부와 같이 사는 것을 말한다. 에도시대 무가의 상속은 장남 단독상속이 일반적이었기 때문에 차남 이하의 남자 형제의 삶은 매우 궁핍하고 힘들 수밖에 없

---

34) 平井 聖,『生活文化史』, 放送大学教育振興会, 1998, pp.24~25.

었다. 그래서 이들은 아들이 없는 친척이나 다른 집에 양자로 보내지는 경우가 많았다. 그렇게 되면 결혼도 할 수 있었고 집을 물려받을 수도 있었기 때문이다.

### (1) 일본 주택의 특징

① 야시키屋敷

야시키는 가정생활의 거점이 되는 공간으로 주생활에 필요한 안채와 부속건물·마당 등을 포함한 공간을 말한다. 주위가 산이나 울타리·수로 등으로 둘러싸인 야시키의 소유 여부가 지역사회의 구성원으로 인정받는 조건이 되는 경우도 있었다. 이 야시키 내에는 신을 모시는 사당을 두기도 했으며, 우지가미氏神·우치가미家神·지신地神 등을 모시는데 지역에 따라 부르는 이름이 달랐다.

② 1실 주거 문화

일본 주거의 특징 가운데 첫 번째는 1실 문화를 꼽을 수 있다. 일본 주택은 겨울철보다는 여름철 온도와 습도를 조절하는 것에 중점을 두고 있다. 일본 주택은 쇼인즈쿠리가 원형인 1실형 주거이다. 무로마치시대 후반, 선종 사찰의 스님들이 거처하던 승방僧房, 즉 서원書院에서 유래한 쇼인즈쿠리 주택 양식은 마루床·책장棚·즈케쇼인付書院에 맹장지인 후스마襖와 채광창인 쇼지障子를 달고 다다미를 깐 것으로, 다이묘와 상급 무사의 저택뿐만 아니라 근대 이후 서민주택의 기본 형태가 되었다. 방에서 칸막이로 사용하는 후스마와 쇼지를 떼어 내고, 식탁을 접어서 치우면 그 공간을 자유롭게 활용할 수 있어 사는 사람의 형편에 맞게 조절할 수 있다.

③ 다다미방

일본식 방의 깔개로서 사용되고 있는 것이 다다미이다. 오늘날의 다다미는 속에 짚을 넣어 만든 심에다가 겉에는 인초를 엮은 돗자리를 붙인 것이다. 옛날의 다다미는 테두리를 댄 돗자리나 멍석과 같은 깔개의 총칭이었다.

평상시에는 접어 두었기 때문에 '접다', '접어 두다'라는 의미의 다타무畳む라는 말이 명사화해서 다다미가 되었다. 지금의 다다미는 두꺼운 다다미라는 의미로 아츠죠厚畳라고 부른다.

대부분의 일본인은 다다미방에서 생활하면서 침대보다는 이불, 의자보다는 방석, 스토브보다는 고타쓰와 같은 일본의 독특한 생활 문화를 발전시켜 왔다. 뿐만 아니라 세이자와 좌식법 등 일상생활에서 나타나는 행동 문화에도 영향을 미쳤다. 다다미방은 서양처럼 신을 신고 들어 갈 수 없기 때문에 신고 벗기에 편한 게타下駄와 조리草履를 애용하게 되었는데, 이는 일본인들의 걸음걸이에도 영향을 미쳤다. 이처럼 일본을 대표하는 문화의 대부분은 다다미 생활 속에서 이루어진 것이다.

무로마치시대의 다다미방

### (2) 공동주택

도시화가 진행되고 도시로 인구가 집중되면서 생겨난 것이 공동주택이다. 이웃과 벽을 공유하고 같은 지붕을 이고 사는 공동주택은 반드시 생활의 발전을 전제로 하는 것은 아니다. 공동주택은 인구가 도시로 집중된 결과로 생겨난 것이다.35)

35) 세계적으로 공동주택은 18세기 후반에 일어난 산업혁명과 그에 따른 노동인구의 도시집중에 따라 등장하였다. 일본에서는 산업혁명 전 단계였던 에도시대에 이미 몇몇 거대도시가 등장하였다.

교토 기타노덴만궁北野天満宮 근처 주택가

일본에서는 유럽과 거의 같은 시기에 콘크리트 건물들이 등장하기 시작하였다. 근대 이후, 일본에서 가장 먼저 생긴 철근 콘크리트 아파트는 1918년 미쓰비시三菱 광업이 나가사키현 하시마端島에 세운 7층짜리 건물이다. 1950년대 들어서면 공영 공동주택인 단지団地 아파트가 각지에 들어섰다. 당시만 하더라도 서민들은 단지 아파트에 입주하는 것을 큰 행운으로 여겼다. 게다가 철근 콘크리트 아파트에 산다는 것은 곧 문화생활을 한다는 의미로 인식되었다.[36] 1950년대 후반부터는 민간에서도 고액 소득자를 위한 냉난방 시설을 갖춘 고층 아파트를 건설하기 시작하였고, 이들 고층 아파트는 1960년대 후반부터 맨션이라는 이름으로 불리게 된다.

---

36) 고도의 성장을 거치며 주거 이외의 생활수준이 향상됨에 따라 단지 아파트에 대한 불만들이 쏟아져 나왔다. 그 불만의 대부분은 주거공간이 너무 좁다는 것이었다. 단지 아파트는 한정된 공간을 최대한으로 이용하는 기능 제일주의를 택할 수밖에 없었다.

교토역 근처 주택

다음은 에도시대의 공동주택인 나가야에 대해서 자세히 살펴보자.

일본에 가게 되면 옛 모습 그대로거나 아니면 현대식으로 바뀐 나가야의 모습을 쉽게 볼 수 있으며, 시대극 드라마나 영화에 등장하는 주택이 나가야를 무대로 하는 경우도 많다. 나가야의 대략적인 구조를 통해 일본의 도시 주택 생활을 잘 이해할 수 있다. 나가야란 에도 서민들이 살았던 공동주택으로, 거리 쪽에는 가게가 있고 안쪽에는 우라裏나가야라고 불리는 여러 채의 주거공간이 나란히 있었다.

1869년에 시행된 조사에 의하면 에도는 무사들의 거주지가 70%, 서민들이 모여 사는 지역과 사찰·신사가 15%로 무사들의 거주지가 대부분을 차지하였다. 불과 270만 평 정도의 땅에 에도 인구의 절반이 북적거리며 살았는데, 이들은 9척 2간(2.7m×3.6m)이나 9척 3간(2.7m×5.4m) 크기의 우라나가야를 빌려서 생활하였다.

그 내부는 부엌과 봉당[37]이 일부를 차지하였고, 옷장을 놓을 자리가 없었기 때문에 이불은 개어 한쪽에 쌓아 두었으며, 변변한 가재도구도 없었다. 우물이나 쓰레기통, 화장실은 공동으로 사용하였다. 에도시대에는 에도 시중市中에 많은 것이 '화재·싸움·이세야伊勢屋·이나리에 개똥'이라고 할 정도로 나가야 부지 내에는 이나리稲荷 신사38)가 많았다.

이나리 신사는 가내 번창을 염원하는 풍요의 신이기 때문에 이해가 되지만 나머지 '화재·싸움·이세야·개똥'이 많았다고 하는 것은 설명이 필요한 부분이다. 간단하게 설명하면 먼저, 에도에는 정기적으로 큰 화재가 발생했기 때문에 건축이나 토목 관련 일이 끊이지를 않았다.

에도 토박이의 기질을 얘기할 때 '그날 번 돈은 그날 써 버린다'는 표현을 많이 한다. 이 말은 두 가지 의미로 이해할 수 있다. 하나는 항상 일을 할 수 있었기 때문에 저축하지 않고 그날 번 돈을 다 써 버려도 살아갈 수 있었다는 의미이고, 다른 하나는 나가야 생활이 결코 수월하지가 않았다는 의미이다. 지출의 대부분은 식비가 차지하고 있었으며, 게다가 얼마 안 되는 돈마저도 빈번하게 발생하는 화재나 수해로 하루아침에 잃어버리는 경우가 다반사였기 때문에 저축을 할 여유가 없었던 것이다.

다음으로 당시 에도에는 일자리가 많아 지방에서 돈벌이하러 온 노동자들이 많았고, 산킨코타이参勤交代 제도로 인해 에도에 와서 생활하는 지방 무사들도 많았다. 즉, 에도는 남성 인구가 많은 도시였고 그렇다 보니 싸움이 끊이질 않았던 것이다. 이세야는 상호인데 에도 시내에는 이 이름의 점포가 많았다고 한다.

마지막으로 개똥은 생뚱맞을 수도 있겠는데, 이 말은 에도 막부의 5대 쇼군

---

37) 일본 전통가옥의 일부를 구성하는 공간으로 취사와 작업을 위주로 한다.

38) 생산의 신·농업의 신을 모시는 이나리 신사는 일본에서 가장 많은 신사 중 하나이다. 교토의 후시미이나리 신사는 재물을 의미하는 여우를 신으로 모시는 것으로 유명하다.

도쿠가와 쓰나요시德川綱吉 시대 20여 년 동안 내려졌던 살생금지법인 '쇼루이아와레미레이生類哀れみ令'와 관계가 있다. 이 법과 관련되는 이야기는 수없이 많다. 그중 하나를 소개하자면, 도호쿠 지방에서 5만 명이나 사망자를 낸 대기근이 발생했을 때, 에도에서는 시내의 나카노中野 지역 주민들을 강제로 퇴거시키고 16만 평이나 되는 광활한 부지에 개집을 지어 10만여 마리가 넘는 들개를 보호하였다. 그리고 개 한 마리당 쌀 3홉과 된장 그리고 멸치를 주었다고 한다.

'천하의 악법'이라고 불리는 이 법은 쓰나요시를 저평가할 때 인용되기도 한다. 지금도 극단적인 이상주의 법률이나 법안을 야유할 때 '현대의 쇼루이아와레미레이'라는 말이 사용되고 있다. 살아 있는 생명을 함부로 죽여서는 안 된다는 데서 시작된 이 법에 유독 개와 관련되는 에피소드가 많은 이유는 쓰나요시 자신이 개띠였기 때문이라는데, 이는 매우 흥미로운 설이다.

나가야는 삼면이 벽으로 둘러싸여 있어 주거환경은 열악했지만 집세는 쌌다. 그곳에는 목수·이발사 등의 기술자나 행상인·일용직의 육체노동자·낭인浪人 등 여러 직종과 계층의 사람들이 섞여 살았다. 솜씨가 뛰어나서 벌이가 좋은 목수나 미장공 감독관들은 1, 2층의 나가야 두 칸을 이어서 살기도 했다.

나가야에서는 큰 소리를 내면 옆집에 다 들리기 때문에 작게 말할 수밖에 없었다. 그렇지 않으면 개인 생활이 다 드러나기 때문이다. 얇은 벽 하나를 사이에 두고 옆방의 소리가 다 들리는 생활, 우물이나 화장실을 서로 양보해 가며 공동으로 사용해야 하는 생활환경에서는 서로에게 민폐를 끼치지 않으려는 배려심과 이웃사촌 의식이 필요하다.

흔히 일본인들은 질서를 잘 지킬 뿐만 아니라 남에 대한 배려가 몸에 배어 있다고 한다. 이는 공동주거 환경에서 자신이나 가족을 우선시하게 되면 잦은 충돌이 발생하는 것을 경험으로 터득했기 때문이라고 본다. 즉, 자신보다는 남

나가야의 공동 우물과 이나리 신사

을 배려하는 마음이 우선되어야 모두가 편하다는 사실을 체득하고 이를 생활에 필요한 철칙으로 삼았던 것이다.

일본에서는 공동체 생활에 필요한 도덕이나 예절교육을 가정뿐만 아니라 보육원·유치원·학교에서 함께 가르친다. 이는 더불어 살아가는 열악한 공동 주거 문화가 일본인들의 국민성 형성에 일정 부분 영향을 끼친다는 사실을 깨닫고, 미리 대비하기 위해 교육을 시키는 것이라고 볼 수 있다.

일본의 주택 사정은 특히 대도시의 경우 더 열악하였다. 그래서 일본인들은 어떻게든 공동주택에서 탈출하여 작더라도 '내 집'을 갖고 싶어 하게 되었다. 1980년대까지만 하더라도 종신고용이 보장된 기업의 회사원들 사이에서는 2~30년의 장기 주택 담보 대출을 받아 도시 외곽의 단독 주택을 구입하는 붐이 있었다. 이는 개인 프라이버시가 보장되면서 쾌적한 주거환경을 누리고 싶어 하는 일본인들의 주택에 대한 열망이 반영된 결과일 것이다.

## 5) 다양한 일본의 도시 풍경

### (1) 미나토마치港町

일본은 국토의 75% 이상이 산지이기 때문에 근세 이전까지는 육상 교통이 크게 발달하지 못했다. 대신 일찍부터 해상 교통이 발달하였고 이로 인해 전국 곳곳에는 항구 도시가 생겨났다. 중세에는 세토우치瀬戸内 항로와 비와 호수琵琶湖를 이용한 항로, 에도시대에는 동해로부터 시모노세키를 거쳐 오사카로 가는 '니시마와리西廻り 해운'과 도호쿠 지방에서 태평양을 거쳐 에도에 이르는 '히가시마와리東廻り 해운'이 번성하게 되었다. 게다가 막부 말기에 고베·나가사키·요코하마横浜가 개항하면서 이들 도시에는 외국인 거주지와 서양식 건물이 들어서기 시작하였다.

일반적으로 미나토마치에는 자연 지형을 이용하여 물건을 싣고 내리는 하역장과 물건을 보관하는 창고가 있고, 그 안쪽으로는 상업지와 주택이 형성되었다. 현재도 하역장이나 부두, 항해의 안전을 위해 설치한 등대, 조수의 간만으로 수위가 바뀌어도 선착船着 가능하게 만든 계단 등 예전의 모습을 그대로 간직한 미나토마치가 많이 남아 있다. 대표적인 곳으로는 하코다테函館·나가사키·오노미치尾道·고베神戸·오타루小樽·이네伊根·마쓰자카松阪·미쿠니三国·모지門司·슈쿠네기宿根木·소토도마리外泊·요코우라지마横浦島·도모노우라鞆の浦 등이 있다.

### (2) 슈쿠바마치宿場町

중세에서 근세에 걸쳐 주요 가도에 형성된 도시를 슈쿠바마치라고 한다. 에도시대 초기, 막부의 명령으로 다섯 가도五街道가 정비되면서 슈쿠바 제도가 만들어졌고, 8~12킬로미터 간격으로 슈쿠바마치가 조성되었다. 도카이도東海

道에는 53곳, 나카센도中山道에는 69곳의 슈쿠바마치가 생겨났고, 여행객들이 묵을 수 있는 여관과 음식점 및 유흥 시설이 들어섰다. 슈쿠바마치 입구와 출구 쪽에는 여행객을 감시하는 미쯔케見付가 있었다.

에도시대에 융성했던 슈쿠바마치는 메이지시대에 이르러 철도가 생기면서 점차 쇄락하게 되었지만 지금도 예전의 모습을 간직하고 있는 곳이 많다. 그 대표적인 곳으로는 오우치주쿠大内宿·세키주쿠関宿·이즈모자키出雲崎·마고메주쿠馬籠宿·구마가와주쿠熊川宿·쓰마고주쿠妻籠宿·운노주쿠海野宿·나라이주쿠奈良井宿·지쿠고요시이筑後吉井·나가하마長浜·아리마쓰有松·히라후쿠平福 등이 있다.

### (3) 쇼카마치商家町

쇼카마치는 상인들이 모여 살던 곳을 말하는데, 주로 쌀·숯·술·간장 등의 물자가 모이는 교통의 요지에 형성되었다.

그 지역의 특산품이나 명산품 등으로 부를 축적한 상인들은 이를 자랑이라도 하듯이 바깥쪽으로 호화로운 격자창과 방충망을 갖춘 저택을 지었다. 그 가운데 특히 눈에 띄는 것은 도조土蔵라 부르는 흙으로 만든 창고인데, 이는 부를 나타내는 상징이었다. 도조는 내구성이 뛰어나 화재가 나더라도 안전하였다. 당연한 일이지만 화재가 나면 피해를 많이 보는 사람은 돈이 많은 부자들이었기에, 그들은 비용을 들여 나마코벽生子壁처럼 눈에 띄는 도조를 경쟁적으로 만들었다. 나마코벽이란 벽면에 네모진 기와를 나란히 붙이고 기와의 이음매에 어묵 모양의 회반죽을 바른 것으로, 이음매의 봉긋한 모양이 해삼과 닮았다고 해서 붙여진 이름이다. 이처럼 상인들에 의해 형성된 쇼카마치를 통해 당시의 번성했던 도시의 모습을 짐작할 수 있다.

한편, 쇼카마치와 주요 도시 근교의 농촌에 상품 작물을 모아 파는 호농들이 생겨나면서 자이고마치在郷町라 불리는 마을이 생겨났다. 자이고마치는 농촌 상품 유통의 중심지로 발전하면서 지역 경제를 윤택하게 했다.

대표적인 곳으로는 구라시키倉敷·사와라佐原·가와고에川越·와키마치 미나미마치脇町南町·구로이시 나카마치黒石中町·나라마치奈良町·후시미伏見·오미하치만近江八幡·기타카타喜多方·도치기栃木 등이 있다.

### (4) 조카마치城下町

센고쿠시대부터 에도시대에 걸쳐 무가 사회는 성을 중심으로 도시를 조성해 왔다. 이렇게 만들어진 성곽도시를 조카마치라고 한다. 일반적으로 조카마치는 신분이나 직업에 따라 성·무사 주거지역·사찰 지역·서민 주거지역 등 4개의 구역으로 나뉘었다. 이 순서는 대체로 성에서 가까운 쪽부터인데, 이러한 위치 배열은 적의 침입에 대비한 것이었다.

각 주거의 경계는 해자로 나누어졌는데, 이것도 적의 침입을 막는 방어책이었다. 게다가 침공을 늦추기 위해서 정자로丁字路나 막다른 골목을 만들어 놓은 조카마치도 많다. 정자로는 도로가 한자의 정丁 자 모양으로 갈라져 있는 교차로를 가리키는 말이다. 무사들의 주거지역은 성에서 가까운 쪽부터 상급 무사·중급 무사의 순서로 배치되었고, 신분이 높은 무사의 저택은 큰 대문과 나지막한 나무를 심어서 만든 울타리와 담장 등으로 이루어졌다. 아시가루足軽와 같은 하급 무사들은 그 주위에 배치되었다. 무사 주거지역에는 지금도 해자와 나무울타리가 남아 있거나, 가지초鍛冶町·자이모쿠초材木町·후나바초舟場町처럼 예전의 이름을 간직하고 있는 곳이 많다.

한편, 서민들의 주거지역은 기름 장수·생선 장수·대장간 등 직업별로 구분되어 있었다. 이렇게 계획적으로 만들어진 조카마치 중에는 현재도 지방의 중심도시로서 옛 모습을 간직하고 있는 곳이 많다. 대표적인 곳으로는 가쿠노다테角館·요코테横手·지란知覧·슈리 킨조초首里金城町·하기 히야코萩平安古·다카야마 산마치高山三町・아키즈키秋月・아키安芸・쵸후長府・고모로小諸・쓰와노津和野 등이 있다.

### (5) 몬젠마치門前町

에도시대 이후, 일본은 전국 각지에 출현한 조카마치나 슈쿠바마치를 중심으로 발전해 나갔다. 그러나 그 이전의 큰 도시는 대부분이 몬젠마치였다. 몬젠마치란 신사나 사찰을 중심으로 형성된 도시이다. 치안이 좋은 신사나 사찰 주변에는 간누시神主나 승려, 그들을 섬기는 하인들이 살았으며, 문 앞으로 뻗은 도로를 따라서는 상점과 여관이 모여 마을을 형성해 갔다.

신사나 사찰 세력은 무가 사회가 되면서 약해졌지만, 에도시대에 서민들의 참배 여행이 늘어나면서 다시 살아나게 되었다. 이세의 우지야마다宇治山田나 나가노長野의 젠코지善光寺 등이 대표적인 예이다.

한편, 사찰의 경내에 마을이 생기는 경우도 있었는데, 이를 지나이초寺内町라고 한다. 대규모의 경내에는 사찰 관계자와 상인 그리고 장인들이 둥지를 틀고 자치를 하고 있었다. 말하자면 조카마치의 사찰 버전과 같은 것이다. 지나이초가 형성된 것은 중세 말기부터 센고쿠시대에 걸쳐서인데, 정토진종浄土真宗(一向宗)의 신자들에 의한 마을이 많았다. 오다 노부나가에 의해 멸망한 이시야마 혼간지石山本願寺는 대표적인 지나이초 사찰이다.

대표적인 몬젠마치로는 오하라이마치おはらい町・산네이자카産寧坂・가미가모上賀茂・돈다바야시富田林・고토히라琴平・나리타成田・사카모토坂本 등이 있다.

### (6) 차야마치茶屋町・온센마치温泉町

에도시대에 서민들이 경제력을 가지게 되면서 서민 문화, 즉 조닌 문화가 번창하였다. 그런 가운데 차 문화가 발달하면서 차야마치가 형성되었다. 원래 차야는 차를 우려내기만 하는 가게였지만, 이윽고 대여 살롱과 같은 존재가 되었다.

요리를 즐긴다면 요리차야料理茶屋, 스모를 본다면 스모차야相撲茶屋, 남녀가 밀회한다면 데아이챠야出合茶屋 등의 식이다. 도로에 면한 2~3층짜리 건물에다 2층 높이의 층계를 만들고, 전면에 정원을 만드는 등 통일된 외관 건물을 갖춘 것이 차야마치의 특징이다. 차야마치에는 가가이花街도 있었다. 가가이는 게이샤芸者와 유녀의 집이 모여 있는 화려하고 요염한 세상이다. 교토의 로쿠카가이六花街가 유명하며, 메이지시대에는 전국 각지에 형성되었다.

또, 온천이 일반화됨에 따라 숙소를 중심으로 온천 마을이 생겨나게 된다. 이세마이리伊勢参り나 곤피라마이리金比羅参り 등 참배를 하는 도중에 숙박하기도 하고 탕치탕湯治場으로 이용하기도 하는 등, 온천 마을은 항상 떠들썩하였다. 에도시대 중엽에 발행된 '온센반즈케温泉番付'에는 거의 100여 곳의 온천장이

가나자와시 히가시차야마치東茶屋町

게재되어 있다.

대표적인 곳으로는 기온신바시祇園新橋·유노즈湯野津·가즈에마치主計町·유노히라湯平·본토초先頭町·도고道後·히가시야마히가시東山ひがし·하치오지나카마치八王子中町·기노사키城崎·노자와野沢 온센 등이 있다.

### (7) 슈라쿠集落

어느 정도 근대화가 진행된 메이지시대 후반까지도 대부분의 일본인은 농업·어업·임업 등으로 생계를 유지하였다. 이러한 생업은 집단생활을 하는 것이 효율적이기도 한 까닭에 전국 각지에 농이촌·신촌 등의 취락이 형성되었다. 마을에는 각각의 자연 환경에 적합한 건물이 세워지고 또 독특한 습속이 생겨났다. 일본인의 생활습관도 전통적 취락 속에서 성장했던 것이다.

근대화가 진행되면서 취락의 상당수는 소멸하거나 그 모습이 변했지만, 지금도 옛 정취를 남기고 있는 취락이 있다. 예를 들면 기후岐阜현 시라카와고白川郷의 갓쇼즈쿠리 마을은 폭설 지대 특유의 건축양식으로, 독일의 저명한 건축가 브루노 타우어를 감탄하게 했다. 『도노모노가타리遠野物語』의 무대로서 알려진 이와테현의 도노에는 마가리야라고 하는 민가가 남아 있다. 다른 지역의 주택은 보통 안채와 마구간이 떨어져 있지만 마가리야에서는 안채와 마구간이 연결되어 있다. 이는 가축을 보호하기 위해 고안된 추운 지방의 마을 특색이다. 이처럼 슈라쿠는 잊혀 가는 일본인의 원풍경이다.

대표적인 곳으로는 시라카와무라白川村·미야마초美山町·다케토미지마竹富島·도오노遠野·시이바무라椎葉村·도나미砺波·이사자와五十沢·도나키지마渡名喜島 등이 있다.

### (8) 산교마치産業町

에도시대는 다양한 산업이 태어나고 발전한 시대이기도 하다. 에도시대 중반, 막부는 재원을 안정적으로 확보하기 위해 전매 제도를 시행하였다. 특정 상품의 생산 및 판매를 특정 도시에 독점시키는 대신 세금을 징수하는 것이다. 이에 따라 광업·제염업·양잠업·제사업 등 각종 산업이 크게 발전하였고, 그 결과 노동자·장인·상인·임원 등이 모여 사는 도시가 번성하였다. 산교마치는 산업과 관련된 시설에 맞추어 독자적으로 형성된 경우가 많다. 예를 들어, 도자기 산업으로 번창한 사가佐賀현의 아리타有田는 한 지구가 하나의 가마원처럼 되어 있고, 집을 둘러싼 해자도 내화 벽돌이나 도자기로 만들어져 있다. 또, 광산업으로 번창한 사도佐渡의 아이카와相川는 광산 지구에 생산 기능, 가미마치上町 지구에 거주 행정 기능, 변두리 지구에 유통·행정 기능의 형태로 각각의 역할이 나누어진 독특한 풍경이 생겨났다. 예전의 번화함을 엿볼 수 있는 산교마치는 줄어들었지만, 그곳에도 여전히 근대화의 발자취는 남아 있다.

대표적인 곳으로는 오모리긴잔大盛銀山·도코나메常滑·후키야吹屋·아리타우치야마有田内山·우치코内子·구로에黒江·기류桐生·후카야深谷 등이 있다.[39]

---

39) 倶楽部, 「ニッポン再発見」『美しい「日本の町並み」』, 三笠書房, 2017, pp.218~233.

# III

# 대중문화의 과거와 현재

1. 자포니즘Japonism과 쿨 재팬Cool Japan

2. 우키요에浮世絵와 출판문화

3. 만화·애니메이션

# 1

## 자포니즘Japonism과 쿨 재팬Cool Japan

여기에서는 자포니즘과 쿨 재팬이 일본 문화의 세계화에 끼친 영향에 대해서 알아본다. 왜냐하면, 지금 일본을 대표하는 대중문화인 만화와 애니메이션Animation은 에도江戸시대의 우키요에浮世絵와 매우 밀접한 관계가 있기 때문이다. 일본 대중문화의 현재 모습을 과거 사실과 연결 지어 보면 매우 흥미로운 사실을 발견할 수 있다. 만화와 애니메이션이 현재의 모습이라면 우키요에는 과거의 모습이라고 할 수 있다.

### 1) 자포니즘이란?

19세기 중반 만국박람회 출품 등을 계기로 일본 미술과 공예품 등이 주목받으면서 서양의 작가들에게 큰 영향을 준 것을 말한다.

1870년대 프랑스 미술계에 자포니즘의 영향이 두드러지면서 1876년에는 자포니즘이라는 단어가 프랑스어 사전에 등장한다. 19~20세기 초까지 계속된 일본 붐에 대해 프랑스 번역가 루이 파뷔레L. Fabulet는 "일본은 거인처럼 성큼성큼 세상에 등장하였고, 오늘날에는 전 세계의 눈이 이 나라에 쏠리고 있다"라고 했다.

### (1) 개요

14세기 이후 서유럽에서는 여러 차례 커다란 변혁이 일어났다. 서양의 근대를 알리는 르네상스를 통해 자연회귀와 사실성을 요구하는 움직임이 나타났다. 19세기 중반에 사실주의가 정착하고, 후반에는 인상주의와 모더니즘이 일어난다. 여기에 자포니즘은 일시적 유행으로 끝나지 않고 이후 1세기가량 이어지는 세계적인 예술 변혁의 발단이 된다.

클로드 모네C. Monet와 〈기모노를 입은 카미유La Japonaise〉

### (2) 자포네즐리Japonaiserie의 시대

자포네즐리는 일본 취미를 가리키며, 자포니즘의 전 단계로 해석되고 있다. 자포니즘의 첫 단계는 미술품, 특히 우키요에의 열광적인 수집에서 시작되었다. 흑선黒船의 내항 이후 서양의 많은 배가 일본에 드나들게 되었고, 당시의 사진과 인쇄 기술을 통해 일본의 모습이 알려지게 되면서 우키요에와 다른 미술 공예품이 서양에서 인기를 얻게 되었다.

### (3) 자포니즘의 유행

샤를 피에르 보들레르C. P. Baudelaire는 1861년의 편지에서 자포니즘에 대해서 다음과 같이 적고 있다. "오래전 일인데, 일본의 공예품 한 박스를 받아 그것들을 친구들과 나눠 가졌다."

1862년에는 파리에 〈라 포르토 시노워즈La Porte Chinoise〉라는 우키요에를 비롯한 일본 제품을 파는 가게가 문을 열었다. 그리고 1871년에는 카미유 생상스C. Saint Saens가 작곡하고 루이 갈레L. Gallet가 대본을 쓴 오페라 〈노란공주La Princesse jaune〉가 공개되었는데, 네덜란드 소녀가 예술가인 남자친구가 열광하는 우키요에를 질투한다는 내용이었다.

클로드 드뷔시C. A. Debussy는 교향곡 〈바다La Mer〉를 가쓰시카 호쿠사이葛飾北斎의 〈가나가와 앞바다의 파도富岳三十六景 神奈川沖浪裏〉에서 영감을 얻어 작곡하였으며, 이 우키요에를 악보의 초판 표지에 사용하였다. 뿐만 아니라 자신의 방에도 그 그림을 걸어 두었다고 한다.

같은 프랑스 작곡가인 모리스 라벨M. J. Ravel도 〈가나가와 앞바다의 파도〉의 영향을 받아 피아노곡 〈바다 위의 작은 배Une barque sur l'océan〉를 작곡하였다. 드뷔시가 큰 파도에 주목했던 것과 대조적으로 라벨은 흔들리는 세 척의 배와 그 배에 탄 사람들의 모습을 음악으로 표현한 것이다.

오페라 〈나비부인Madama Butterfly〉은 이탈리아 작곡가 자코모 푸치니G. Puccini의 대표적인 작품 중 하나이다. 제목에는 그가 작곡한 다른 오페라 〈마농 레스코Manon Lescaut〉와 〈토스카Tosca〉, 〈투란도트Turandot〉와 마찬가지로 주인공 '나비부인'의 이름이 그대로 붙여져 있다.

영국에서도 1862년 런던 만국박람회에 출품된 일본 도자기와 장식물 등에 대한 관심이 높아지면서 로세티 서클(화가 로세티를 중심으로 한 라파엘 전파Pre-Raphaelite Brotherhood) 회원들을 중심으로 일본 붐이 일어났다. 라파엘 전파는 19세기 중반 영국의 빅토리아시대에 활동한 미술가·비평가 그룹을 말한다.

계속해서 1870년대에는 일본의 예능인이 공연하는 마술과 곡예가 성행하였고, 1885년에는 런던의 나이츠브리지Knightsbridge에 일본 물품을 사거나 구경할 수 있는 '재패니즈 빌리지'가 생겼다. 비슷한 시기에 사보이 극장에서는 윌리엄 길버트W. S. Gilbert와 아서 설리번A. S. Sullivan에 의한 오페레타 〈미카도The Mikado〉 공연이 큰 인기를 끌었다. 〈미카도〉는 런던의 나이츠브리지에서 열린 일본 전시회에서 아이디어를 얻었다고 한다. 이뿐만 아니라 일본식 디자인의 천이나 가구가 판매되고, 여성지에는 일본풍의 새로운 드레스 사진이 실리기도 했다.

영국의 작가 아서 코난 도일A. C. Doyle은 셜록 홈즈 시리즈 『고명한 의뢰인』에서 쇼무聖武천황과 쇼소인正倉院에 대해 언급하고 있다. 쇼소인은 1946년 일반에게 공개되기 전까지는 일본에서도 유명하지 않았다. 도일이 이 작품을 쓰게 된 것은 어릴 적 친구인 윌리엄 버튼W. K. Burton에게서 일본에 관한 이야기를 들었기 때문이라는 설이 있다. 버튼은 위생공학 교수로서 도쿄제국대학에 초빙되어 10년 이상 일본에서 생활한 인물로, 그가 도일에게 쇼소인에 대해 알려 주었다는 것이다.

지금까지 자포니즘에 대해서 알아보았다. 자포니즘은 우키요에가 계기가 되었으며, 만국박람회가 붐을 일으키는 원동력이 되었다. 그런데 여기에서 우리는 메이지 정부가 만국박람회를 아시아의 신흥 근대국가로서의 위상을 높일 수 있는 기회로 삼고 참여했다는 사실을 간과해서는 안 된다. 정부 주도의 문화정책은 150여 년이 지난 현재에도 계승되고 있다. 그것이 쿨 재팬 전략이다.

당시 유럽 사회가 일본이라는 이문화를 받아들이는 과정에서 우키요에는 최적의 소재였다고 할 수 있다. 이는 에도시대의 대표적인 서브컬처Subculture가 유럽인들에게 주목받았다는 것을 의미한다. 그런데 21세기에 들어서도 여전히 일본은 우키요에라는 서브컬처를 유행시키고 즐겼던 유전자를 계승하고 있다. 그것은 바로 일본을 대표하는 대중문화인 만화와 애니메이션이다.

만화와 애니메이션은 우키요에와 관련이 있다. 자세한 것은 이후 '우키요에와 출판문화', '만화·애니메이션'에서 설명하겠지만, 철저한 분업에 의해 제작되는 우키요에는 애니메이션 제작 방식과 매우 닮아 있다. 그런 점에서 에도 시대의 조닌町人 문화가 현대 일본의 대표적인 대중문화로 이어지고 있다고 할 수 있을 것이다. 그리고 일본은 현재 쿨 재팬 전략이라는 것을 수립하여 세계를 상대로 일본 문화를 발신하는 정부 주도의 문화정책을 적극적으로 실행하고 있다.

## 2) 우키요에가 서양에 끼친 영향

19세기 유럽에서 자포니즘이 유행하게 된 계기는 다양한 형태의 우키요에를 통해서이다. 1856년 프랑스의 화가 펠릭스 브라크몽F. Bracquemond은 일본에서 수입된 도자기의 포장지로 사용된 종잇조각을 동료 화가인 에두아르 마네E. Manet와 에드가 드가E. De Gas에게 보여 준다. 이 종잇조각은 가쓰시카 호쿠사이의 『호쿠사이망가北斎漫画』 중 일부였다.[1] 이 한 장의 우키요에는 당시 프랑스 화단에 큰 영감을 주었으며, 인상파 미술이 탄생되는 결정적인 원인을 제공했다는 사실은 잘 알려져 있다. 그 후, 우키요에는 1867년 제2회 파리 만국박람회에 출품되어 큰 호평을 받는다.

---

1) 稲垣進一, 『図説浮世絵入門』, 河出書房新社, 1990, p.4.

브라크몽과
『호쿠사이망가』

서민 문화의 대표격인 우키요에가 유행하던 에도시대에는 아직 일본에 '미술'이라는 개념이 없었다. 봉건 정치체제의 에도江戶 막부幕府는 성립 초기부터 기독교를 금지하고 외국과의 교류와 무역을 제한하는 정책을 폈다. 특히 외국과의 교류는 조선과 중국 그리고 네덜란드 세 나라로 한정한 까닭에, 전 세계와의 교류는 사실상 단절되었던 것이다. 일본은 이러한 상황에서 외부로부터 제한적인 영향을 받으면서 내부적으로 문화를 조금씩 성숙시켜 갔다. 200여 년 동안 자원이 개발되어 국내시장을 중심으로 하는 경제가 발달하였고, 부의 축적과 기술의 발달도 진행되었다. 이런 특수성이 일본의 전통문화는 물론 생활양식과 가치관을 만들어 내었다.

회화 부분에 한정해서 말하자면, 에도시대 말기까지 실제로 문화의 중심지는 전통 있는 교토京都였고, 에도는 소비도시로서의 성격이 강했다. 그러나 그런 가운데 유일하게 에도 쪽이 자랑으로 내세울 수 있었던 것이 대중문화의 화신이라고 불리는 우키요에였다. 우키요에는 판화와 판본 회화의 형태로 폭넓게 보급되었다. 당시의 시대적 상황을 주제별로 표현해 내는 우키요에가 전통문화의 뿌리가 강한 교토에 대항하는 에도 쪽의 상징으로 발전하면서 일본적인 대중문화로 변화해 나갔던 것이다.

일본에서는 우키요에가 생겨나기 이전인 근세 초기에 풍속화가 유행한 적이 있다. 그러나 그것을 즐기던 계층은 신분이 높았고, 육필肉筆 우키요에도 천황이나 쇼군将軍·다이묘大名들이 감상하는 작품이었다.

우키요에가 19세기 중반에 처음으로 서양에 알려진 것은 아니다. 그 이전에는 미술품으로서가 아니라 섬나라 일본을 알 수 있는 좋은 자료로 인식되었고, 쇄국 시대에 일본에 들어온 소수의 외국인들을 통해 일부는 수출되기도 했다. 기타가와 우타마로喜多川歌麿의 작품이 중국에 수출되었다는 기록이 있고, 네덜란드 상선이라고 속이고 나가사키長崎에 들어온 미국의 배가 선물로 가지고 간 우키요에가 확인되기도 한다. 그리고 나가사키에 체재하던 네덜란드의 동인도회사 상관장商館長은 호쿠사이와 그의 제자에게 일본의 풍속을 그려 달라는 부탁을 하기도 했다. 네덜란드 상관의 의사로 근무하던 독일인 엥겔베르트 캠퍼E. Kaempfer가 같은 방법으로 가져간 우키요에가 네덜란드와 프랑스에 아직 남아 있기도 하다.

이상의 사례를 종합해 볼 때, 초기의 우키요에는 외국인들에게 미술품보다는 섬나라 일본에 대한 흥미로운 박물학·민속학 자료로 인식되고 있었다는 것을 알 수 있다. 따라서 우키요에를 미술품으로 인식하기 시작한 것은 좀 더 나중의 일이다.

일본이 공식적으로 처음 참가한 박람회는 에도시대 말인 1867년의 파리 세계만국박람회이다. 이때 우키요에가 출품되었는데 그중에는 니시키에錦絵 판화와 판본, 화첩과 두루마리 그림(에마키모노絵巻物)도 포함되어 있었다. 만국박람회에 출품된 것을 계기로 많은 외국인이 우키요에를 알게 되면서, 프랑스와 영국을 중심으로 일본 붐이 일어난다. 바로 자포니즘이다. 일본인 서양사학자 도다 마사히로東田雅博는 "당시 유럽에서 중국 붐, 즉 시누아즈리(仏: chinoiserie)

가 유행하고 있었기 때문에 그것이 자연스럽게 자포니즘으로 이어질 수 있었다" 고 설명한다. 시누아즈리란 중국을 의미하는 프랑스어 시누아Chinois에서 유래한 말로 17세기 초에 등장하였다. 중국뿐만 아니라 동아시아의 예술, 특히 장식·정원 디자인·건축·문학·연극 그리고 음악 등에 대한 유럽인들의 해석과 모방을 의미하는 시누아즈리는 중국 및 다른 동아시아 국가들과의 교역 확대로 18세기에 인기를 얻었다. 이 붐은 1750년부터 1765년까지 최고조에 달했다.

프랑스의 유명 소설가 겸 비평가인 에드몬드 곤쿠르E. Goncourt 등은 파리 박람회 이전에 이미 우키요에를 입수하였는데, 주로 에도시대 후기의 판화로 가쓰시카 호쿠사이나 우타가와 히로시게歌川広重의 작품들이었다. 그러나 1880년대 전반기에 이르면 이들보다 한 세대 전의 기타가와 우타마로喜多川歌麿나 도리이 기요나가鳥居清長의 작품이 알려지기 시작하였고, 이때부터 우키요에의 예술성을 높이 평가하는 분위기가 나타났다.

우키요에에 대한 관심은 프랑스를 중심으로 유럽 전체로 퍼져 나갔고, 파리에서 문을 연 우키요에 상점에는 수집가와 예술가들이 모여들었다. 당시 종교적 제재에 얽매여 있던 서양의 화단에서는 새로운 화풍을 갈구하는 분위기가 강했다. 그런 까닭에 서양 화단에서는 우키요에의 간결하고 강렬한 색상 그리고 자유로운 발상과 도안에 매료되었다. 지금까지 한 번도 본 적 없는 우키요에의 구도와 색채, 거기에다가 균질적이면서 쭉 뻗은 윤곽선은 참신한 자극이 되었다. 유럽의 화가들은 동양의 이국적인 미술에 높은 예술성을 부여하며 자신들의 예술에 색채감을 더해 갔다.

에드가 드가나 클로드 모네C. Monet, 빈센트 반 고흐V. V. Gogh나 폴 고갱P. Gauguin과 같은 화가들은 모두 우키요에 유전자를 계승한 신봉자들이었다. 특히 고흐는 수많은 우키요에를 수집하였다. 그는 다색인쇄 목판화의 평판에 음영, 즉 그늘이 없는 것을 보고 이것이 강렬한 태양빛으로 가득한 일본의 기후라고 생각하였고, 자신이 상상한 일본과 기후 풍토가 비슷한 프랑스 남부지방에 대해 동경심을 가졌던 것으로 알려져 있다. 우키요에와 관련된 작품으로는 고흐가 히로시게의 〈명소에도백경名所江戸百景〉을 모사模写한 그림이나 모네의 〈기모노를 입은 카미유〉가 유명하다.

이렇듯 우키요에는 19세기 말 유럽에 자포니즘을 유행시키는 계기가 되었다. 우키요에는 유럽 사회가 일본이라는 이문화를 받아들이는 과정에서 선택한 최적의 소재라고 할 수 있다. 이것은 서브컬처 유전자를 계승하는 일본의 만화와 애니메이션이 세계적인 관심을 끌고 있는 것과도 일맥상통한다고 할 수 있다.

고흐 작 〈탕기영감의 초상Portrait of Pere Tanguy〉에
배경으로 들어간 우키요에

### 3) 쿨 재팬Cool Japan

요즘 일본에서는 쿨 재팬이라는 말을 쉽게 접할 수 있다. 쿨 재팬이란 1990년대에 영국의 토니 블레어T. Blair 정권이 추진했던 쿨 브리타니아Cool Britania를 모방한 것으로, 재팬 쿨이라고도 부른다.

일본 정부는 외국인들에게 일본을 알리고 일본 문화에 호감을 가질 수 있도록 하기 위해 쿨 재팬 정보를 발신하여 일본 붐을 창출하고, 일본 문화의 해외 수출 촉진을 통해 외국인들이 편안하게 일본을 방문할 수 있는 여건을 만드는 등 1990년대 이후 장기불황에 빠져있는 침체된 일본의 경제 활성화를 위해 정부 주도의 '국가브랜드 전략'을 수립하고 있다.

일본 정부는 2010년 10월 내각부内閣府 산하 경제산업성 제조산업국経済産業省製造産業局에 쿨 재팬실을 개설하였다. 그리고 2012년 12월에는 각료 중에 복수의 겸직인 쿨 재팬 전략담당대신을 두고 일본 문화를 세계에 알리기 위해 노력하고 있다.

즉, 일본 정부가 추진하고 있는 쿨 재팬이란 세계인들이 호감을 가지고 '멋지다', '쿨하다'라고 하는 일본 문화를 세계로 발신하여, 세계인들에게 공감을 얻을 수 있도록 정부 차원의 문화정책을 개발하고 알리는 것을 말한다. 이를 통해 일본이라는 국가브랜드를 높이고 일본에 애정과 관심이 있는 외국인들이 일본을 방문하게끔 유도하려는 것이다.

그러나 이러한 정부 주도의 문화정책에 대한 비판의 목소리도 있다. 예를 들면, 만화·애니메이션은 개인 또는 동호인들끼리 즐기며 공유하는 대중문화인데 여기에 국가가 세금을 들여 성급하게 결과를 내려고 하는 것에 대한 반발 등이다.

쿨 재팬은 구체적으로 영화·음악·만화·애니메이션·드라마·게임 등과 같은 대중문화, 즉 하위문화 콘텐츠를 가리키는 경우가 많다. 또한 자동차·전자기기 등의 제품과 산업, 현대의 식문화·패션·아트·건축과 같은 고급문화를 가리키기도 한다. 그뿐만 아니라 무사도에서 유래한 무도武道·닌자忍者·전통요리·다도茶道·꽃꽂이華道·무용 등 일본의 전통문화 콘텐츠를 말하기도 한다. 국가브랜드 구축을 위해 동원된 이 일본 문화의 근원은 이미 역사 속에 고유 형태가 존재하고 있었으며, 이 문화들은 일본을 대표하는 요소로서의 역할을 충분히 담당하고 있는 것이다.

# 2

# 우키요에浮世絵와 출판문화

그림을 통해서 시대를 들여다본다는 것은 매우 흥미롭고 즐거운 일이다. 그리고 이해하기 쉽고 오래 기억된다. 일본은 오래전부터 전해 내려오는 이야기나 전설을 두루마리 형식의 그림으로 표현한 에마키모노(에마키라고도 함)가 발달하였다.

만화가이자 사회학자인 다케우치 오사무竹内オサム 교수는 일본인들이 만화를 보는 이유 중 하나로 모노가타리物語를 읽는 문화와 전통이 있다고 했다. 모노가타리는 헤이안平安시대부터 가마쿠라鎌倉시대에 걸쳐 발달한 산문 형식의 문학 작품을 말한다. 헤이안시대는 귀족 문화가 꽃을 피운 시기로 이 귀족들을 중심으로 장편의 모노가타리가 유행하게 된다. 그 배경에는 일본 문자인 히라가나와 가타카나가 만들어지면서, 어려운 한문이 아닌 가나仮名 문자를 사용하여 보다 자유롭게 생각과 감정을 표현할 수 있었기 때문이다.

무사의 시대인 중세가 되면서 모노가타리에는 무사들의 무용담을 담은 군기물軍記物 또는 군기모노가타리軍記物語가 추가된다. 에마키모노는 장편의 모노가타리를 두루마리 그림에 그려 놓은 것이기 때문에 에마키모노를 펼치면 한 편의 영화를 보는듯한 느낌을 받게 되고, 감동도 극대화된다. 아울러 당시의 일상생활을 그림을 통해서 알게 되는 것이다.

지금부터 소개하려는 우키요에는 에도시대의 생활 문화를 알 수 있는 귀중한 자료라고 할 수 있다. 당시의 모든 것이 그림에 담겨 있다고 해도 과언이 아니다. 이뿐만 아니라 우키요에는 만화나 애니메이션 그리고 출판문화의 발달과도 관련이 깊다. 일본인들의 높은 수준의 독서율과 다양한 장르의 출판물이 쏟아져 나오고 있는 배경에도 에도시대의 출판 붐이 있었다.

### 1) 우키요에란?

우키요에는 당시에 유행하던 여러 가지 풍속이나 가부키 배우·미녀·스모 선수 등 화제의 인물을 묘사하여 큰 인기를 끌었다. 에도시대는 중세와는 다르게 도시 상공인인 조닌을 중심으로 하는 서민 문화가 꽃피었던 시기로서, 우키요에는 대중들의 지지를 받으며 무사 사회와는 차별된 문화를 만들어 나간 대표적인 미술 작품이었다.

우키요에 가게

우키요에는 크게 육필화와 다색인쇄의 판화로 나누어진다. 육필 우키요에는 화가가 한 필 한 필 정성을 다하여 직접 그린 것인데, 숫자도 적고 진위 판정이 어려워 연구가 늦어지고 있기도 하다.

주로 부유한 계층으로부터 의뢰를 받아 그렸으며, 한정 제작으로 아무나 살 수 없는 값비싼 미술품이었다. 육필화는 형식상 병풍그림·두루마리·화첩·족자·부채 그림·에마絵馬·밑그림 판 등이 있으며, 도코노마床の間[2]용으로 그려진 벽걸이 그림이 많다.

우키요에 판화는 한 장짜리 브로마이드형과 책자형 두 가지로 나뉜다. 판화는 게이초慶長期 시기에 교토에서 스미노쿠라 소안角倉素庵[3]이 사가본嵯峨本[4]『이세모노가타리伊勢物語』에 삽화를 그려 넣으면서 시작되었다고 한다.

히시카와 모로노부菱川師宣의 미인화

2) 일본식 방의 상좌上座에 바닥을 한 층 높게 만든 곳. 벽에는 족자를 걸고, 바닥에는 꽃이나 장식물을 놓는다.

3) 에도시대 초기의 토목공업가·유학자·서예가·무역상.

4) 에도시대 초기에 행해졌던 활자본.

1658~1673년경부터 출판 산업의 중심은 교토에서 에도로 옮겨진다. 그리고 긴피라본金平本[5]과 각종 평론서가 나오면서 목판 기술은 한층 활기를 띠게 되고, 처음으로 히시카와 모로노부菱川師宣의 이름이 들어간 브로마이드형 우키요에가 출판된다.

우키요에는 정치·경제의 중심지인 에도로 무대를 옮기면서 상업 출판물로 성장한다. 대중의 입맛에 맞는 상품으로 생산된 까닭에 육필 우키요에와는 다른 느낌의 독특한 매력이 유행하게 된 것이다. 에도를 중심으로 발달한 우키요에는 서민들의 다양한 요구에 부응하는 형태로 발전해 나간다. 시기에 따라 선호하는 미인형도 바뀌었으며, 목판 인쇄 기술이 진보하고 사용하는 물감도 다양해졌다. 시대에 맞는 화공이 등장하고 사라지기도 했지만 우키요에는 대중문화의 숙명인 시대적 요구에 부합하면서 발전을 거듭해 갔다. 육필 우키요에는 화가가 혼신의 힘을 다해서 그려 내는 만큼 고가였기 때문에 부유층의 의뢰에 의해 만들어진 반면, 판화 우키요에는 철저하게 대중의 요구와 취향에 맞춰 제작되었다는 것이 차이점이라 할 수 있다.

미인화

다음은 우키요에의 종류와 기법에 대해서 알아보자.

미인화는 우키요에가 등장한 초창기부터 그려지기 시작하였다. 미인화의 주인공은 예능으로 남성들을 상대하는 여성들로, 이들은 미모뿐만 아니라 교양을 갖추고 춤과 노래로 사람들을 매료시켰다. 버들가지처럼 부드러우면서 가는 몸매, 몸에 걸친 화려한 기모노와 머리장식 등 우키요에 속의

5) 에도시대에 유행했던 긴피라 조루리(인형극)의 대본.

인물들은 남자들뿐만 아니라 여성들에게도 선망의 대상이었다.

미인화의 주인공은 이들뿐만이 아니었다. 찻집이나 가게의 종업원 가운데 미인이라고 소문난 여성들도 모델이 되어 큰 인기를 끌기도 했다. 당시의 미인화는 복식이나 헤어스타일 등 모든 면에서 지금의 패션잡지처럼 유행을 선도하는 중요한 미디어였다.

가부키 배우

에도 막부가 시작되고 약 100여 년이 지난 17세기 말 이후, 대도시로 발전한 에도·오사카에서는 조닌들을 위한 다양한 오락이 생겨나 자리를 잡아 갔다. 그 가운데 대표적인 것이 가부키歌舞伎이다. 지금도 그렇지만 당시에는 가부키 배우를 좋아하는 열혈 팬들이 많아 팬클럽이 만들어질 정도였다. 열혈 팬들은 자신이 좋아하는 배우의 우키요에 초상화를 브로마이드처럼 소장하거나 들고 다녔다. 인기배우의 초상화는 날개 돋친 듯 팔려나갔다. 18세기 후반에는 틀에 박힌 듯 개성 없이 그려지던 배우의 얼굴에 각자가 가진 개성이 섬세하게 표현되기 시작하면서 공전의 대히트를 치게 된다.

스모 선수

이뿐만 아니라 사원과 신사神社에서 펼쳐지는 스모 경기가 인기를 끌면서 건장한 스모 선수가 서민들의 또 다른 동경의 대상이 되었고, 이로 인해 경기 장면이나 대기실에서의 모습, 서 있는 모습 등도 그려졌다.

인물화뿐만 아니라 아름다운 풍경이나 유서 깊은 곳을 예술로 승화시킨 명소 우키요에도 있다. 관광 안내서나 그림엽서 형식으로 만들어진 명소 우키요에는 지금도 예술성이 높은 풍경화로서 세계적인 평가를 받고 있다.

우키요에가 대중소설의 삽화로 들어가면서 독자들은 소설의 내용을 훨씬 잘 이해할 수 있게 되고, 이와 같은 통속소설의 유행은 우키요에의 대량 생산과 함께 미술의 대중화 시대를 열었다고 할 수 있다.

우키요에가 삽화로 들어간 대중소설의 유행은 조닌 문학의 발달로 이어진다. 그런데 여기에서 한 가지 짚고 넘어갈 것이 있다. 독자들이 소설을 제대로 이해하기 위해서는 글을 읽어 낼 수 있는 능력이 있어야 한다는 것이다. 따라서 출판문화의 발달은 높은 식자율識字率과 연동됨으로써 가능하였다. 식자율에 대해서는 '우키요에와 출판'에서 알아보기로 하자.

출판문화의 발달은 우수한 목판화 전문가를 배출하였다. 특히 판화 우키요에가 발달하게 된 이유 중 첫 번째로 대량 생산을 꼽을 수 있다. 두 번째, 우키요에 화가들의 판화는 전대의 어용화가들에 비해 전문적인 기교와 기법에 미숙해 육필화에는 적당하지 않았다. 세 번째는 칼을 사용해 파내는 예리하고 긴장된 선의 묘사를 통해 판화 자체가 갖는 특이한 미를 발견했다는 점이다.

판화 우키요에는 밑그림을 그리는 화가인 에시絵師, 그 밑그림을 파는 조각

후지산을 바라보며 지나가는 여행객(왼쪽)과 석양에 비친 후지산(오른쪽)

가 호리시彫師, 마지막으로 물감을 바르는 스리시摺師의 분업에 의한 공동 작업으로 이루어진다.

### 2) 우키요라는 명칭

헤이안시대 말부터 가마쿠라鎌倉시대까지는 염세적인 불교의 영향으로 말법末法사상이 유행하였다. 이 시기는 전란이 발생하고 역병이 창궐했으며, 기근이 빈번했던 까닭에 불교에서 말하는 말법의 시기에 해당된다는 것이다. 말법이란 말세末世라는 말로 사용되기도 한다.

불교에서는 세상을 정법正法·상법像法·말법의 시대로 나누는데, 정법의 시대는 부처님의 불력이 그대로 미치는 세상으로 극락정토와 같은 세상을 의미한다. 상법의 시대는 극락정토만큼은 아니지만 그래도 살만한 세상인 데 반해, 말법의 시대는 부처님의 불력이 전혀 먹히지 않는, 말 그대로 말세를 말한다.

그 당시 일본은 불교의 계산법으로 말하자면 말법의 시대였다. 세상이 혼란스럽고 전쟁이 빈번해지고 재해가 다발하면서 사람들은 지금 살고 있는 현세現世보다는 죽어서 가는 내세来世에 관심을 가지기 시작하였다. 이렇게 해서 극락정토를 염원하는 정토浄土신앙이 유행하게 된다. 그래서 당시 사람들은 지금 살고 있는 현세를 근심과 걱정이 만연한 덧없고 무상無常한 세상이라고 생각하고, 근심·우울하다는 의미의 한자 우憂 자를 써서 우키요憂き世라고 불렀다.

그러나 세월이 흘러 근세가 되면서, 서민들의 삶은 이전과는 비교가 되지 않을 정도로 변화하게 된다. 서민들이 문화 활동의 주체가 되었으며, 현재 살고 있는 세상을 행복하고 살만하다고 여기기 시작한다. 전쟁과 역병이 창궐하고 암울했던 중세와는 달리 근세에 이르러 세상은 바뀌었고, 인생은 즐겁고 행복한 것이라고 생각하게 된 것이다. 그에 따라 현실을 나타내는 글자가 마치 구름 위를 걷는 듯이 가볍고 즐거운 마음으로 사는 세상이라는 의미의 우키요浮世로 바뀌었다. 아울러 근세의 우키요는 '현재 유행하는 것' 또는 '현세풍'이라는 의미로도 사용되었다. 그래서 당시 유행하는 물건에 이 말을 붙여서 사용하기도 했는데 예를 들면, 우산은 우키요카사傘, 모자는 우키요보시帽子, 대중들이 즐겨 보던 그림은 우키요에로 불렸다.

현실세계를 우키요라고 인식하게 되었던 이유는 서민계급의 성장과 밀접한 관계가 있다. 도쿠가와 평화라는 말이 있듯이 에도시대는 전란이 사라지고 상업이 발달하면서 경제력을 갖춘 서민, 즉 조닌들이 문화 활동의 주체가 되었다.

17세기 말~18세기 초가 되면 지금까지 볼 수 없었던 다양하고 활발한 문화 현상들이 교토와 오사카大阪 그리고 에도를 중심으로 나타나기 시작한다. 역사와 전통의 교토와 전국의 물류가 모이는 오사카 등을 기반으로 하는 도시 문화, 의식주를 중심으로 나타난 사치적 풍조의 생활 문화, 극장이나 출판과 같은 매스미디어가 위주가 된 대중문화가 조닌들 사이에서 유행하게 된 것이다. 이러한 경향은 대체로 '근세적'이라는 특색을 띠고 있다. 이 조닌 문화는 17세기 초중반에 나타났던 마치슈町衆라 부르는 부유한 상인 계급을 모델로 하면서, 그들이 탐닉했던 고전 지향·귀족적 취미에서 벗어나 대중적으로 발달해 나간다.

당시의 조닌들은 사농공상士農工商이라는 엄격한 신분제 사회에서 마치 그 신분적 한계를 비웃기라도 하듯이 현실을 최대한 즐기고 만끽할 수 있는 취미나 오락에 탐닉하였다. 이렇게 서민들이 주체가 되어 나타난 행동 문화를 조닌 문화라 부른다. 조닌 문화는 대중문화의 에도시대 버전이라고 할 수 있다.

### 3) 우키요에, 에도시대의 대표적인 서민 문화

누구나 강렬한 인상과 함께 자신만의 뇌리에 남아 있는 그림이 있을 것이다. 일본인들 가운데 우키요에를 모르는 사람은 거의 없다. 지금도 기념우표 등 여러 가지 디자인에 사용되고 있어 일본인들의 일상생활과도 친숙하다.

우키요에는 에도시대 서민들의 사랑을 받으면서 발달한 회화로 지금의 신문·잡지·그림책·포스터·브로마이드·전단지처럼 대량 생산되었고, 보고 난 다음에는 휴지 조각처럼 버려지는 소모품이었다. 심지어는 달력으로 사용되거나 퍼즐 게임처럼 이용해 즐기기도 하였다. 이처럼 우키요에는 긴 세월 동안 대량 생산되었지만 출판된 양에 비해 남아 있는 것은 적고, 미술사적인 평가도 높지 않았다.

'조닌 문화는 유치하다'는 말처럼 하층계급의 미술로 무시되어 온 우키요에는 제2차 세계대전 이후에 들어가면서부터 그 가치를 인정받게 된다. 근대에는 일본인들이 서구의 문화에만 눈을 돌리고 자국의 문화에 관심을 갖지 않았기 때문이었다.

도쿠가와 이에야스德川家康가 에도 막부를 연 것은 1603년, 이후 100여 년간은 고도 성장기로 에도의 인구가 2배에서 3배로 증가하였다. 오랜 전란의 시대가 끝나고 평화가 도래한 결과였다. 막부가 전쟁으로 소모되던 노동력을 토목 건설과 같은 사회 기반 시설 확충으로 돌리고, 농업 생산성 향상에 집중하면서 비약적인 사회발전이 이루어진 것이다. 생활 기반이 안정되고 경제적인 여유가 생기면서 사람들의 생각과 생활에도 여유가 생겨났다. 지금까지는 서민들이 멋스럽게 문예 활동을 즐기거나 교양 생활을 한다는 것이 불가능했지만, 이제는 그들도 문예 활동과 취미 생활을 통해 인생을 즐길 수 있게 되었다. 이때 서민들의 지적 호기심을 충족시켜 준 것 중 하나가 바로 대량 생산에 의한 인쇄물이었다. 이전까지는 문자나 그림을 직접 손으로 옮겨 적거나 그리는 사본写本 문화가 중심이었지만, 인구가 증가하고 수요가 늘어나면서 목판으로 인쇄한 제본이 대량 생산되었던 것이다.

가나로 쓴 소설인 가나조시仮名草子에서 출발한 서민 문화는 에도시대 중기 이후 사회의 변화 속도에 따라 빠르게 발달되었고, 이와 더불어 정보를 전달할 수 있는 미디어 출판도 활발해졌다. 우키요에 또한 세태를 소재로 한 구어체 대중소설인 가나조시의 삽화로 시작하여, 나중에는 한 장짜리 그림으로 발전해 나갔다. 초기의 우키요에는 붉은색을 사용한 소박한 필채筆彩판화로 베니에紅絵라 불렸으나, 이후 다색판화인 니시키에가 등장하게 된다.

베니에(왼쪽)와 니시키에(오른쪽)

그런데 풍요의 시대라고는 하지만 인쇄물, 특히 책은 가격이 비싸 서민들이 쉽게 구입하기 어려웠다. 그래서 자연스럽게 생겨난 것이 책 대여점이었다. 책 대여점은 점포형과 이동식으로 나뉜다. 이동식 책 대여점은 에도 시내뿐만 아니라 수요가 있는 곳이라면 어디든지 있었다. 지방의 책 대여점에서는 단골고객에게 에도에서 유행하는 우키요에를 사은품으로 나누어 주기도 했다. 책에 비해 저렴한 한 장짜리 우키요에는 서민들에게 대단한 인기를 얻었다.

우키요에는 서민들뿐만 아니라 다이묘들까지도 그 매력에 빠져들게 만들었다. 지금의 신문이나 잡지 혹은 TV처럼 누구나 알 수 있는 보편적인 내용이 쉽게 표현되어 있었기 때문이다. 에도에서 발달한 우키요에가 많은 사람에게 사랑받고, 전국으로 퍼져 나간 이유는 간단하다. 에도에는 지방에서 온 사람들이 많았다. 대부분이 상인들과 산킨코타이参勤交代 제도를 수행하는 무사들이었는데, 이들이 고향으로 돌아갈 때는 선물로 우키요에를 사 갔다. 우키요에는 에도 사람들만의 전유물이 아니라 중앙의 정보를 지방에 전해 주는 미디어 역할도 했던 것이다.

초기에는 유녀遊女나 게이샤芸者 또는 가부키歌舞伎 배우에 대한 정보가 많았지만 우키요에의 저변이 확대되면서 소재도 다양해졌다. 막말幕末이 되면 정치·경제·의학·스포츠·패션·여행·음식에 이르기까지 일상생활의 거의 모든 것이 우키요에로 표현될 정도였다. 예컨대 '뉴긴모노入銀物'라는 것이 있다. 이것은 지금의 광고와 같은 것인데, 유명 기모노 가게의 신상품을 소개한다거나 명주銘酒·신약新薬·화장품·음식점 등을 모티브로 하는 것들이었다. 대표적인 것으로는 시리즈로 나온 우타가와 히로시게의 〈에도코메이카이테이즈쿠시江戸高名会亭尽〉가 있다. 이 작품은 대형 우키요에로서, 에도의 유명한 요릿집을 그린 것으로 총 30장으로 구성되었다.

부채 그림에도 뉴긴모노가 많이 사용되었다. 부채는 지금도 일본인들이 많이 가지고 다니는 액세서리로, 당시 광고용으로는 최고였다. 지금 남아 있는 부채 그림은 부챗살에 붙이기 전의 것으로 부채 가게나 인쇄업체에서 가지고 있던 보관용이 대부분이다. 그러나 이것도 현재 일본에 남아 있는 것보다는 막말과 메이지시대에 외국으로 유출된 것들이 많다.

자포니즘에서 소개한 것처럼 우키요에는 일본인들뿐만 아니라 수많은 외국인에게도 사랑을 받았다. 그 이유는 미술품으로서의 소장 가치뿐만 아니라 누구나 쉽게 알 수 있는 소재를 사용하고 있기 때문이다. 예를 들면, 가쓰시카 호쿠사이의 〈후지 36경 가나가와 앞바다의 파도富嶽三十六景 神奈川沖浪裏〉는 세계적으로 유명하다.

이 우키요에에는 파도와 사람을 태운 배 그리고 신을 의미하는 후지산이 그려져 있다. 큰 파도를 헤치고 나가는 사람들의 자연에 대한 도전과 극복 과정을 신이 바라보고 있는 것과 같은 구도는 누구든지 쉽게 이해할 수 있을 것이다.

가쓰시카 호쿠사이의 〈후지 36경 가나가와 앞바다의 파도〉

우키요에는 일상생활의 모든 것을 소재로 그려 내고 있기 때문에 각자의 관심과 흥미에 따라 어느 각도에서든 즐길 수 있는 장점을 가지고 있다. 따라서 '우키요에는 어떻게 감상해야 한다'는 원칙이 따로 있는 것은 아니다. 문자보다 더 생생하게 일상생활을 표현하고 있어 이해하기 쉽고 오래 기억된다. 이 점이 만화나 애니메이션과 결을 같이하는 부분이기도 하다.

## 4) 저렴한 우키요에

한 장 가격이 소바 한 그릇 값이었던 우키요에의 매력은 선명한 빛깔이다. 지금도 서점이나 헌책방에 가면 500엔 정도의 저렴한 가격에 우키요에를 구입할 수 있다. 우키요에는 전시 미술품처럼 액자에 넣어 먼발치에서 바라보는 것이 아니라 손에 들고 보는 것이었다. 그러나 지금은 액자에 넣어 미술관이나 가정에서 걸어 놓기도 한다.

회화는 예전의 생활과 풍속을 고증하는 데 아주 중요한 자료로 활용된다. 그런 점에서 다양한 형태로 남아 있는 우키요에는 에도시대의 생활상을 구체적으로 살펴볼 수 있는 최적의 자료라고 할 수 있다.

## 5) 우키요에와 출판

앞에서도 설명했듯이, 에도시대가 되면 대중을 상대로 엄청난 양의 통속 출판물이 쏟아진다. 이것은 당시 많은 일본인이 문자를 이해했기 때문에 가능한 일이다. 실제로 에도시대에는 글을 읽고 쓰는 것은 물론이고, 계산 능력까지 갖춘 서민들이 많았다. 역사소설가인 시바 료타로司馬遼太郎는 『메이지라고 하는 나라明治という国』에서 에도시대의 식자율이 적게는 70%에서 많게는 90%가까이였다고 말한다.

식자율이 높았던 이유로 우리의 서당과 비슷한 데라코야寺子屋를 꼽을 수 있다. 전국에 1만여 개 이상 있었다고 하는 데라코야의 교사는 승려나 유학을 공부한 무사·의사들이었는데, 이들은 부업 형태로 동네의 아이들을 모아 읽기·쓰기·계산하는 법 등 실생활에 필요한 과목을 가르쳤다. 막부에서는 서민들의

데라코야

사설 교육에 대해서 금지나 제재를 가하지 않았다. 이런 교육 인프라가 있었기 때문에 당시 일본은 세계적으로도 식자율이 높은 나라가 될 수 있었다.

1882년에는 일본인의 문맹률 조사가 각지에서 행해진다. 2008년에 간행된 리처드 루빈저R. Rubinger의 연구서 『일본인의 리터러시 - 1600~1900년日本人のリテラシー - 1600-1900年』[6]에 따르면 1882년의 시가滋賀현 여성의 문맹률은 50%로 상당히 낮았고, 남성은 10%에 불과하였다. 반면, 같은 시기의 가고시마鹿児島현은 시가현과 비교하면 문맹률이 높은 편으로 읽고 쓰기가 가능한 남성은 30% 정도, 여성은 5% 전후였다고 한다.

일본이 근대화에 성공할 수 있었던 이유 중 하나로 높은 식자율을 들기도 한다. 하지만 이 식자율이 전국적으로 균일하게 높았던 것은 아니었다. 메이지明治 시대 전기까지 교토 주변·도카이東海(도쿄-교토로 이어지는 해안선)·세토 내해瀬戸内海는 식자율이 높았고, 동일본이나 도호쿠東北·남규슈九州 지역은 낮았다.

---

6) ルビンジャー·リチャード著·川村 肇 訳, 『日本人のリテラシー - 1600-1900年』, 柏書房, 2008.

1850년경까지 지구상에서 인구의 절반 이상이 글을 읽고 쓸 수 있던 나라는 얼마 되지 않는다. 더구나 인구의 80% 이상이 글을 읽고 쓸 수 있는 나라는 많지 않았다. 유럽에서는 스웨덴·독일(프로이센)·스코틀랜드 정도였다. 다음으로 잉글랜드가 70%가 채 안 되고, 프랑스·오스트리아·헝가리 제국도 60% 미만이었다. 이탈리아나 스페인은 이보다도 더 낮아 글을 읽고 쓸 수 있는 사람은 인구의 25% 정도에 불과하였다. 가장 낮은 나라는 러시아로 문맹률이 90% 이상이었다고 한다.

이탈리아 경제학자 카를로 치포라C. M. Cipolla에 따르면 식자율은 나라마다 차이가 나는데, 유럽은 남쪽으로 내려갈수록 식자율이 낮아진다고 하였다. 그 이유로 종교와 사회·경제적 상황을 들고 있다. 종교적으로 북유럽은 프로테스탄트Protestant[7]가 많고 남유럽은 가톨릭교도가 많은데, 가톨릭에서는 성서를 꼭 집에만 두지 않는다. 일요일에 교회에 가면 성서가 있는 데다 사제가 그리스도의 가르침을 말씀으로 하기도 하였다.

반면, 독일이나 북유럽은 프로테스탄트 국가이다. 프로테스탄트는 집에 있는 성서를 스스로 이해하지 않으면 안 된다. 교회를 다니지 않고 성서의 가르침을 스스로 익히는 것으로, 신과 자기 자신을 일대일 관계로 만드는 것이 프로테스탄트의 특징이다. 그렇기 때문에 어릴 때부터 확실하게 읽고 쓰기를 가르치고 있었다는 것이다.

그리고 남유럽이나 동유럽으로 갈수록 대지주에게 종속되어 농사를 짓는 농노제[8]사회로서 독자적인 자영 농민의 비율이 낮았다. 대지주의 요구대로 움직이는 농노들은 문자를 읽고 쓸 수 있는 교육을 받을 수 없는 상태였고,

---

7) 16세기 종교개혁 이래 로마 가톨릭 교회에 항의하여 분리한 그리스도교의 각 파.

8) 노예 〈 농노(농업 노동자) 〈 농민

그런 까닭에 러시아나 동유럽은 식자율이 낮았다. 현재도 유럽 국가들 중에서 일찍이 식자율이 높은 나라들이 소득이 높다. 1850년대, 즉 160여 년 전의 식자율의 차이가 그대로 경제 격차로 굳어져 오늘날까지 이어지고 있는 것이다.9)

지금까지 유럽 국가들의 식자율에 대해서 소개하였다. 다시 일본으로 눈을 돌려 보면, 일본에서는 교토 근방의 식자율이 가장 높았던 것으로 보인다. 그 이유는 중세시대 소손惣村10)의 출현과 깊은 관계가 있다. 이 소손에서는 구성원인 마을 사람들이 스스로 마을의 규율과 규범을 정해서 강력한 자치를 행사하고 있었다.

이 소손에는 자치를 위한 규약이 있었다. 700년 전인 가마쿠라시대 때부터 신분이 높은 농민들을 주축으로 규율서가 만들어졌다. 즉 소손의 제정법을 농민이 정하고 그 조문을 문자로 만들어 모두 함께 읽으며 자치를 행하는 사회였던 것이다. 게다가 이 공동 문서를 통해 농촌의 질서가 600여 년 이상 계속되었다. 이처럼 마을마다 오래된 고문서를 기반으로 하여 마을 사람들이 살아가는 사회는 흔하지 않다.

메이지 정부가 근대화를 성공시키기 위해 국민교육에 상당한 노력을 기울였다는 것은 잘 알려진 사실이다. 국민들의 지적 수준이 그만큼 높았기 때문에 외래문화를 받아들이고 이해하는 데 필요한 노력과 비용을 최소화할 수 있었으며, 국민교육에 필요한 시간을 최대한 단축시킬 수 있었다는 것이다. 이는

---

9) 磯田道史, 『歴史の読み解き方』, 朝日新聞出版, 2013, pp.112~113.

10) 14~15세기의 농촌에서는 전란으로부터 스스로를 지키고 다이묘와 무사에 대항하기 위해 소惣 또는 소손惣村이라고 부르는 자치적 농촌 집단이 발달하였다. 따라서 이 시기를 피지배계급인 농민들이 스스로 자신과 공동체의 재산과 권리를 지키고 보호한다는 의미에서 '자력구제自力救済의 시대'라고 부르기도 한다.

설득력이 있는 주장이라고 생각된다.

다시 에도시대의 출판 상황으로 돌아가 보면, 에도시대에는 간단한 뉴스 속보인 가와라반瓦版,[11] 각종 순위 리스트인 반즈케番付,[12] 정교한 판화인 우키요에 등의 다양한 출판물이 서민들에게 읽을거리를 제공하였다. 출판 강국으로서의 기반이 에도시대에 이미 구축되었던 것이다.

당시 출판계의 동향을 살펴보면, 처음에는 중국이나 일본의 고전과 불교서적 등을 위주로 하는 학자나 승려·의사 등 소위 지식인 대상의 출판물이 대부분이었다. 그러다가 17세기 말경이 되면 주요 독자층은 서민으로 바뀐다. 출판물의 종류도 세상살이를 다룬 오락성이 짙은 문학을 비롯해 도시의 안내서·서민 교육용 교과서·취미 서적·심지어는 포르노그래피까지 대중을 타깃으로 하는 서적이 베스트셀러가 된다.

반면, 소수의 지식인들에게 읽혔던 고전이나 경전 같은 딱딱한 서적은 차차 출판물의 중심에서 멀어지게 된다. 같은 불교 서적이라 하더라도 원서는 경원시되고, 오히려 그 교의를 평이하게 해설한 서적이 인기를 끌었다. 이와 같은 분위기 속에 17세기 중반에 들어서면서 출판계가 급속하게 성장하게 되었다. 출판의 중심이었던 교토에는 70~80곳의 출판사가 있었다고 한다. 그리고 그곳에서는 연평균 170권 정도의 신간이 발행되었다. 17세기 전반기에 연간 30권 안팎의 신간이 발행되었던 것과 비교하면 약 반세기 만에 60%에 가깝게 성장한 것이다.

에도시대의 출판문화를 견인한 것은 목판 인쇄였다. 하지만 처음부터 목판 인쇄가 성행하였던 것은 아니다. 일본에 금속활자 기술이 들어온 것은 에도시

---

11) 에도시대에 기와나 나무판으로 인쇄한 대중신문.

12) 연극이나 스모 등의 프로그램을 인쇄한 것이다.

대 직전으로, 조선으로부터 활자 인쇄 기법이 전해졌다. 금속활자 인쇄는 목판 인쇄보다 훨씬 선명하고 우수한 기법이었다. 에도시대 초기에는 이 선명한 활자 인쇄를 통해 우아한 표지나 속표지, 도안 같은 겉모양이 화려한 고급 서적이 출판되었다. 그러나 이 활자 인쇄도 출판의 대중화가 진행되면서 선명하진 않아도 많이 찍어 낼 수 있는 목판 인쇄에 자리를 양보하고 사라져 갔다.

당시의 활자 인쇄는 출판 부수가 겨우 수십 부에 불과하였다. 물론, 목판 인쇄도 오늘날의 수준에서 보면 발행 부수는 미미해서 통상 초판이 200~300부에 그치는 수준이었다. 그렇지만 활자 인쇄의 수십 부와 비교하면 상당히 많은 것이었다.

베스트셀러가 되면 수천 부에서 많게는 만 부 정도까지 증쇄되었다. 이와 같은 증쇄도 역시 17세기 말 이후에 나타난 현상이다. 출판의 초판 부수가 제한적이었던 만큼 책 한 권당 가격은 그 당시 물가 수준으로 볼 때 상당히 고가였다.

그러나 유복하지 않은 서민이라도 책을 빌려주는 대여 책방을 이용해서 책과 친해질 수 있었다. 가게를 차려 놓고 책을 빌려주는 곳도 있었지만 마치 이동도서관처럼 책을 잔뜩 짊어지고 다니면서 빌려주는 행상 책방이 많았다. 이들 가운데는 농촌에까지 행상을 나가는 사람도 있었다. 책이 널리 서민 사이에 퍼지게 된 것은 이런 대여 책방의 역할이 적지 않았다.

그렇다고 해도 출판이 지금처럼 자유롭지만은 않았다. 막부는 풍기문란을 단속한다는 이유로 출판에 여러 가지 제약을 가했다. 이 때문에 발매 금지가 될 만한 책은 애당초 인쇄를 하지 않았고, 사본으로 책을 빌려주는 가게를 통해서만 유포되었다.

에도시대의 대여 책방

## 6) 우키요에와 출판 규제

도쿠가와 막부는 체제 보전을 위해 정치를 비판하는 발언에는 극단적으로 신경을 곤두세웠다. 특히 서민들의 미디어 역할과 기능을 담당했던 우키요에의 출판에는 내용도 검열하였다. 18세기 초인 1716~1736년경에는 금지 내용까지 구체화되었다.

금지의 내용은 아래와 같다

一、막부체제를 비판하는 언론·사상·이교異教를 찍어 내는 행위

二、오다 노부나가織田信長·도요토미 히데요시豊臣秀吉 정권 이후의 무가에 대해서 기술하는 행위

三、사회에서 일어난 사건이나 유행 혹은 막부를 비판하는 행위

四、돈을 많이 들인 호화판 인쇄물

五、춘화나 호색물 등 풍기를 어지럽히는 내용물

출판사는 서민의 요구와 유행을 따르느라 자주 금지령을 어겼다. 그 때문에 막부는 서민을 대상으로 금지령을 공포하는 고시문을 내걸고 기강을 바로 잡기 위해 출판사·극작가·우키요에 화가를 처벌하기도 했다. 예를 들면 우타마로가 금지령을 어기는 바람에 포승줄에 묶이는 데구사리手鎖 50일에 처해졌고, 출판업자 쓰타야 주자부로蔦屋重三郎는 샤레본洒落本인 『시카케분코仕懸文庫』 등을 출판하는 바람에 재산의 반에 대해 몰수 처분을 받았으며, 우타가와 구니요시歌川国芳[13]는 그림 내용 때문에 취조를 받기도 했다.

우키요에는 봉건체제하에 언론의 자유가 없었던 서민들이 굳세고 힘차게 표현했던 휴머니즘의 산 역사이다. 1790년에는 개인改印 제도가 시행되면서 출판은 막부 직속 마치부교町奉行[14]의 관리하에 놓이게 되고, 출판사는 인쇄물로 만들기 전에 밑그림을 미리 제출해서 허가를 받아야 했다. 이 출판 허가 도장을 개인이라 한다. 이 제도는 1875년 메이지 신정부에 의해 개정될 때까지 86년간 계속되었다. 개인의 도장은 시대에 따라 바뀌었기 때문에 아이러니하게도 지금은 출판물의 제작 연대를 고증하는 중요한 단서가 되고 있다.

## 7) 우키요에 판화의 '첫 인쇄'와 '후 인쇄'

우키요에 출판과 관련해서 '첫 인쇄'와 '후 인쇄'라는 말이 있다. 이 말은 에도시대 초기부터 있었던 것은 아니다. 우키요에 판화가 예술 작품으로서 인식되기 시작하면서 인쇄의 품질을 평가하는 기준으로 사용하게 되었다. 우키요

13) 우타가와歌川 학파의 훌륭한 스승이자 대표적인 우키요에 화가로 인정받았다.

14) 에도시대의 관직명. 시중의 행정·사법·소방·경찰 등의 직무를 이행하였다.

에가 초기 단순 인쇄물로 간행되던 시대에는 인쇄의 질 여부는 크게 문제가 되지 않았으나, 메이지 말기가 되어 유럽 화가들이 예술 판화를 감정하던 방법이 도입되면서 기준이 만들어졌다.

에도시대에는 추가 주문된 인쇄는 인쇄사 한 사람에게 맡기는 것이 관례였다. 첫 인쇄처럼 충실하게 찍을 의무는 없었고, 급한 경우는 색판色版을 줄이는 꼼수를 부리기도 했다. 심지어는 인쇄사의 기억이나 취향에 따라 적당하게 색을 배합하여 찍어 내기도 했다.

여기에 판매량을 높이려는 출판사의 의도가 더해지면서 쓸쓸한 가을 경치가 밝은 봄 경치로 바뀌기도 하고, 따분한 화면이 화려하고 튀는 색깔로 고쳐지기도 했다. 그 때문에 전혀 다른 작품이 되는 경우도 많았다. 이처럼 '후 인쇄'를 포함해서 '첫 인쇄'를 의도적으로 바꾼 것을 이판異版이라고 한다.

작품에는 현대의 판화처럼 번호가 표기되어 있는 것도 아니고, 화가의 직필 사인이 있는 것도 아니었다. 첫 인쇄인지 아닌지는 여러 동일 작품을 놓고 원판의 선명도나 출판의 세련도, 색판의 손상도 등의 방법으로 검토할 수밖에 없었다. 유명한 작품집들이 '첫 인쇄'인지 아닌지를 확실하게 알 수 없는 것이 우키요에 연구의 현황이다.

지금은 방대한 양을 찍어 내면서 오랫동안 등한시되고 소실된 우키요에를 기록·보존하는 노력이 필요하며, 우키요에 화가가 어떤 의도로 예술을 표현하려고 했는지 바로 알기 위해서라도 '첫 인쇄'에 대한 연구가 중요시된다.

마지막으로 우키요에가 출판되기까지의 과정을 알아보기로 하자. 우키요에 하면 호쿠사이, 히로시게 등의 이름이 떠오르지만 화가 혼자 우키요에를 제작하는 것은 아니다. 우키요에는 출판사·화가·조각사·인쇄사 등의 4자 협동으로 이루어진다. 제작 순서는 다음과 같다.

① 출판사는 기획을 하고, 화가에게 그림을 의뢰한다.

② 화가는 먹색으로 선을 그어 밑그림을 그린다.

③ 출판사는 밑그림을 출판물을 관리·감독하는 담당자에게 제출하여 출판 허가 날인을 받고 조각사에게 넘긴다.

④ 조각사는 밑그림을 벚나무 판목에 뒤집어 붙이고, 원판을 조각한다. 이때 화가가 그린 밑그림은 조각도로 조각되어 없어진다.[15)]

⑤ 인쇄사는 원판의 선 그림을 10장 정도 인쇄하여 화가에게 넘긴다.

⑥ 화가는 각 색판별로 색을 지정한다. 그리고 세부적인 그림을 그려 넣는다.

⑦ 조각사는 지시에 따라서 색판을 조각한다.

⑧ 인쇄사는 화가의 지시대로 시험 인쇄를 한다.

⑨ 인쇄사는 화가의 OK 사인이 떨어지면 200장(인쇄사가 하루에 찍어낼 수 있는 양)을 인쇄한다. 많이 팔릴 것 같으면 처음부터 200장 이상을 생산한다.

⑩ 에조시絵草紙 가게에서 판매를 개시한다.

15) 우키요에 판화는 채색된 원화의 복제가 아니며, 화가는 판화를 목적으로 판화용 그림을 그린다.

# 3

# 만화·애니메이션

일본을 '만화왕국' 또는 '애니메이션 강국'이라 하는데 이것은 일본 문화를 선도하는 중요한 카테고리이다. 만화와 애니메이션이 쿨 재팬을 대표하는 문화콘텐츠로 자리매김할 수 있었던 동력은 무엇일까? 아마도 일본인들이 어렸을 때부터 만화와 애니메이션을 보면서 성장했기 때문일 것이다. 만화와 애니메이션이 전후에 들어와서 일본을 대표하는 대중문화가 된 것이라고 생각하는 사람이 많지만 사실은 그렇지 않다. 만화나 애니메이션은 이전부터 일본인들의 일상생활 속에 자리 잡고 있었다. 만화와 애니메이션에 관한 유년 시절의 추억을 중년이 되어서도 간직하는 일본인들조차 그 역사가 오래되었다는 사실을 모르고 있는 것은 놀라운 사실이다.

역사가 오래되었다는 것은 일본인들의 만화와 애니메이션에 대한 애정이 그들의 유전자 속에 내재되어 있다는 의미이다. 즉, 이미 오래전부터 일본인들은 만화와 애니메이션에 대해 선先경험을 하고 있었으며, 그 경험에서 얻은 즐거움이 후손들에게 계승되고 있는 것이다.

그렇다면 '만화나 애니메이션이 옛날에도 있었다는 말인가?'라는 의문을 가질 수도 있다. 그 의문의 해답은 우키요에에서 찾을 수 있다. 우키요에는 애니메이션의 제작 기법과 매우 유사하다. 만화와 애니메이션이 현대에 만들어진 대중문화가 아니라는 사실도 놀랍지만, 이들의 근원이 되는 우키요에와 유사하다는 사실은 굉장한 임팩트를 선사한다.

## 만화는 소통 수단

만화를 통해 일본 문화를 알게 되고, 일본에 관심을 가지게 되었다고 하는 외국인이 많다.

2012년 두 명의 외국인 유학생이 도쿄 시부야渋谷에서 107명의 일본인을 대상으로 아래와 같은 설문조사를 한 바가 있다.16)

- 질문 1: 만화를 보느냐?
- 대답
  1. 잘 본다: 48명 2. 가끔씩 본다: 56명 3. 전혀 안 본다: 3명
- 질문 2: 만화의 매력은 무엇인가?
- 대답
  "빨리 읽을 수 있으며, 머리에 잘 남는다" (10대 남성)
  "빠져들며 감동하기도 하고, 눈물을 흘리기도 하며, 즐겁다" (10대 여성)
  "회사 동료에게서 빌려 보고, 같이 얘기를 한다" (회사원 남성)
  "두 사람 모두 만화를 좋아해 (만화에 대해) 대화한다" (딸을 가진 여성)

위의 설문조사에서 알 수 있듯이 대부분의 일본인은 만화를 본다. 그리고 회사 동료들끼리, 엄마와 딸이 만화를 통해 소통한다는 사실을 알 수 있다.

상대방의 경험과 추억을 공유할 수 있으면 그 만남은 상대에게 호감을 줄 수 있다. 그리고 사람들이 공통적으로 경험하는 대중적인 관심사를 알게 되면 서로 쉽게 소통하며 친해질 수 있다. 이 대중적인 문화코드 중 하나가 만화와 애니메이션이다.

---

16) 堤 和彦,『NHK COOL JAPAN かっこいいニッポン再発見』, NHK出版, 2013, pp.53~54.

예를 들면, 일본 만화의 신이라 불리는 데즈카 오사무手塚治虫의 〈우주 소년 아톰〉이라는 만화가 있다. 1952년 4월부터 1968년까지 만화잡지 《소년》에 연재되었으며, 1963년부터 1966년까지 후지TV에서 일본 최초의 30분짜리 애니메이션으로 방영되었다. 평균 시청률이 30% 이상 되는 인기 애니메이션이었다.

21세기의 미래를 무대로 원자력을 에너지원으로서 움직이는 소년 로봇 아톰이 사람과 동등한 감정을 가지고 활약한다는 이야기이다. 현재의 일본 로봇 공학자 가운데는 어린 시절 〈우주소년 아톰〉을 보면서 로봇 공학자가 되기를 꿈꿨다는 사람이 많다고 한다.

또 하나는 1997년부터 지금까지 《주간 소년 점프》에 연재 중인 오다 에이치로尾田栄一郎의 만화 〈원피스〉이다. 해적왕을 꿈꾸는 소년 몽키 D. 루피를 주인공으로 한 해양 모험 낭만만화인 이 작품은 만화나 애니메이션뿐만 아니라 모바일 게임·드라마·영화, 심지어는 소설로도 출판되고 있다. 이처럼 일본은 전 연령층이 만화나 애니메이션의 영향을 받고 자랐으며, 이에 대한 추억을 가지고 있다.

### 1) 만화와 일본인

스마트폰의 보급으로 예전 같지는 않지만, 그래도 외국인들이 일본에 갔을 때 마주치는 매우 보편적인 풍경이 있다. 전철 안에서 만화를 읽는 사람들의 모습과 편의점이나 서점에 만화와 관련된 잡지와 단행본 코너가 큰 비중을 차지하고 있는 광경이다. TV에서도 매일 애니메이션이 방영되고 있을 정도로 만화나 애니메이션은 일본인들의 일상생활 깊숙이 자리 잡고 있다.

피크였던 1995년에는 만화의 총 발행부수가 약 21억 부에 이르렀고, 이는 그해에 일본에서 출판된 출판물의 3분의 1을 차지한다. 발행부수 100만 부를 넘는 만화잡지도 몇 개나 된다. 《주간 소년 점프》의 경우는 1990년에 600만 부를 넘어 발행부수 세계 1위 잡지가 되기도 했다. 인기 주간지인 《주간 문예 춘추》·《주간 포스트》·《여성자신》이 보통 60~ 80만 부 정도라는 것을 감안하면 엄청난 숫자라고 할 수 있다. 일본의 3대 신문인 《요미우리讀売신문》 981만 부·《아사히朝日신문》 819만 부·《마이니치毎日신문》 419만 부와 비교해 봐도 그 차이를 실감할 수 있다.

일본인들에게는 일상적인 일이지만 외국인들에게 있어 만화는 어린이들의 전유물이라는 인식이 강하기 때문에 만화와 친숙한 일본인들의 모습을 본 외국인들은 놀랄 수밖에 없을 것이다. 물론 꽤 많은 일본인이 만화는 어린이들이 읽는 것이라는 생각을 가지고 있다. 시사성·정치색이 강한 시사 풍자만화는 별개로 하더라도, 신문·잡지의 연재만화는 보통 아동용인 경우가 많았다.

현재 일본 만화는 스토리만화가 주류를 이룬다. 스토리만화란 영화 촬영 기법의 영향을 받아 내용과 구성이 치밀한 장편만화를 말한다. 일반적으로 만화는 어떤 사건 또는 정치나 사회적인 이슈를 풍자하여 그린 1장짜리 그림인 카툰과 줄거리가 있는 만화로 구분한다.

일본에서 출판되는 만화는 대상이나 독자층이 매우 다양하다. 학습잡지의 대표 격인 초등학교 저학년 대상의 만화부터 소년·소녀만화, 나아가 청년이나 샐러리맨 또는 독신 여성들을 대상으로 하는 만화까지 연령대와 계층을 고려한 맞춤형 만화가 출시되고 있다.

그러나 이처럼 다양한 연령대와 계층을 대상으로 하는 만화가 많이 출판됨으로써 생기는 부작용도 있다. 대표적인 예가 청소년들에게 성인용 만화가 노출되기 쉽다는 것이다. 실제로 일본의 편의점 잡지 판매대에서도 성인용 만화를 쉽게 접할 수 있다. 이에 대한 경각심이 높아졌기 때문인지 1990년대에는 어느 대형 출판사의 만화잡지가 청소년들에게 악영향을 준다는 이유로 '유해도서' 판정을 받기도 했다. 이를 계기로 출판업계에서도 잡지협회를 중심으로 자주적인 규제의 움직임을 보이고 있다.

지금의 만화는 이전과 비교하면 그 종류가 더욱 풍성해지고 있다. 전집류 가운데에서도 『일본의 역사マンガ日本の歴史』는 베스트셀러 순위에 오를 정도이고, 내용도 코믹·역사·경제·과학기술 등 다방면에 걸쳐 발행되고 있다. 그 외에도 학습서·취미서는 물론이고, 정부에서 간행하는 『경제백서経済白書』에 이르기까지 딱딱하고 어려운 여러 분야의 책도 만화 버전이 생겨날 정도이다. 이제는 모든 것을 만화로 표현할 수 있는 시대가 된 것이다.

일본의 만화나 애니메이션은 해외로 수출되어 높은 평가를 받고 있다. 미국에서는 이시노모리 쇼타로石ノ森章太郎의 『만화일본경제입문マンガ日本経済入門』이 UCLA에서 번역·출판되었으며, 고지마 고세키小島剛夕의 『고즈레 오카미子連れ狼』, 시라토 산페이白土三平의 『가무이 가이덴カムイ外伝』 등이 크게 히트를 쳤다.

오토모 가쓰히로大友克洋의 『AKIRA』는 대만·홍콩·인도네시아·미국·프랑스·이태리·스페인·독일·브라질 등지에서 출판되어 총 600만 부가 발행되었다. 후지코 후지오藤子不二雄의 〈도라에몽〉과 도리야마 아키라鳥山明의 〈드래곤볼〉을 필두로 많은 아동용 TV애니메이션이 수출되어 큰 인기를 끌기도 했지만, 다른 한편으로는 아동들이 보는 만화·애니메이션에 폭력적인 장면이 많이 나온다는 비판의 목소리도 적지 않다.

## 2) 만화를 보면서 자란 일본인들

### (1) 일본인들이 만화를 보는 이유

앞에서 언급한 다케우치 오사무 교수는 "일본인들은 만화를 통해서 인생에 필요한 모든 것을 배웠다"라고 말한다. 그는 일본인들이 만화를 보는 이유로 첫째, 일본에는 『다케토리모노가타리竹取物語』나 『겐지모노가타리源氏物語』와 같이 다양한 인물이 등장하는 모노가타리를 창작하고 읽는 문화와 전통이 있다고 보았다. 모노가타리란 예로부터 전해 오는 이야기 또는 헤이안시대부터 가마쿠라시대에 걸쳐 만들어진 산문 형식의 문학 작품으로 일본 만화의 특징인 '스토리만화'의 전 단계라고도 할 수 있다. 다만 두루마리 그림이나 모노가타리는 귀족과 같은 특권계급만 접할 수 있는 문화였다. 둘째, 만화에는 다양하고 뛰어난 정보 전달력이 있으며, 셋째, 만화는 세태를 반영하고 사회현상을 불러일으키기 때문이라는 것이다.

그는 일본의 만화 역사는 헤이안시대인 12세기 후반까지 거슬러 올라간다고 보고 있다. 그 이유는 국보인 두루마리 그림 〈반다이나곤에마키伴大納言絵巻〉의 기법인 '이지도즈호異時同図法'에서 찾아볼 수 있다. 이지도즈호란 다른 시간대에 일어난 일을 동일 평면에 그려서 이야기를 전개하는 방식을 말한다.

다음 페이지에 나와 있는 그림을 살펴보면 동일 화면에서 두 아이가 싸움을 하고 있는데(A), 이것을 본 한 아이의 아버지가 달려와서(B), 자기 아이와 싸우는 아이를 발로 걷어차고(C), 자기 아이를 데리고 돌아간다(D). 이처럼 모든 장면을 하나의 화면에 묘사하는 이지도즈호 기법은 현대 만화가들의 발상·기교와도 통하는 부분이 있다.

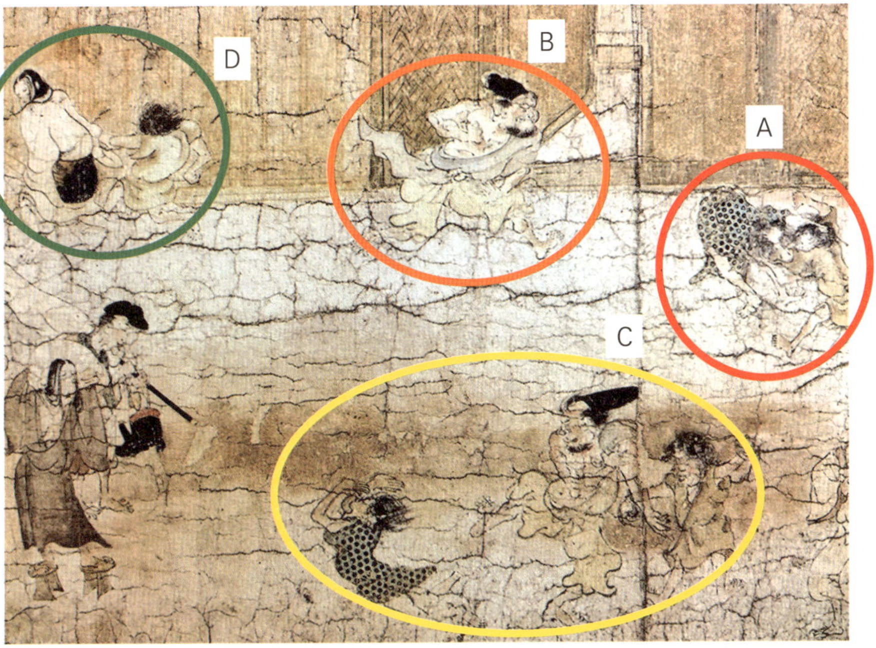


〈반다이나곤에마키〉 속 이지도즈호 기법

만화가 본격적으로 개화하기 시작한 것은 인쇄문화가 발달한 막부 말기에서 메이지시대에 들어가면서부터이다. 이 시기에 일본에 와 있던 영국인 만화가들이 시국과 세태를 풍자하며 그린 만화잡지가 요코하마横浜에서 발간된다. 이 잡지는 당시 요코하마에 거주하던 외국인들을 대상으로 하는 것이었는데, 나중에 일본인 화가들도 영향을 받게 되면서 일본 신문이나 잡지에 풍자만화를 게재하기 시작한다. 도안이나 구도는 지금까지 사용해 왔던 일본화의 붓놀림에 외국 만화의 팬 사용 기법을 가미하는 방식이었다. 이 기법을 처음 사용한 사람은 현대 일본 만화의 시조라고 할 수 있는 기타자와 라쿠텐北沢楽天[17]이었다.

만화의 진화는 계속되어 다이쇼大正시대에 들어가면, '컷 배분'과 '말풍선'이 만화에 등장한다. 컷 배분은 만화의 각 장면을 테두리 선으로 구분해서 장면의 전환이나 시간의 흐름을 독자들에게 상기시키는 일반적인 기법이고, 말풍선은 화자의 입에서 나오는 대사나 속으로 생각하는 말을 표현하는 기법이다. 아울러 청소년층을 대상으로 하는 잡지에 소설이나 그림의 내용이 들어가면서 현대 만화는 더욱 발달하게 된다. 이런 만화의 진화를 토대로 전후에는 데즈카 오사무를 비롯한 뛰어난 만화가들이 등장하면서 일본의 스토리만화가 크게 성장하게 된다.

### (2) 만화와 정보

만화는 사람들에게 엄청난 정보를 전달하는 힘을 가지고 있다. 1980년대 중반에 큰 인기를 끌던 『오이심보美味しんぼ』와 혼밥하는 주인공을 통해 서민들이 좋아할 만한 밥집이나 요리집을 소개하는 『고독한 미식가(원제:孤独のグルメ)가 대표적이다. 이 작품들은 내용의 재미는 물론이고 다양한 음식 정보를 제공함으로써 독자들을 사로잡았다.

1980년대에 등장한 학습만화도 눈여겨볼 만하다. 2015년에 〈비리갸루ビリギャル(꼴찌여학생)〉라는 만화가 개봉되었는데, 학년에서 성적이 최하위인 여고생이 쇼가쿠칸小学館출판사의 학습만화인 『일본의 역사』로 공부해서 명문대학에 합격한다는 이야기이다. 이 『일본의 역사』는 30년 넘게 베스트셀러로 자리하고 있다.

『만화일본경제입문』도 『오이심보』와 비슷한 시기에 베스트셀러가 되었는데 이유는 간단하다. 경제에 관한 내용은 만화로 보는 게 훨씬 이해하기 쉬웠기 때문이다. 1986년에 출판되어 전 4권 총 200만 부가 발행되었으며, 1987

---

17) 메이지시대~쇼와시대에 걸쳐서 활약했던 일본의 최초의 직업 만화가. 일본 근대 만화의 시조로 불리며, 다수의 정치 풍자만화나 풍속만화를 집필하였다.

년에는 1~3권 합계가 연간 베스트셀러 4위를 기록하기도 했다. 이로써 학습만화는 아동용이라는 기존의 상식을 깨고 성인 취향의 새로운 만화 장르를 개척했다는 평가를 받았고 이후 다양한 사회적 이슈를 해설 형식으로 그린 정보만화와 해설만화가 붐을 이루었다.

만화는 생생한 시대상을 반영한다. 예를 들면, 태평양 전쟁이 끝난 직후인 1946년부터 1971년까지 신문에 게재되었던 하세가와 마치코長谷川町子의 『사자에상サザエさん』 속에 그려진 한 가족의 일상은 전후의 일본 사회 모습을 그대로 반영하였다.

우리에게는 '내일의 조' 또는 '허리케인 조'로 유명한 『아시타노 조明日のジョー』는 복싱선수를 주인공으로 설정하여 미래를 알 수 없는 젊은이들에게 용기와 감동을 주며 사회적 반향을 일으켰다. 『아시타노 조』를 읽고 자란 세대를 단카이団塊 세대라 부른다. 이들은 1947~1949년 사이에 태어난 전후 베이비 붐 세대로 이 만화를 보면서 성장했으며, 성인이 되고 난 뒤에도 여전히 만화를 보고 있다.

### (3) 문화로서의 만화

일본 스토리만화의 특징은 대사가 적고, 컷 비율을 효율적으로 이용해서 시간의 흐름과 심리 묘사를 빠른 템포로 간결하게 표현하는 것이다. 그 때문에 효과음을 사용하여 내용을 쉽게 표현하는 아이디어를 생각해 내기도 한다. 만화에서 크게 놀라거나 충격을 받으면 '쾅!!', '헉!!'처럼 말풍선으로 효과음을 처리하는 경우가 그 예이다.

TV를 보며 자란 영상 세대들에게 만화는 활자만으로 표현된 매체보다는 친숙함을 준다. 그뿐만 아니라 시간에 쫓기는 현대인들에게는 신속하게 정보를 수집할 수 있는 수단이 되기도 하다. 청소년을 대상으로 한 어느 조사에 의하면, 코믹만화를 많이 읽는 층이 책이나 소설·TV 등 다른 매체와의 접촉도 많고 정보 수집에 적극적이라는 보고도 있다. 이것은 이미 만화가 정보화시대를 살아가는 일본인들의 생활의 한 축을 이루고 있다는 것을 의미한다.

이제 만화가 일본을 대표하는 대중문화 중 하나라는 것을 부정하는 사람은 없을 것이다. 수많은 나라에서는 만화가 풍자만화나 아동용 모험활극 등으로 한정되어 있다. 그러나 일본에서는 문학청년이라는 말에 대응할 만큼 만화 소년이나 만화 청년들이 많이 있었으며, 이들은 만화를 통해 성장해 왔다. 일본 만화는 독자적인 문화로서 발달되어 왔고, 그림의 정교함과 아름다움 그리고 탄탄한 스토리로 높은 평가를 받고 있다.

### (4) 만화라는 용어는 언제부터 사용되었나?

만화라는 말이 보통 명사가 된 지는 오래되었다. 그런데 언제부터 만화라는 단어가 사용되기 시작했는지 궁금하다. 지금부터는 만화라는 용어가 사용된 시기에 대해서 알아보자.

만화는 희화戯画나 풍자화諷刺画를 가리키는 말로 일본어로는 '망가漫画'라고 한다. 일본에서 '망가'라는 단어가 대중들 사이에 정착이 된 것은 1920년대에 들어서면서부터이다. 따라서 단어의 역사는 그리 오래되지 않았다. 쇼와昭和시대(1926~1989) 이전인 다이쇼시대에 일상에서 '망가'라는 단어를 사용한 사람은 매스컴이나 출판 관련 종사자 정도였으며, '망가까家', '망가잣시雑志', '망가본本'이라는 말도 이들 사이에서 사용되는 용어에 불과하였다.

직업으로서의 망가까, 즉 만화가가 생겨난 것은 메이지 말기에 기타자와 라쿠텐, 다이쇼시대에는 오카모토 잇페이岡本一平 등이 활약하면서부터이다. 직업 만화가 제1호라고 자처하는 기타자와 라쿠텐은 자신이 간행한 《도쿄파크東京パック》[18]의 1905년 6월 10일 호에서 '망가시漫画師'라는 말을 처음 사용하였

다. 오카모토 잇페이는 1912년 아사히신문사에 입사해 보도報道만화로 인기를 얻은 후에 스스로를 '망가시'라고 불렀고, 이후 잡지사·출판사로부터 요청이 쇄도하면서 '망가까'라고 부르게 되었다. 그는 1915년 도쿄에 있는 신문사에서 만화 담당 기자들로 조직된 '일본만화회'를 만들고 본격적으로 만화가라는 직업을 알리기 시작하였다. 같은 해 6월 17일 '일본만화회'는 제1회 만화축제를 조후調布시에서 열고, 이 행사를 《아사히신문》을 통해 소개하였다. 그리고 12월에는 《일본·일본인》이라는 잡지에 '만화가'라는 말이 등장하는데, 이것도 '일본만화회'의 홍보 전략이었다고 한다.

### (5) 4컷만화의 시작

현대 일본은 만화대국이라고 불린다. 일본이 만화대국이라는 점에 대해서 이견을 가지는 사람은 거의 없을 것이다. 이는 만화나 애니메이션 애호가들이 다른 나라보다 많을 뿐만 아니라, 만화가 현대 일본을 대표하는 대중문화 중의 하나이기 때문이다.

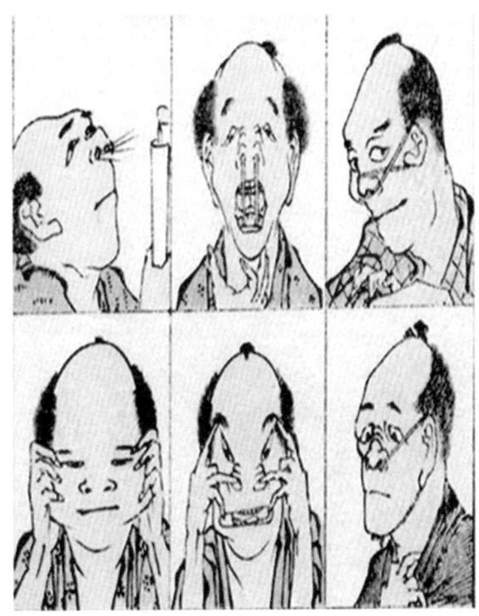

『호쿠사이망가』에 수록된 다양한 얼굴 표정

18) 미국의 만화잡지 《Puck》의 이름을 따서 만든 B4판 사이즈의 풀 컬러 풍자만화 잡지.

그러나 대중문화로서 만화의 시작점은 현대가 아니라 에도시대에까지 거슬러 올라간다. 유명한 『호쿠사이망가』에는 4컷짜리 시사만화의 원점이라고 할 수 있는 작품이 포함되어 있으니, 그 시대의 세태와 풍속을 표현하는 4컷만화의 역사는 190여 년 이상 되는 것이다.

대중들이 만화를 즐기기 위해서는 먼저 대량 인쇄를 포함한 출판문화가 발달해야 한다. 고대·중세에는 육필로 그린 만화가 있었다면, 에도시대에는 목판을 이용한 복제複製만화가 등장하여 대중들로부터 사랑을 받기 시작하였다. 그러나 일본인들이 만화를 많이 보기 시작한 것은 다색 인쇄만화라고 할 수 있는 희화 우키요에가 유행한 에도시대 말기부터이다. 1830년경에 이르면 위에서 소개한 『호쿠사이망가』 12편과 『시키즈쿠리모노슈코노타네四季造物趣向種』 같은 목판 다색인쇄로 만든 희화나 풍자화가 등장한다.

이 시기는 프랑스의 오노레 도미에H. Daumier가 석판화로 그린 〈대머리왕 필립 2세Gargantua〉를 《라 카리카튀르La Caricature》에 연재하여 프랑스 풍자화의 전성시대를 연 것과 비슷하다. 이처럼 에도 말기의 일본은 프랑스·영국과

오노레 도미에(왼쪽)와 〈대머리왕 필립 2세〉(오른쪽)

더불어 세계 3대 만화대국 중 하나로 급부상하였다. 이 세 나라에서 만화가 융성했던 이유는 바로 출판문화가 발달했기 때문이다. 일본에서 출판업이 발달할 수 있었던 이유로 세 가지를 꼽을 수 있다. 먼저, 만화 문화를 꽃피운 화가, 두 번째는 한모토版元라 부르는 출판사, 세 번째는 판매 유통 시스템이다.

우선 에도시대 중기, 시대적 요구에 적절하게 대응했던 오사카의 출판사가 삽화를 중심으로 하는 통속 이야기책을 출판하여 성공하면서 희화에도 주목하게 되었다. 이 출판사는 당시 교토에서 유행하던 서민의 일상생활을 그린 만화풍의 묵화墨画인 '도바에鳥羽絵' 스타일을 희화본에 도입하면서 큰 반향을 불러일으킨다. 이에 주목하고 앞으로 희화가 잘 팔릴 것이라고 판단한 다른 출판사에서도 실력 있는 화가를 발굴하여 다양한 희화본과 희화 우키요에를 찍어 내면서 상품으로서의 만화가 대량으로 출판되기에 이른다.

에도시대에는 다양한 이름의 희화 표현이 있었다. 문자그림文字絵·조화粗画·광화狂画·백면상白面相·약필略筆·소회笑絵 등 그 종류가 200여 가지에 이를 정도로 많았다. 희화본과 희화 우키요에뿐만 아니라 풍자화, 캐릭터 그림, 화자話者가 말하는 것처럼 대사를 써넣은 컷만화 등이 등장했을 정도였다.

## 3) 전후 일본의 만화 변천 과정

### (1) 신문만화에서 어린이용으로: 말풍선과 장면 분할 기법이 꽃피다

지금부터는 전후 일본 만화의 변천사를 알아보도록 하자. 스토리만화의 초창기에 중요한 역할을 담당했던 만화가 중 한 명은 기타자와 라쿠텐이다. 그는 후쿠자와 유키치福沢諭吉[19]의 추천으로 1899년 시사신문사에 입사하여 풍자만화를 다루는 한편, 《시사신문》의 만화 부록인 〈시사만화〉와 《도쿄파크》에 어린

이용 만화를 그렸다. 다케우치 교수는 이에 관해 "아이들의 생활을 코믹한 장면 분할로 전개하여 표현하고 있다. 이것이 세상에 널리 알려져 '장난꾸러기', '개구쟁이'라고 불리는 주인공이 일반적인 어린이를 지칭하는 대명사로 쓰게 되었다. 따라서 이것을 스토리만화의 시초라고 말할 수 있다"라고 설명한다.

다이쇼시대에는 〈쇼짱의 모험正ちゃんの冒険〉이 등장한다. 1923년 1월에 일간지 《아사히 화보잡지》에서 시작된 연재는 간토関東 대지진 이후 《아사히신문》으로 바뀌어 1925년 5월까지 계속되었다. 다케우치 교수는 〈쇼짱의 모험〉에 대해서도 "테두리 밖의 설명문과 함께 말풍선을 병용하여 이야기를 전개하고 있다. 이러한 시도는 신문의 판매 경쟁이 치열했던 당시에 긍정적인 효과로 나타나며 인기를 끌었고, 주인공이 쓰고 있는 '쇼짱' 모자가 대유행하였다"고 말한다.

### (2) 쇼와시대 초기의 참신한 장면 분할

만화의 변천은 쇼와시대에도 계속된다. 이때가 되면 만화에서 장면 분할은 보편적인 것이 되고, 신문뿐만 아니라 잡지에도 인기 연재만화가 등장한다. 1931년 1월, 다가와 스이호田河水泡의 〈노라쿠로のらくろ〉가 《소년 클럽》에 게재된다. 이 작품은 외톨이로 얼간이인 데다가 장점이라고는 없는 들개를 의인화한 '이등병 노라쿠로'를 주인공으로 한 만화이다.

지금까지 우상으로 여겨지던 영웅 캐릭터가 아니라 얼간이에 실수투성이를 주인공으로 설정함으로써 유머 속에 감춰진 해학을 표현하고 있는데, 이 주인공의 캐릭터가 오히려 아이들의 공감대를 불러일으켰다. 주인공이 군대에서

---

19) 에도·메이지시대의 계몽 사상가이자 교육자. 봉건시대의 타파와 서구 문명의 도입을 주장하였으며, 『학문의 권장』·『문명론의 개략』 등의 저서가 있다.

승진할 때마다 잡지 편집부에는 격려의 팬레터가 쇄도했다고 한다. 이 만화는 나중에 무대를 군대 밖으로 옮겨 1975년까지 연재되었다. 등장인물의 대사를 작품성 있게 표현하고 장면을 분할하는 이야기 전개 방법이 큰 호응을 불러일으키면서 현대 만화의 고전으로 평가되고 있다.

이 밖에도 정의감 넘치는 주인공 다로의 활약을 참신한 장면 분할로 그려낸 시시도 사코宍戸左行의 〈스피드 다로スピード太郎〉, 미래의 우주 개발을 예견한 듯한 SF 대작 〈화성탐험火星探検〉이 등장한다. 나중에 '만화의 신'이라는 별명을 얻게 되는 데즈카 오사무도 어렸을 때 이들 만화를 읽고 영향을 받았다고 한다. 이후, 패전으로 인한 물자 부족으로 양질의 종이를 사용할 수는 없었지만, 만화에 대한 일본인들의 관심은 더욱 깊어진다.

### (3) '아카혼赤本'에서 대여만화책으로: 데즈카 오사무의 활약과 대여만화책의 탄생

패전 직후인 1945~1954년대에는 붉은색 표지의 어린이용 만화인 '아카혼' 만화 붐이 일어난다. '저속한 싸구려'라는 의미를 가진 아카혼만화 붐은 오사카에서 먼저 시작되었다. 당시 오사카의 마쓰야마치松屋町 주변에서는 전전戦前부터 이어져 온 출판사부터 급조된 영세 출판사까지 아카혼만화를 출판해냈다. 이들 아카혼만화는 서점뿐 아니라 과자점이나 야시장, 심지어는 마쓰리祭り 행사장 등에서 판매되면서 아이들에게 친숙한 존재가 되었다. '아카'의 유래는 붉은색 계통의 표지를 주로 사용했기 때문이라는 설이 가장 유력하다.

다케우치 교수는 "물자가 부족했던 전후에는 아카혼에 종이의 재질이 나쁜 재생지를 사용하였다. 제본도 조악하고 내용도 통속적인 것이 과반수였지만, 그 가운데는 눈부시게 빛나는 원석原石과 같은 작품도 있었다. 데즈카 오사무가 이 아카혼만화를 통해서 데뷔했다"라고 말했다.

데즈카는 열여덟 살 때인 1947년 사카이 시치마酒井七馬와 합작으로 아카혼 만화 〈신新 보물섬〉을 세상에 내놓는다. 〈신 보물섬〉은 나중에 만화가가 되는 이시노모리 쇼타로石ノ森章太郎·후지코 후지오藤子不二雄Ⓐ[20] 등 수많은 청소년에게 커다란 충격과 영향을 주었다. 이어서 데즈카는 아카혼만화를 오리지널 단행본으로도 간행하는 등 1950년까지 4년 동안 34편의 도서 36권을 발행하였다.

### (4) 대여만화의 대두

1945~1954년에는 메이지시대부터 이어져 온 책 대여 업계에도 커다란 변화가 찾아온다. 대여 책방에서 만화도 빌릴 수가 있게 된 것이다. 이뿐만 아니라 지금까지 책을 빌릴 때 맡기던 보증금이 없어지면서 가난한 아이들이나 청년층도 새로운 고객이 되었다.

1955~1964년 이후부터 물자 부족이 해소되면서 아카혼만화는 시들해지고, 그 대신에 대여만화가 대두하게 되었다. 그리고 중고책 중심에서 신간新刊 중심으로 바꾸는 '신간 대여 제도'도 도입되면서 대여 책방을 판매 시장으로 하는 대여 만화잡지도 생겨났다. 대표적인 것이 오사카의 히노마루문고日の丸文庫[21]에서 1956년에 출판된 대여만화 단편지 《그림자影》이다. 《그림자》는 이 무렵 도쿄의 대형 출판사에서 어린이용 월간 만화잡지를 출판하기 시작한 것에 자극을 받아 출판되었다고 한다.

《그림자》에 게재되었던 만화는 대형 출판사의 잡지만화보다 조잡했지만 박

---

20) 후지코 후지오는 일본의 만화가로 후지모토 히로시藤本弘와 아비코 모토오安孫子素雄의 공동 필명이다. 1951년에 콤비를 결성하였으며, 1954년부터 콤비 활동을 했던 1987년까지 사용하였다. 콤비 활동이 끝난 후는 각각 후지코 F. 후지오, 후지코 후지오Ⓐ라고 자칭하였다.

21) 오사카부 중앙구中央区에 소재하고 있던 일본의 출판사. 1951년에 창업할 당시에는 '동양출판사'였으며, 1953년 말부터 '핫코우八興', '고에이샤光映社', '고신쇼보光伸書房'로 회사 이름을 변경하였다.

력 있었고, 미스터리나 괴기물 형식의 이야기가 많았다. 다케우치 교수는 이것을 “영세 출판사의 대형 출판사에 대한 대항 의식의 표현”이라고 말한다. 이런 사실적인 수법에 중점을 둔 만화를 ‘극화劇画’라 부른다.

대여만화로 데뷔한 대표적인 극화 작가로는 미즈키 시게루水木しげる·사이토 타카오さいとう たかを·지바 테츠야ちばてつや·쓰게 요시하루つげ義春·시로토 산페이白土三平 등이 있다.

### (5) 만화 월간지에서 만화 주간지로

이후, 만화잡지는 월간지에서 주간지 위주로 바뀌게 된다. 이것은 만화의 수요가 그만큼 많아진 데다 매달 나오는 것을 기다리지 못하는 독자들을 위해 매주 원하는 만화를 공급하려는 출판사의 전략이 맞아떨어졌기 때문에 나타난 현상이었다.

> 만화는 아이들의 마음을 밝게 한다. (중략) 일본의 어린이들이여. 《만화소년》을 읽고 맑게, 밝게, 바르게 자라라!

1947년 12월에는 소년용 월간지 《만화소년》이 창간된다. 이 잡지를 만든 가토 겐이치加藤健一는 전전에는 고단샤講談社의 《소년 클럽》 편집장을 역임한 인물이었다. 그는 아카혼만화의 기수旗手였던 데즈카 오사무가 도쿄로 진출하는 것을 돕고, 투고란을 통해 젊은 신인 만화가를 많이 육성하였다. 그리고 신인 만화가들이 모여 살면서 작품 활동에 전념할 수 있도록 도키와소トキワ荘라는 아파트를 숙소로 알선해 주기도 했다. 이 도키와소 아파트는 일본 만화의 여명기를 이끌었던 유명 만화가들이 거쳐 갔으며, 데즈카 오사무·후지코 후지오 콤비 등이 거주했던 곳으로도 유명하다. 그곳은 1952~1982년까지 만화가 지

망생들의 요람이 되었다가 철거되었으나, 이후 2020년에 만화뮤지엄으로 개관하였다.

만화 월간지로는 《만화소년》 이외에도 《소년》·《재미있는 책》·《소년화보》·《모험왕》·《소년 클럽》 등이 있었다. 이들 잡지는 독자층을 확보하기 위해서 충실한 내용은 물론이고 컬러 페이지를 늘려 나갔으며 부록도 끼워 주었다.

"당시의 부록은 금속·고무·직물 등 종이 이외의 재료를 사용하였으며, 카메라나 망원경 등의 장난감도 적지 않았다. 그런데 국철国鉄이 이들 잡지에 적용하고 있던 특별운임[22]에서 부록을 제외하기로 결정하였다. 그러자 잡지 본지에 게재된 화제작이나 오리지널 단행본 작품을 별책 부록으로 내놓는 경쟁이 시작되었다. 전성기에는 본지 1권에 10권 가까이 되는 별책 부록을 주는 사태까지 일어났다"라고 다케우치 교수는 설명한다.

### (6) 주간지 붐의 도래

1959년 3월 17일, 《주간 소년 선데이》와 《주간 소년 매거진》이 동시에 창간되면서 일본 최초의 어린이용 주간 만화잡지가 등장하게 된다. 그 이전인 1956년에 《주간신조週間新潮》의 창간을 시작으로 출판계에서는 주간지가 유행처럼 생겨났다. 어린이용 잡지도 주간지 창간 붐을 타고 생겨난 자연스러운 현상이었다. 그 후에도 1963년 《주간 소년 킹》, 1968년 《주간 소년 점프》, 1969년 《주간 소년 챔피언》과 같은 주간지가 속속 등장하면서 월간지는 자연스럽게 자취를 감추어 버렸다. 이런 변화를 거치면서 청년 만화잡지가 창간되

22) 과거 국유철도에서는 잡지를 각 지방으로 운송하는 데 있어서 특별운임(운임료 할인)을 적용하고 있었다. 그러나 잡지의 부록 경쟁이 극심해지면서 종이 이외에 무게와 부피가 많이 나가는 부록은 이 특별운임에서 제외하기로 결정하였고, 이에 따라 잡지사는 본지 내에 게재되어 있던 만화나 오리지널 단행본을 잡지의 부록으로 붙이는 경쟁을 시작하게 되었다.

는 등 독자층이 소년에서 성인으로 확대되었고, 만화는 일본 대중문화의 한 축으로 성장해 나갔다.

전후 제1차 베이비붐 시대에 태어난 '단카이 세대'는 1965년에는 10대 후반에서 20대로 성장하게 된다. 어릴 적, 만화를 읽으면서 자라 온 그들은 대학생이나 사회인이 되어서도 계속해서 만화를 읽었다. 이를 의식한 출판사도 소년에서 청년층을 겨냥한 주제로 내용을 교체하며 독자층을 늘려갔다. '오른손에는 아사히 저널, 왼손에는 소년 매거진'이라는 말이 생겨날 정도였다. 이는 시사잡지를 읽는 젊은 사람들이 어렸을 때부터 읽어 왔던 주간만화를 여전히 즐겨 읽고 있다는 것을 표현한 말이다.

이런 사회적 분위기 속에서 청소년이나 청년용 만화잡지도 속속 등장한다. 1963년에 창간된 《보이즈 라이프Boy's Life》를 비롯하여, 1967년에 창간된 《만화 액션》, 1968년에 창간된 《빅 코믹》, 1970년에 창간된 《리이도 코믹》 등이 그것이다.

이러한 새로운 무대가 준비되자 시라토 산페이·사이토 다카오 등과 같은 대여만화 출신의 극화 작가들은 다시금 주목을 받게 되었다. 그들이 표현하는 리얼한 연출이 청년잡지에서도 추구되었던 것이다.

### (7) 예술성을 인정받다

1964년에는 청림당青林堂에서 나가이 가쓰이치長井勝一의 편집으로 월간 만화잡지 《가로ガロ》가 창간된다. 나가이는 예전부터 삼양사三洋社 등에서 대여만화의 출판을 직접 담당하던 인물이다. 그가 시라토 산페이에게 매료되어 〈가무이전カムイ伝〉에 연재하기 위해 준비한 것이 《가로》였다. 그런데 〈가무이전〉은 창간호인 9월 호에 시간을 맞추지 못한 까닭에 시라토의 단편으로 특집을 편성하였고, 〈가무이전〉의 연재는 3개월 후인 12월 호부터 시작되었다.

《가로》에는 〈가무이전〉 이외에도 독자적인 성격이 돋보이는 작품이 많이 게재되었다. 쓰게 요시하루의 〈나사식ねじ式〉과 같은 일련의 단편들, 하야시 세이이치林静一의 〈적색비가赤色エレジー〉·다키타 유우滝田ゆう의 〈데라지마초 기담寺島町奇譚〉 등이 그것이다. 이들 작품은 시라토 자신도 의아해할 정도로 예술성을 인정받았다.

데즈카 오사무가 세운 무시프로 상사虫プロ商事가 《COM》을 창간한 것은 1967년의 일이다. 데즈카는 『불새火の鳥』를 중심으로 《가로》를 의식하면서 의욕적으로 작품을 게재한다. 다케우치는 다음과 같이 말한다.

“특히 《COM》은 예전의 《만화소년》처럼 투고란에도 힘을 쏟은 까닭에 신인들의 등용문으로 활용되었다. 아오야기 유스케青柳裕介·하세가와 호세이長谷川法世·모로보시 다이지로諸星大二郎·다케미야 게이코竹宮恵子 등이 이곳에서 성장하였다. 만화 평론이나 다양한 특집기사·정보기사 등 충실한 내용과 도회적인 감각이 강조되며, 약간 촌스러운 《가로》와 함께 만화 전문 잡지로서 이채를 띠었다”

이처럼 일본 만화는 세대를 넘어선 독자층의 확대와 표현의 깊이가 더해지면서 일본을 대표하는 하나의 문화로서 발전해 갔다.

## 4) 애니메이션과 스튜디오 지브리Studio Ghibli

### (1) 애니메이션의 정의 및 특징

국어사전에는 애니메이션을 '만화나 인형을 이용하여 그것이 마치 살아 있는 것처럼 생동감 있게 촬영한 영화 또는 그 영화를 만드는 기술'이라고 설명한다. 애니메이션은 '생기를 불어넣는 동작·활기 있는 상태·영혼'이라는 의미의 라틴어 '아니마anima'에서 유래한 말로, 어원적으로는 '무생물에 영혼을 불어 넣는다'라는 뜻을 가지고 있다. 아울러 국제 애니메이션 필름 협회에서는 '애니메이션 예술은 실사영화의 제작 방식과는 다른 기술과 기법을 다양하게 사용하여 움직이는 이미지들을 창출하는 작업'이라고 규정하고 있다.

### (2) 일본의 애니메이션

일본의 애니메이션은 아니메アニメ 또는 재패니메이션Japanimation이라고 한다. 주로 기존에 연재되는 동명의 인기 있는 만화를 원작으로 제작되며, 장면의 대부분에 셀 애니메이션[23] 방식이 사용된다.

아니메는 원래 일본에서 애니메이션을 지칭하는 약자였지만, 일본의 애니메이션 산업이 전 세계 애니메이션의 약 60% 이상을 차지할 만큼 거대해지면서 각 국의 사전에 등재될 정도로 널리 쓰이는 단어가 되었다. TV 애니메이션의 경우, 아동용 애니메이션을 주로 만드는 한국과 달리 특정 연령층에 구애받지 않고 만들어져 이른 아침부터 새벽까지 다양한 시간대에 방영되고 있다.

근래 웹web과 카툰cartoon을 합성한 '웹툰'이라는 새로운 분야가 등장하면서

23) 종이에 그린 그림을 투명한 플라스틱(합성수지)인 셀룰로이드에 그대로 옮기고, 그 뒷면에 채색을 한 다음, 배경 위에 놓고 촬영하는 애니메이션 기법을 말한다.

한국의 만화도 세계 시장으로의 진출을 도모하고 있다. 한 사례로 네이버 웹툰 〈혈액형에 관한 간단한 고찰〉(이하 혈·관·고)이 웹툰 사상 처음으로 2014년 4월 7일부터 매주 일요일 일본에서 방영되었다.

이처럼 일본은 자국의 애니메이션 이외에도 한국의 웹툰을 비롯해 세계 각국의 애니메이션을 무한대로 섭렵하고 있다. 일본에서는 애니메이션을 타국의 문화가 아니라 자국 문화의 한 부분으로 생각하는 경향이 있기 때문에 쉽게 받아들이는 것이다. 이 점에 있어서는 애니메이션을 이용한 일본인의 의식 고찰도 가능할 것이다.

1990년대부터 아니메는 일본을 대표하는 대중문화로 급속히 확산되고 있다. 특히 최근 수년간 일본 정부나 지방자치체가 아니메의 상업성과 문화적 가치에 주목하고 있다. 만화·애니메이션·컴퓨터게임을 포함하는 콘텐츠 산업 보호 육성을 목적으로 하는 '콘텐츠 창조·보호 및 활용 촉진에 관한 법률(통칭, 콘텐츠 산업진흥법)'이 2004년 5월에 중의원 회의를 통과하기도 했다. 2002년 4월 문부과학성 문화심의회에서 발표된 「문화를 소중히 생각하는 사회 구축에 관해서」는 미디어 예술 진흥의 중요성을 강조하고 있다. 애니메이션과 컴퓨터그래픽CG 같은 미디어 예술을 일본을 대표하는 문화로 인식하고 진흥과 발전의 중요성을 피력한 것이다.

정부의 지원 속에 도쿄에서는 2002년부터 2013년까지 도쿄 국제 애니메이션 페어를 개최하였고, 일본의 주요 만화출판사 10개사가 중심이 된 ACF(Anime Contents Expo)는 2014년부터 'Anime Japan 2014'로 통합되는 등 민관 주도의 행사가 계속되고 있다. 이와 같은 행사들은 1980년대 전후 TV시리즈 〈우주전함 야마토〉나 〈기동전사 건담〉에 열광한 많은 팬이 그 이후 미야자키 하야오宮崎駿 감독의 극장용 장편 애니메이션 〈바람의 계곡 나우시카〉(1984) 등 일련의 작품에 주목하기 시작했을 때까지도 상상하지 못했을 정도로 대단한 것이었다.

### (3) 스튜디오 지브리

현재 일본을 대표하는 애니메이션 제작사라고 한다면 미야자키 하야오 감독이 중심이 된 스튜디오 지브리를 꼽는다. 스튜디오 지브리는 애니메이션을 주체로 하는 영상 작품을 기획하고 제작하는 일본의 기업이다. 장편 애니메이션 영화 제작을 주로 하고 있으나, 1990년대 중반부터 단편 작품 및 실사 작품의 기획도 병행하고 있다. 그리고 일본 국내외의 애니메이션 개봉이나 DVD 발매·출판·음악 사업에도 뛰어들었다.

스튜디오 지브리의 명칭은 사하라 사막에 부는 열풍에서 유래한 것으로, 제2차 세계대전에 사용된 이탈리아 카프로니사의 정찰·폭격기의 이름이기도 하다. 애니메이션 〈붉은 돼지紅の豚〉에서 비행기 엔진에 기블리GHIBLI를 사용할 정도로 미야자키 하야오의 생각과 의도를 잘 엿볼 수 있는 명칭이다. 미야자키 하야오에 의해서 '지브리'가 되었지만, 원래의 발음은 '기브리'이다.[24)]

스튜디오 지브리의 상징 마크는 〈이웃집 토토로〉에 등장하는 주인공 토토로를 모델로 삼았으며, 스튜디오 지브리오에서 실사 작품 부문을 담당하는 '스튜디오 가지노'가 위치한 도쿄도 고카네이小金井시 가지노梶野초町에서 가져왔다.

---

24) 이탈리아의 자동차 메이커 마세라티사의 승용차 기블리ghibli는 일본에서 1970년대부터 '기브리'라는 이름으로 판매되기도 하였다. 원래 이 말은 아랍어 가운데 리비아 방언인 '자바루山'에서 온 것이다.

# IV

# 전통과 현재의 공존

1. 일본 문화의 패턴
2. 생활 예술, 다도茶道
3. 살아 있는 유산, 전통예능
4. 가부키歌舞伎
5. 게이샤芸者
6. 다카라즈카 가극단宝塚歌劇団

# 1

# 일본 문화의 패턴

전통은 현대로 이어질 때 힘이 생긴다는 말이 있다. 여기에서는 일상생활에서 만날 수 있는 일본의 전통문화에 대해서 알아보기로 한다. 언뜻 보면 일상생활과 전통은 어울리지 않을 것 같은 느낌이 든다. 그러나 지금부터 소개하려고 하는 일본의 전통문화는 과거는 물론이고 현재도 일본인들로부터 사랑받고 있으며, 생활 속에 녹아 있는 것들이 대부분이다.

## 1) 일본의 생활 문화와 전통

전통문화란 역사적으로 전승되어 온 물질문화, 사고나 행위의 양식, 사람이나 사건에 대한 이미지, 여러 가지 상징적 체계를 가리키는 말이다. 아울러 문화는 전통을 바탕으로 싹트고 열매를 맺으면서 새로운 바탕을 이루어 나간다. 이렇게 만들어진 문화와 관습은 대체적으로 시대와 함께 변화한다.

일본의 생활양식과 전통문화·풍습·사상 등은 외부로부터의 영향을 받으면서 발전해 왔다. 고대에는 중국과 아시아의 문화를 받아들였고, 근대에는 서양의 영향을 많이 받았다. 그리고 아주 오래전부터 계승되었다고 여겨지는 문화들이 중세에 이르러 전혀 다른 것이 되는 경우도 있었다. 세월이 흐르면서 원형이 바뀌어 버린 것이 있는가 하면, 본질적으로는 크게 바뀌지 않고 예전의 모습을 그대로 이어오고 있는 것들도 있다.

히나단

연중행사 가운데는 근세인 에도시대에 지금의 형태가 만들어진 것이 많다. 작고 귀여운 히나雛 인형을 장식하는 3월 3일의 모모노셋쿠桃の節句나 아이들의 성장을 기원하는 시치고산七五三 등이 대표적이다. 시치고산은 11월 15일 전후로 3세·5세·7세의 아이를 데리고 신사에 참배하는 것을 말한다.

전통은 아주 오랜 옛날부터 있었던 것으로 생각하기 쉬우나 반드시 그런 것만은 아니다. 우리의 대표적인 음식인 불고기를 가지고 한번 생각해 보자.

불고기를 외국인에게 소개하고 싶은 우리 음식이라고 말하는 사람들이 많다. 불고기에 들어가는 주재료는 당연히 쇠고기이며, 양파·당면·파 등의 부재료와 간장이 들어간다. 그런데 불고기 양념으로 사용하는 간장은 우리 전통간장인 국간장이 아니라 단맛이 나는 양조간장(진간장)이다. 우리 어머니나 할머니들은 양조간장을 일본 간장이라는 의미로 왜倭간장이라고 불렀다.

현재 시중에 판매되는 간장의 80%가 양조간장이고, 20%는 국간장이라고 한다. 그런데 이상한 것은 우리나라의 전통음식이라고 생각하는 불고기의 주된 양념인 간장이 우리의 전통간장이 아니라 일본식 양조간장이 사용된다는 사실이다. 그렇다면 언제부터 일본식 간장을 불고기 양념으로 사용하게 되었을까? 일제 강점기에 일본인들을 따라 양조장이 들어왔고, 그때부터 일본식 간장이 우리 식단에도 사용되기 시작하였다. 그런데 일본식 간장을 양념으로 사용한다고 해서 불고기를 우리의 전통음식이 아니라고 할 수 없다. 이러한 점 때문에 전통문화를 정의할 때 시기를 특정할 수 없는 것이다. 언제부턴가 우리의 생활 속에서 행해지고 있었으며, 우리의 머릿속에 다른 문화와 차별되는 무언가가 내재되어 있을 때 이것을 우리는 전통문화 또는 전통음식이라고 말할 수 있는 것은 아닐까?

지금부터 소개하는 일본의 전통문화도 외부 세계와의 접촉을 통해 일본의 풍토와 융합하면서 지금의 형태나 방식으로 정착된 것이다. 시대의 변화 과정을 반영하면서 계승·발전되어 나가는 전통문화는 한 나라의 유구한 역사를 담아내는 그릇이며, 그 민족의 혼과 정신을 읽을 수 있는 거울이다. 대표적인 일본의 전통문화는 선禅 불교·다도·꽃꽂이·우키요에浮世絵·마쓰리祭·가부키歌舞伎 등 다양하며, 모두 현재에도 계승되고 있다는 공통점을 가지고 있다.

그런데 일본의 전통문화에는 일정한 패턴이 있다. 고대의 불교문화, 국풍国風 문화, 중세의 무사 문화, 근세의 조닌町人 문화 그리고 남만南蛮 문화 등 시기와 유형은 다르지만 융합과 변용 과정을 거치면서 지금의 모습이 형성되었다는 점이다. 그런 점에서 일본 문화의 특징으로 중층성重層性과 유연성을 떠올릴 수 있을 것이다.

고대 헤이안平安시대의 국풍 문화는 귀족 중심이었고, 중세의 무사 문화는 고대의 귀족 문화를 흡수·소화하면서 완성되었다. 그리고 중세에 이르러 전통성과 민족성이 강한 독자적 색채의 문화가 성립되었다고 할 수 있다. 근세인 에도江戸시대는 일본 역사에서 비로소 서민 문화가 활발하게 꽃을 피우기 시작한 시기이다. 조닌, 즉 상인이나 장인匠人 계층을 위주로 하는 조닌 문화는 주로 에도江戸·오사카大坂·교토京都 등의 대도시를 중심으로 생겨나고 발전된 행동 문화로, 대표적인 것으로는 가부키와 우키요에·스모相撲가 있다.

## 2) 고대 문화

### (1) 아스카飛鳥 문화: 일본 최초의 불교문화

7세기 초, 일본은 중국의 선진 문물을 적극적으로 받아들였다. 쇼토쿠태자聖徳太子는 관리와 유학생, 유학승으로 구성된 사신단遣隋使을 수나라에 파견하여 대륙의 문화를 받아들이고자 노력하였다. 이 시기의 문화는 나라奈良의 아스카 지방을 중심으로 발달하였기 때문에 아스카 문화라고 한다. 그 후 당나라에도 견당사遣唐使를 보내 대륙의 문화를 배우고자 하였다.

6세기 후반에서 8세기에 이르는 아스카·나라시대에는 중국 대륙과 한반도뿐만 아니라 실크로드를 통해 그리스나 페르시아 지역의 문화도 받아들였다. 이 시기 일본 문화는 사원 건축과 불상 그리고 회화로 대표되는 화려한 불교미술과 공예품이 특징이다.

### (2) 하쿠호白鳳 문화

하쿠호 문화를 시기적으로 구분할 때, 다이카 개신(645년)부터 710년까지를 말하는데, 이 시기는 중앙집권 국가의 형성기로 불교와 당나라 문화의 영향을 크게 받았다. 대사원 건축을 비롯하여 불상·벽화 등이 유명하다. 대표적인 회화로는 다카마쓰총高松塚 고분벽화가 있다. 다카마쓰총은 7세기 말의 고분으로 추정되는데, 석실 내부에는 사실적인 남녀의 인물상·사신도·천체도 등이 그려져 있다.

### (3) 덴표天平 문화: 8세기경

8세기에 일본은 당나라의 수도 장안長安을 모방하여 나라에 도성都城인 헤이조쿄平城京를 조성하고 최전성기를 맞이한 당나라의 문화도 적극적으로 받아들인다. 이 시기의 문화를 일컫는 덴표 문화는 진호鎮護 사상이 강하던 율령律令국가 시기에 절정기에 달하는데, 건축·조각·회화·공예 등 다양한 분야에 걸친 화려한 예술품이 특징이다. 덴표 문화를 대표하는 것으로는 도다이지東大寺에 있는 쇼소인正倉院을 빼놓을 수 없다. 쇼소인에는 국제적인 색채가 강한 귀중한 보물들이 지금까지 보관되어 있다.

### (4) 국풍 문화

나라시대는 호국불교 사상으로 인해 사원의 세력이 확대되면서 정치적으로 혼란기가 이어졌다. 이 상황을 타파하기 위해 간무桓武 천황은 794년 수도를 지금의 교토인 헤이안쿄平安京로 천도한다. 이 시기를 헤이안시대라고 부르며, 헤이안쿄는 이후 메이지유신明治維新까지 1,000년 남짓 일본의 수도가 되었다. 헤이안시대는 무사 정권인 가마쿠라鎌倉시대가 시작되는 12세기 말까지 약 400년간 지속되었다.

헤이안시대 전기에는 국가의 권위를 높이기 위해 중국적인 문화를 중시하여 귀족들의 한문 공부가 유행하였다. 이러한 배경으로 법전 외에 역사서도 편찬하였으며, 8세기의 『니혼쇼키日本書紀』에 이어 한문체의 6국사六国史라 불리는 역사서가 완성되었다. 더불어 당나라의 불교인 천태종天台宗과 진언종真

言宗이 들어오고 밀교密教가 유행하였다.

대륙 문화를 일본의 풍토와 관습에 맞게 소화하고자 하는 노력은 이미 9세기 중기부터 나타났는데, 이 현상은 894년 견당사가 폐지된 이후에 더욱 뚜렷해졌다. 10세기 초, 한반도에서는 고려가 통일되고 중국에서는 960년에 송나라가 건국되었지만, 일본은 이들 나라와 정식 국교를 체결하지 않았다. 이후 외국으로부터의 영향은 점차 약화되고 지금까지의 문화를 일본의 풍토와 생활 풍습에 맞추려는 움직임이 나타난다. 비로소 일본적인 특성을 가진 독특한 문화가 시작된 것이다. 이를 일본적 취향과 자연환경을 반영한 문화라는 의미로 국풍 문화라고 한다. 이처럼 헤이안시대를 대표하는 국풍 문화는 셋칸摂関 정치[1] 시기에 그 기초가 확립되었다.

종교적인 면에서도 불교와 재래 신앙인 신도가 융합된 신불습합神仏習合 사상이 더 널리 전파되었으며, 불교도 정토교浄土教가 발전하면서 교리를 중심으로 하는 학문적 불교에서 일반 백성들이 쉽고 가깝게 다가갈 수 있는 민중불교로 변모하였다. 이 시기에 귀족들의 주택 양식인 신덴즈쿠리寝殿造가 발달하였다. 또한 일본의 자연환경과 풍속을 묘사한 그림들이 많이 등장하였고, 일본의 문자인 가나仮名도 만들어졌다.

한자를 변형하여 만든 히라가나平仮名와 가타카나カタカナ는 11세기 초에 글자체가 대부분 정형화되었고, 그 결과, 한시문漢詩文 대신에 일본인 특유의 사고와 감정을 자유롭게 표현할 수 있는 가나로 쓴 문학 작품이 발달하였다.

9세기 후반에 이미 와카和歌를 훌륭하게 담아내는 가인歌人들이 출현하였으며, 와카는 궁중에서 사교모임에 빠질 수 없는 오락이 되었다. 10세기 초에는 기노 쓰라유키紀貫之 등이 칙명을 받아 최초의 칙찬가집勅撰歌集인 『고킨와카슈

---

1) 후지와라 가문에 의한 외척 정치.

古今和歌集』를 편찬하였다. 이전에 편찬된 『만요슈万葉集』에 비해 기교가 뛰어나고 우아한 가풍歌風을 지닌 이 가집은 와카의 전통으로 불리면서 후세에 커다란 영향을 주었다.

와카와 더불어 산문문학인 모노가타리物語와 일기문학도 발달하였다. 전설을 소재로 한 『다케토리모노가타리竹取物語』는 모노가타리 문학의 시조라고 할 수 있으며, 기노 쓰라유키紀貫之의 『도사닛기土佐日記』는 일기 형식의 작품이다.

셋칸 정치의 최고 전성기를 구가한 후지와라노 미치나가藤原道長 시대에 귀족들의 생활과 감정을 묘사한 무라사키 시키부紫式部의 『겐지모노가타리源氏物語』, 궁중 생활의 체험을 기록한 세이 쇼나곤清少納言의 수필 『마쿠라노소시枕草子』 등을 통해 일본은 고대문학의 황금시대를 맞이하였다.

이 시기 문학 작품의 특징은 작가 대부분이 황후를 보좌하던 여성이라는 점이다. 그 당시 귀족은 일반적으로 딸의 교육에 신경을 썼다. 상급 귀족은 천황의 외척이 되어 권력을 잡고자 했고, 중하급 귀족은 상급 귀족과 친척 관계를 맺은 인연을 통해 출세를 꾀하였다. 후지와라 가문에서는 좋은 가정교사를 채용하여 딸을 와카·서도書道·거문고 등에 능한 숙녀로 키워 천황이나 황태자에게 시집을 보냈다. 그리고 중류 귀족들은 경쟁적으로 딸을 교양인으로 키워, 권력자인 후지와라 가문의 딸이 궁중으로 들어갈 때 그 도우미로 함께 들여보내 후지와라 가문과 인연을 맺음으로써 자신들의 지위를 높이는 수단으로 삼았다. 헤이안시대의 문학 작품은 이들 중하급 귀족 여성들에 의해 탄생한 것이다.

건축에서도 국풍을 강조하는 경향이 나타났다. 귀족들의 저택 건축양식인 신덴즈쿠리는 자연의 경관을 재현한 정원과 건물이 조화를 이룬 일본적인 건축양식이다. 그리고 실내에서 사용하는 생활용품에 당풍의 그림 대신 일본의 사계와 명소를 주제로 한 야마토에大和絵를 그려 넣었다.

당시 귀족들의 생활은 두루마리 그림인 에마키모노絵巻物에 많이 남아 있다. 대표적인 〈겐지모노가타리 에마키源氏物語絵巻〉 속에는 신덴에 딸린 작은 방에 귀족들이 정식 예복인 소쿠타이束帯 차림으로 나란히 앉아 있고, 여러 가지 다채로운 색상의 천이 난간에 걸쳐져 있다. 일상생활 장소였던 신덴즈쿠리 저택은 넓은 정원에 인공으로 산을 만들고 수로를 파서 물을 끌어들임으로써 야외에서의 놀이도 활발하게 할 수 있었다.2)

〈겐지모노가타리 에마키〉에 그려진 귀족의 생활

### 3) 무사 문화

일본의 중세는 무사의 시대이다. 약 400년 동안 이어지는 중세는 가마쿠라 시대, 남북조 무로마치南北朝室町시대, 아즈치·모모야마安土桃山시대로 나눈다. 그리고 각 시대의 문화를 가마쿠라 문화, 남북조 무로마치 문화, 기타야마北山

2) 이영·이재석, 『일본고중세사』, 한국방송통신대학교 출판부, 2007, 192~195쪽.

문화, 히가시야마東山 문화, 아즈치·모모야마 문화라고 부른다.

문화의 주체가 귀족에게서 서민으로 넘어가는 과도기였던 중세에는 무사 계급이 정권을 잡으면서 무사 문화가 생겨났으며, 아울러 서민들에게도 문화 활동과 체험 기회가 열리기 시작하였다. 와카는 헤이안시대에는 귀족들의 전유물이었지만 무로마치시대가 되면서 무사나 서민들 사이에도 보급되어 여러 명이 하나의 시를 완성하는 렌가連歌가 유행하기도 하고, 옛날부터 전해져 내려오던 모노가타리나 구전을 쉬운 문체로 만든 오토기조시御伽草子가 유행하기도 했다.

그리고 이 시기에 선종禅宗 또는 선불교의 영향을 받은 무사 문화와 일본직 색채가 짙은 독특한 전통문화가 많이 생겨났다. 전투 때에 사용하는 무구武具인 갑옷과 투구 그리고 성城 등이 그 예이다. 성의 경우, 종래의 산성山城에서 벗어나 교통이 편리한 평지에 해자를 파고 성벽을 둘러싼 평성平城이 발달하였다. 거기에다 무사들에게 많은 영향을 준 선종 문화가 전통적인 귀족 문화와 융합하면서 일본의 대표적인 문화로 발전해 나갔다.

### (1) 가마쿠라 문화

가마쿠라시대의 문화는 헤이안시대의 귀족적인 국풍 문화와 새로운 지배계급으로 등장한 무사의 문화가 합쳐지면서 성립되었다. 가마쿠라 문화는 귀족 문화와는 달리 무사들의 적극적인 기풍을 반영한 생동감 있고 실용적인 것이 특징이다. 반면, 귀족은 이미 전대에 보이던 화려한 창작 활동이나 열의를 점차 상실해 가고 있었다. 그리고 이 시기에 중국과 정식 외교 관계는 없었지만 교류는 계속되었다. 승려와 상인들의 왕래도 많아지면서 송·원나라의 문화, 특히 선종은 무사들에게 많은 영향을 미치게 되었다.

### (2) 남북조 무로마치 문화

일본 역사상 두 번째 무사 정권인 무로마치 막부는 1336년에 초대 쇼군 아시카가 다카우지足利尊氏에 의해 교토에서 시작되었다. 무사 정권이 귀족의 도시인 교토에 수립된 만큼 문화적으로 조정과 귀족의 영향을 피해 갈 수는 없었다.

무로마치시대의 문화는 기타야마 문화와 히가시야마 문화로 나누어진다. 무로마치 초기의 3대 쇼군 아시카가 요시미쓰足利義満 시대의 문화를 귀족적 색채가 강한 기타야마 문화라고 부르는데, 대표적인 건축물로 금각사金閣寺가 있다.

금각사

8대 쇼군 아시카가 요시마사足利義政의 시대에 이르러, 선종의 영향을 받은 소박하고 차분하면서도 실용적인 무사 문화가 나타났다. 이것을 히가시야마 문화라고 부르는데, 한적함과 예스러움 그리고 유현미幽玄美[3]가 특징이다.

3) 문예·회화·예능·건축 등 각각의 예술 영역에 있어서 일본 문화의 기층이 되는 이념 중 하나로, '사물의 심오한 정취나 그 모양', '운치 깊고 고상하며 우미함', '기품 있고 우아한 것', '점잖고 부드러운 모양' 등의 의미를 가리킨다. 또한 고대의 '모노노아와레物の哀れ'를 계승하는 중세의 문학·예능의

동서양의 역사를 통해 정치나 사회적 안정이 반드시 문화의 발전과 연동되는 것은 아니라는 사실을 알 수 있다. 우리의 고려 팔만대장경이 외세의 침략이 거세게 몰아치던 고려시대에 만들어진 것이나, 15세기의 유럽 국가가 육상 교통로를 통한 무역이 여의치 않게 되면서 대항해시대가 시작되었고 이로 인해 유럽이 세계사를 주도하게 되었다는 것은 잘 알려진 사실이다.

일본 역사에서도 비슷한 경우가 있었다. 일본을 대표하는 전통문화 가운데는 혼란과 혼돈의 시기에 생성된 것들이 많다. 히가시야마 문화는 오닌의 난応仁の乱[4]이라는 혼란기에 시작되었다. 오닌의 난은 8대 쇼군 아시카가 요시마사의 후계자 문제를 둘러싸고 유력 다이묘들이 대립하면서 교토를 중심으로 11년 동안 계속된 내란이다. 이때 중앙의 예능 종사자들은 새로운 활로를 찾아 지방으로 내려가게 되었다. 그런데 중앙의 정치력이 부재하고 전란이 끊이지 않았던 이 시기에 일본을 대표하는 문화들이 나타나게 된 배경은 무엇일까? 그 궁금증을 해결하기 위해 히가시야마 문화를 있게 한 8대 쇼군 요시마사라는 인물에 주목해 볼 필요가 있다.

형제 중에 다섯 번째로 태어난 요시마사는 원래는 쇼군이 될 순번은 아니었다. 하지만 7대 쇼군이었던 형 요시카쓰義勝가 후계자 없이 요절하는 바람에 환속하여 쇼군이 된다. 그 당시 쇼군직은 적자에게 물려주고 나머지 아들들은 출가를 시키는 것이 관행이었다. 이에 따라 승려로 생활하고 있던 요시마사가

---

미적 이념, 즉 표현되지 않는 깊고 은은한 여정余情을 말한다. 그리고 모노노아와레는 헤이안시대의 왕조 문학을 이해하는 데 중요한 문학적·미적 이념의 하나로, 눈에 보이고 귀로 듣는 것에서 촉발돼 생기는 아련한 정취와 불교적인 세계관인 무상관無常観적 애수를 표현한 말이다. 일본 문화 속에 내재하는 미의식과 가치관을 이해하는 키워드 중 하나이다.

4) 무로마치시대인 오닌 원년 1467년 1월 2일에 일어났으며, 쇼군将軍의 후계자 문제를 둘러싸고 지방의 슈고 다이묘守護大名들이 교토에서 벌인 내란이다.

불과 여덟 살의 나이로 쇼군직에 오르게 된 것이다.

어린 나이에 제왕학을 익힐 틈도 없이 쇼군직에 오른 요시마사가 친정親政을 행한다는 것은 사실상 불가능하였다. 이 때문에 막부의 정치는 친모와 외조부 그리고 측근들에 의해 이루어졌고, 성인이 되어서는 정실과 측실, 유력 다이묘들 사이에 다툼이 끊이지 않았다. 이런 이유로 요시마사는 정치에는 관심을 끊고 오로지 예능과 유희에 몰두하게 되었다.

은각사

요시마사는 대규모 기근이 발생했음에도 불구하고 비용이 많이 들어가는 저택을 짓거나, 예능에 탐닉하기 위해 과혹한 세금을 부과하는 등 민생이나 정치에는 관심이 없었다. 그가 현실 정치를 외면하는 대신 도피처로 삼은 것이 후에 은각사銀閣寺로 불리는 히가시야마 산장이었다. 이곳에서 잦은 법회를 열거나 시작詩作을 핑계로 유흥에 빠져 있었다.

정치적으로 무능한 인물이 후에 일본을 대표하는 무사 문화를 있게 한 인물

은각사 내에 있는 동인제

이었다는 것은 아이러니하다. 이 시기를 대표하는 건축물로는 그가 산장에 지은 쇼인즈쿠리書院造 양식의 초기 걸작인 동구당東求堂동인제同仁斎[5]가 있다. 지금의 일본 주택 양식의 기원이 되는 쇼인즈쿠리는 후스마襖라 부르는 맹장지나 창호문인 쇼지障子로 공간을 구분 짓고 바닥에는 다다미畳를 깔고 천장을 넓힌 것이 특징이다. 그리고 방의 상좌上座에 바닥을 한층 높게 만든 도코노마床の間의 벽에는 족자를 걸고 바닥에는 꽃이나 장식물을 놓을 수 있도록 했으며, 그 옆에는 2개의 판자를 아래위로 어긋나게 만든 지가이다나違い棚라는 선반을 두었다.

무로마치시대에 기존의 귀족 문화인 기타야마 문화와 무사 문화인 히가시야마 문화가 가능했던 이유는 문화 활동의 주체가 다양했기 때문이다. 수도인 교토 근교를 중심으로 자치권을 가진 마을인 소손惣村이 조직되었고 지방호족이나 부호층이 문예 활동의 새로운 주체가 되어 등장한 것이다. 이처럼 사회 환경의 변화는 모든 계층의 문화가 서로 영향을 주고받으면서 발전해 나가는 계기가 되었다.

선진 지역인 수도 주변에 많이 나타난 자립적 주민자치체 마을인 소손은 주민 스스로가 규약을 만들어 마을을 공동 운영하고 있었다. 소손은 공동의 재산과 생명을 지키기 위해 단결하고 강해질 수밖에 없었다. 그 방법은 제례였고, 이를 마쓰리라고 한다. 귀족인 구조 마사모토九条政基는 소손의 제례에서 본 노能 공연을 다음과 같이 기술하고 있다.

---

5) 아시카가 요시마사가 교토 히가시야마 산장에 세운 사당으로 초기 쇼인즈쿠리의 중요한 건축양식.

> 이런 시골인데도 불구하고, 그들이 하고 있는 노는 용모와 자태도 괜찮고, 언어 표현도 아주 좋다! 수도 교토의 노에 전혀 밀리지 않는다!

이는 당시 지방의 문화가 상당한 수준이었다는 것을 말해 준다. 지방의 문화 수준이 하루아침에 향상되었다고 단정 지을 수는 없다. 다만 무로마치 중기가 되면 기량을 가진 예능 집단이 지방을 순회하며 공연함으로써 지방에서도 중앙의 세련된 고급문화를 접할 기회가 많아졌고, 이로 인해 마사모토의 말처럼 지방의 문화 수준이 중앙에 밀리지 않게 된 것이다. 쇼군 요시마사 시대의 정치의 부재는 오히려 중앙의 문화가 지방으로 전달되는 것을 가속화시켰다고 할 수 있다.

### (3) 아즈치·모모야마 문화

오다 노부나가織田信長와 도요토미 히데요시豊臣秀吉가 통치하던 시대를 각각 그 본거지가 된 거성居城의 이름을 따서 아즈치·모모야마시대라 부르고, 또 이 시대의 문화를 아즈치·모모야마 문화라고 한다.

아즈치·모모야마시대는 중세에서 근세로 전환되는 시기이며, 새로운 질서를 구축하고자 하는 창조적인 기운으로 넘치던 시대였다. 그 주체 세력이 바로 강력한 군사력과 경제력을 지닌 신흥 다이묘들이었고, 또 이들과 결탁한 부유한 상인들이었다. 아즈치·모모야마 문화에는 주체 세력의 기질과 경제력이 잘 반영되어 있다.

이 시기 문화의 특징은 먼저, 현세를 구가하는 현실적인 성격이 강하다는 점이다. 노부나가와 히데요시는 중세의 사원 세력을 철저하게 견제하고 타격함으로써 이들이 가지고 있던 지배계급으로서의 지위를 빼앗았고, 이는 학문과 예술을 포함한 문화 전반에 걸쳐 종교의 위력을 감퇴시키는 결과를 가져왔다. 이로써 문화는 무사와 부유한 상인들을 중심으로 하는 매우 강한 세속적인 성격을 띠게 되었다.

둘째로는 신선하면서도 호화스러운 분위기를 가진다는 점이다. 신흥 지배자들은 경쟁적으로 의식주를 호사스럽게 가꿈으로써 자신의 권력과 권위를 과시하고자 했다. 그리고 도시의 민중들은 생활과 직결되는 문화를 꽃피웠으며, 남만인들로부터 전래된 새로운 외래문화는 이 시대의 풍속과 생활에 이채로움을 더했다. 이는 학문과 종교적 측면보다는 미술공예와 생활 문화에 중점을 둔 새로운 형태의 문화였다. 이 시대가 일본의 르네상스로 일컬어지는 것도 이러한 점 때문인데, 본질적으로는 무사의 권력하에 성립된 봉건 문화라고 할 수 있다.

이 시대의 통일 정신과 권세를 상징하는 것은 성곽과 저택 건축이다. 당시의 성은 기본적으로는 군사시설이었지만, 다이묘의 주거를 겸한 공간으로 권력을 과시하는 건축물이었다. 평지에 축성된 성 안에는 여러 용도의 구조물과 방어시설, 즉 복층의 천수각天守閣과 혼마루本丸를 비롯해 석벽 또는 흙벽 그리고 해자垓字 등이 조성되어 있었다.

유명한 성곽으로는 노부나가의 아즈치安土성·히데요시의 후시미伏見성과 오사카大阪성 이외에 히메지姫路성·오카야마岡山성·히로시마広島성·마쓰모토松本성 등이 있다.[6] 지금은 히메지성과 마쓰모토성의 천수각이 국보로 지정되어 있으며 나머지 성들은 파괴된 후 일부 복원되거나 성터만 남아 있다.

---

6) 아즈치성과 후시미성, 오사카성 등은 천하통일을 이룬 위세와 위엄을 과시하기 위해 웅대하고 화려하게 지어졌고, 내부는 호화스러운 조각과 그림으로 장식되었다. 내부의 후스마와 벽, 병풍에는 금박지에 청색과 녹색칠을 한 다미에濃絵 양식의 호화스러운 장벽화가 그려졌다. 그림의 소재는 자연 경관·조수·화초·인물 등이다.

## 4) 남만 문화

센고쿠戦国시대 이후, 서양의 선교사와 포르투갈 상인들은 유럽의 문화를 일본에 전했다. 이렇게 전해진 서양문화를 남만 문화라고 부른다. 그들은 천문학과 의학·지리학·역학 등 실용적인 학문뿐만 아니라 지구의地球儀와 활자 인쇄기 등을 전해 왔으며, 유화와 동판화銅版画 제작 기법도 전해 주었다. 이 영향으로 일본인들은 남만 병풍을 그리거나 남만풍의 옷을 입는 경향이 나타났다.

그리고 아마쿠사天草나 나가사키長崎 등지에서는 종교 서적이 번역되었고, 선교사들이 가지고 들어온 인쇄 기계를 통해 로마 문자로 기록된 기독교 관련 서적과 일본어 사전, 일본 고전 작품도 출판되었다. 이러한 남만 문화는 에도 막부의 쇄국 정책으로 인해 곧 단절되고 말았지만, 몇몇 포르투갈어는 지금도 일상생활에서 사용되고 있으며 의복과 식물 이름에 그 영향이 남아 있다.

## 5) 조닌 문화

센고쿠시대의 일본은 세계적으로 손꼽힐 정도의 강력한 군사력을 갖춘 군사 강국이었다. 그러나 에도시대에 이르러 전쟁이 사라지고 막부가 쇄국 정책을 취하면서 군사 산업은 축소되었다. 이로 인해 군인으로서의 무사가 필요 없게 되면서 에도시대의 무사는 이념적으로는 군인이었지만 현실적으로는 관료가 되었다. 이들은 연봉에 해당하는 고쿠다카石高[7]가 정해져 있었기 때문에

7) 근세 일본에서는 토지 생산성을 고쿠高라는 단위로 표시하였다. 히데요시 시대의 토지조사인 다이

에도시대 265년 동안 소득은 거의 늘지 않았다. 관료로서의 무사는 넘쳐 났기에 이를 해결하기 위한 방편으로 동일한 업무를 여러 명이 나누어서 하는 이른바 업무 분담이 보편적인 고용 형태가 될 수밖에 없었다.

예를 들면, 에도마치부교江戸町奉行를 남과 북으로 나누고 매월 담당자를 교체하는 식이었다. 이것은 한 곳에 권력이 집중되는 것을 막기 위한 목적도 있었지만, 사실은 실업자 문제를 해결하기 위한 방편이기도 하였다. 에도마치부교는 에도, 즉 지금의 도쿄의 행정과 사법을 담당하는 관리라고 이해하면 된다.

반면, 무사들과는 대조적으로 농민이나 상인들의 소득은 점차 늘어났다. 에도시대에는 쌀을 연공으로 납부했기 때문에 쌀 수확량이 중요시되었다. 이로 인해 초기 100년 동안은 신전 개발에 따른 농지의 증가로 쌀과 보리 등 농작물의 생산이 늘어났다. 뿐만 아니라 각지에서는 면綿·의복의 염료인 쪽藍·등유의 원료인 유채기름·담배 등 쌀 이외에 돈으로 바꿀 수 있는 특산물 재배도 활발하게 이루어졌다. 여기에다가 처음에는 '二公一民'이라 해서 수확량의 3분의 2는 다이묘, 나머지 3분의 1은 농민들의 몫이었던 연공도 1700년경부터 '一公二民'으로 바뀌었다. 이렇게 해서 농민들의 가계에는 여유가 생기고 소비와 저축을 자유롭게 할 수 있는 가처분소득이 늘어났다. 아울러 옷감·사탕·소금·기름 등을 만드는 수공업과 광업, 상품유통업이 발달하면서 상인과 장인 세력이 두드러지게 성장하였다.

에도·교토·오사카와 조카마치城下町에 거주하는 상인과 장인들을 조닌이라

---

코겐치太閤検地부터 메이지시대의 지조개정地租改正까지 다이묘·하타모토旗本의 영지 면적 및 군역 기준을 고쿠다카로 표기하였다. 아울러 농민들에게 부과하는 연공도 고쿠다카를 기준으로 삼아 징수하였다.

불렀다. 이들은 풍부한 경제력을 바탕으로 문화 활동에도 관심을 가지게 되는데, 이들이 즐겼던 에조시絵草紙[8]·하이쿠俳句·닌교조루리人形浄瑠璃·우키요에·가부키·스모 등은 훗날 일본을 대표하는 문화로 발전하였다.

다음은 조닌이라는 용어가 생기게 된 배경과 이들의 생활 기반이 되었던 마치町에 대해서 살펴보도록 하자.

일본의 도시는 수많은 마치를 단위로 이루어져 있다. 구미欧美 지역에서는 도시명과 가로街路명, 번지로 주거를 표시하는 것이 일반적인데, 일본에서는 도시명과 마치가 도시를 구성하는 단위가 된다. 지금은 사정이 많이 달라졌지만, 본래 마치는 도로를 사이에 두고 양쪽에 마주 보고 있는 집들에 의해 구성되는 한 구획이었다.

평균적인 규모의 마치는 한 쪽으로 약 20채, 양쪽을 합하여 약 40채 정도의 집을 포함하고 있다. 주민들에게 있어 마치는 생활을 같이하는 지역 공동체일 뿐만 아니라, 주민 자치조직이고 행정단위였다. 큰 도시의 경우 몇 개의 마치가 연합해서 더욱 큰 조직을 만드는 경우도 있었다.

현재에도 마치는 단순한 주거 표시 이상의 의미를 가진다. 각 마치에는 지역모임인 조나이카이町内会나[9] 자치회 등 다양한 명칭의 주민 친목모임이 조직되어 자율적으로 운영되고 있다. 아울러 이들 친목모임은 행정기구의 말단 역할을 담당하고 있다.

---

8) 에도시대 중반부터 에도에서 출판된 삽화가 들어간 오락용 책으로 구사조시草双紙라고도 불렀다. 에도의 대중 서적의 중심을 차지하였다.

9) 일정 지역에 거주하는 주민 등을 회원으로 하여 서로 간의 친목을 도모하고 복지 증진을 위해 노력하며, 관공서나 각종 단체와 협력을 추진할 목적으로 설립된 임의의 단체. 명칭에 대해 정해진 원칙은 없으며, ○○조나이카이·○○자치회·○○맨션 자치회라 칭하거나 단순히 ○○회라 부르기도 한다.

마치는 15세기 말에 교토에서 출현하여 오사카나 사카이堺 등 서일본의 도시를 중심으로 발달하였다. 그러다가 전국적으로 퍼져 나가기 시작한 것은 에도시대에 들어서면서부터이다. 이때부터 마치에 사는 주민들을 조닌이라 부르기 시작하였는데, 그들 대부분은 상업과 수공업 등에 종사하고 있었다. 조닌들은 도시를 구성하는 주요 계층으로서 근대 이후에는 중산계급을 형성한다. 당시 조닌이라 불리기 위해서는 자신의 집을 가지고 있어야 했다. 마치에 살며 자기 소유의 집을 가진 조닌에게만 마치의 운영에 참여할 수 있는 권리와 의무가 주어졌던 것이다.

그런데 같은 조닌이라고 하더라도 그 성격은 시기에 따라 차이가 나타난다. 17세기 초에는 교토나 오사카 지방을 중심으로 하는 가미가타上方의 호상豪商들을 조닌이라 불렀다. 진취적 기상이 넘치는 이들은 주로 투기적인 해외 무역이나 광산 경영·토목사업 등에 종사하며 거액의 부를 축적하였고, 이렇게 해서 얻은 경제력을 바탕으로 사치스러운 문화 활동에 전념하였다.

그러나 변화의 분수령이 되는 17세기 중기에 그들은 몰락의 길을 걷게 된다. 막부의 쇄국 정책에 의해 해외 무역의 길이 막히면서 경제적으로 큰 타격을 입게 된 것이다. 이들은 다이묘를 상대로 하는 고리대금업을 통해 어려움을 타개해 보려 했지만 원금조차 회수하지 못하는 결과를 초래한다.

초기의 호상들이 몰락하고 17세기 후반이 되면 근면하고 검소한 생활을 신조로 삼는 서민층이 조닌 사회의 중심이 된다. 이들은 일상의 물자를 취급하는 상인이자 장인들이었다. 이전처럼 소수의 큰 고객을 상대로 하는 것이 아니라 같은 조닌들을 상대로 하는 소매업을 통해 부를 축적하였고, 경제력을 가지게 된 그들의 소비생활은 행동 문화를 통해 나타난다. 서민들이 주체가 되어 종전에 볼 수 없었던 소비문화를 만들어 낸 것이다.

부의 축적과 소비의 확대, 여가의 증대는 대중사회를 지탱하는 조건이다.

그런 점에서 볼 때 18세기부터 일본의 도시에는 조닌들이 주도하는 대중문화가 싹텄다고 볼 수 있다. 출판물의 증가, 극장의 성황, 예술과 놀이 문화의 보급 등 오늘날 일본의 대표적인 대중문화는 조닌 문화의 소산물인 것이다.

에도시대에 불특정 다수인 조닌들을 중심으로 하는 활발한 행동 문화가 가능했던 것은 읽을거리와 연극, 예술과 놀이 문화에 몰두할 수 있는 경제력이 있었기 때문이다. 즉, 마치와 조닌은 현대 일본의 도시와 시민 문화의 원형이라고 할 수 있다.

### 6) 대중문화

서민들이 문화 활동의 주체가 된 시기는 그리 오래되지 않았다. 일본의 경우, 다이쇼大正시대부터 대중문화가 시작되었다고 보는 것이 일반적이다. 그리고 메이지유신 이후 일본에서는 정부 주도로 산업·과학 기술·정치 제도 등 공공 분야의 근대화가 추진되고 있었으나, 각종 문화는 기본적으로 전통의 색채를 유지하고 있었다.

다이쇼시대가 되면서 대중들의 생활 및 행동양식에 큰 변화가 일어났다. 국민교육의 확대로 인해 고학력자가 증가하고 여성의 사회 진출이 늘어나면서, 도시를 중심으로 사무직에 종사하는 샐러리맨들이 생겨났다. 중급 정도의 생활수준을 유지하는 이 계층의 사람들을 '신新중산층'이라 불렀다. 여성들도 타이피스트·전화 교환수·버스 차장 같은 일을 중심으로 사회로 진출하게 되는데, 이들을 '직업부인職業婦人'이라 불렀다. '신중산층'과 '직업부인'은 대중사회의 시작을 알리는 신조어라고 할 수 있다.

국민들의 식자율이 높아지고 고학력자가 늘어나면서 활자매체의 이용도 증가하였다. 신중산층과 직업부인들은 신문·잡지·라디오·영화와 같은 매스미디어의 주 고객층이 되었다. 이처럼 일본은 다이쇼시대가 되면서 일반 노동자들이 주체가 되는 대중문화가 본격적으로 시작되었다.

# 2

## 생활 예술, 다도茶道

### 1) 차의 전래와 유행

8세기경 견당사遣唐使에 의해 일본으로 전래된 차는 헤이안시대만 하더라도 귀족과 승려들이 마시는 특별한 음료였다. 천황이 법회에 참가한 승려에게 단맛을 내는 식물인 감갈·후박·생강 등을 첨가한 히키차引茶를 대접하기도 하였다.

끽다의 풍습이 정착하기 시작한 것은 중세 가마쿠라시대로 승려 에이사이栄西가 송나라에서 선종과 함께 말차·찻잔·차 도구·차 씨앗을 가지고 귀국하면서부터이다. 이때는 가루차인 말차를 물에 풀어서 마시는 형태였으며, 처음에는 승려가 참선을 할 때 졸음을 쫓거나 병을 치료하는 약용으로 쓰였다. 에이사이는 『끽다양생기喫茶養生記』에서 "차는 인간의 내장을 강화시키고 수명을 연장시키는 선약仙薬이다"라고 차의 효능에 대해 설명한다.

이후 차는 기호음료로 애용되었으나 무로마치시대가 되면서 차 맛을 비교하여 산지를 알아맞히는 투차闘茶가 유행한다. 가마쿠라시대 후기가 되면 각 지역에서 차가 재배되기 시작하는데, 생산지마다 품질에 차이가 있었다. 당시 최고급 차는 교토 근교의 도가노栂尾에서 생산되는 '도가노 차'로, 이를 본차本茶라 부르고 그 이외의 지역에서 나는 차를 비차非茶라고 불렀다.

투차의 방법은 여러 가지가 있었다. 초기의 투차는 다양한 차를 마셔 본 후, 본차와 비차의 산지를 맞추는 놀이에서 시작되었다. 후에 교토의 우지宇治에서 생산되는 차의 품질이 향상되면서 우지 차가 본차로 분류되었고, 투차의 방식도 복잡해졌다.

투차가 가장 유행하던 남북조시대부터 무로마치시대 초기에는 네 종류의 차를 열 번 마신다는 의미의 '시슈짓푸쿠 차四種十服茶'가 유행하였다. 시슈는 종차種茶라 부르는 세 종류와 객차客茶라 부르는 한 종류를 합한 총 네 종류를 이르는 말이다. 먼저 종차 세 종류에 1번 차·2번 차·3번 차라는 의미로 '이치노 차一ノ茶'·'니노 차二ノ茶'·'산노 차三ノ茶'라고 적고, 참가자들에게 각각 그것을 시음토록 해서 맛과 향을 확인시킨다.

투차 풍경

다음에는 이 세 종차에서 각각 3개의 주머니, 시음 때에 내지 않았던 한 종류의 객차에서 1개의 주머니를 만든다. 이렇게 해서 만들어진 총 10개의 차 주머니를 무작위로 참가자들에게 마시게 한다. 참가자들은 열 잔의 차를 마시고 난 다음 어느 차가 처음에 마셨던 이치노 차·니노 차·산노 차인지, 어느 차가 비차인지를 맞추게 되고 가장 많이 맞춘 사람을 승자로 하는 게임이다.

때로는 이를 여러 번 반복하는 경우도 있었다. 센고쿠시대의 무장 사사키 도요佐々木道誉의 '백복 차百服茶'라는 것이 있는데, 이것은 도가노산 본차와 그 이외의 비차를 섞은 열 종류의 차를 열 번 반복하여 마시고 난 뒤 어느 차가 본차인지를 알아맞히는 방식으로, 한 번 시작하면 밤새도록 투차가 행해졌다고 한다. 이 밖에도 다양한 투차 방식이 있었다.

차를 마시는 습관이 승려에서 무사 그리고 서민에게로 퍼져 나가면서 '차 한 모금에 엽전 한 닢一服一錢'이라는 말처럼, 누구나 쉽게 싼값으로 마실 수 있는 입매차立売茶가 등장한다.

차가 대중적인 인기를 끌면서 차 도구에 대한 관심도 높아졌다. 가라모노唐物라 불리는 중국제 미술공예품으로 실내를 장식하고 연회를 여는 호사스러운 다회가 유행하게 되는 것도 이쯤이다. 14세기의 차 마시는 풍습은 투차나 연회 속의 끽차와 같이 유희적인 성격이 강했다.

차를 파는 상인

## 2) 심신을 세련되게 가꾸는 생활 예술, 다도

다음은 다도의 성립에 대해서 살펴보도록 하자. 일본의 다도가 성립되는 과정에는 세 명의 중요한 인물이 등장한다.

무라타 주코

첫 번째 인물이 무라타 주코村田珠光이다. 무로마치 중기, 끽다 문화는 획기적인 전기를 맞이한다. 호화롭고 값비싼 가라모노로 장식하던 즐거운 연회의 분위기에서 벗어난 간소한 공예품을 사용하는 부족不足의 차 모임이 등장한 것이다.

'부족의 차'라는 말이 생소한 표현일지도 모르겠지만, 쉽게 말해 한적하고 차분한 가운데 소박하고 여유로운 멋을 즐기는 차를 가리킨다. 이것을 와비[10]차わび茶라 부르는데, 이 와비차는 승려인 무라타 주코에 의해 시작되었다. 주코는 호화로운 끽다 풍습을 비판하고, 선종의 승려가 행한 구도정신을 바탕으로 외견보다는 정신세계를 충실히 하는 것에 가치를 두고 차의 작법을 만들었다.

그는 값비싼 중국제에서 벗어나 일상에서 찾을 수 있는 소박한 일본산 도자기를 사용하였고, 은둔자가 지내는 암자를 이상적인 다실로 여겨 다다미 4장

---

10) 일본인들의 미의식을 '와비詫び·사비寂び'로 표현하기도 한다. '와비'는 정신성을 표현하는 것인데 반해 '사비'는 내면적인 본질이 겉으로 드러나는 그 변화를 미의식으로 파악하는 개념이다. 이것은 중국으로부터 전래된 선종의 영향으로 무로마치시대 이후, 사물의 본질을 추구하는 선종 사상이 무사나 지식계급을 중심으로 유행하면서 당시의 문예文芸에도 영향을 주었다. 이처럼 일본인들이 선호하는 와비의 미와 사비의 미를 '불균제不均斉의 미학'으로 표현하기도 한다. 아울러 이것은 다도에서 추구하는 와비차詫び茶와도 연결된다.

다케노 조

반 크기의 작은 다실을 만들었다. 넓은 방에서는 병풍을 둘러 작은 공간을 연출하기도 했다.

주코의 다도를 심화시킨 인물이 다케노 조武野紹鴎이다. 그는 어딘가 부족하고 시들어 가는 모습에서 아름다움을 찾는 미의식을 도입하고 주코의 와비차를 더욱 발전시켜 나갔다. 다케노 조는 다도와 선은 추구하는 것이 같다는 '다선일미茶禪一味'를 주창하였으며, 간소하면서도 질박한 다실을 만들고, 정신적인 측면이 강조된 와비차를 추구하였다.

주코와 조의 일본 다도를 완성시킨 인물이 센노 리큐千利休이다. 주코를 다도의 창시자라 한다면 조는 다도를 중흥시킨 인물이며, 리큐는 일본 다도를 완성시킨 사람이라고 정리할 수 있다.

센노 리큐

리큐는 오다 노부나가와 도요토미 히데요시의 적극적인 후원을 받으면서 이들의 최측근으로서 다도를 담당하는 다두茶頭라는 지위에 오른다. 특히 히데요시는 리큐에게 다도를 배운 제자이기도 했다.

히데요시는 전투 중에도 리큐를 전장에 동행시킬 정도로 차를 즐겼다. 리큐는 다도의 의례적인 측면·차도구·다실·다실로 들어가는 좁은 길인 로지路地·차 제조법의 양식화 등 오늘날 일본 다도의 근본이 되는 와비차를 완성시켰다. 리큐는 중국제의 명품 다기를 중시하는 기존의 가치관과는 달리 와비의 미의식에 어울리는 다소 거칠고 소박한 도자기를 선호하였으며, 다실의 출입문인

니지리구치躙り口·토벽土壁·작은 도코노마床の間를 고안하여 초암 다실을 만들었다. 작고 좁게 만든 니지리구치는 허리를 숙이고 들어가야 하는데, 다실 안에서는 누구나 동등한 입장에서 차를 마셔야 한다는 리큐의 사상이 반영된 구조라고 할 수 있다.

일본의 전통적인 예능 분야에는 이에모토家元라는 것이 있다. 이에모토란 전통예능 분야의 최고 권위를 가진 전승자나 계통을 가리키는 말로, 다도의 경우 리큐의 후손과 제자들이 몇 개의 유파를 만들어 이를 전수·발전시켜 왔다. 이들 유파는 정통 수장인 이에모토를 정점으로 하여 수백만 명의 문하생을 배출했으며, 이렇게 배출된 문하생들은 일본 국내외에서 활동하고 있다.

다음은 리큐에 의해 완성된 형식미를 즐기는 다도에 대해서 알아보기로 한다. 일본의 다도가 무라타 주코·다케노 조·센노 리큐를 거치면서 발전할 수 있었던 배경에는 무사 계급의 전폭적인 지지와 호응이 있었다.

리큐가 추구한 이상적인 다도는 어떤 것이었을까? 다도는 선종의 정신세계와 의식에 맞추어 수양을 도모하는 행위로, 단순히 차의 맛을 즐기는 것이 아니라 다도를 익히는 과정 자체를 중시하며, 그 수련 과정을 통해서 심신을 세련되게 가꾸는 데 가치를 두는 생활 예술이다.

차는 약용이나 부처에게 올리는 공양물 또는 승려들의 정신을 맑게 하는 음료로 쓰였다. 이는 한중일 삼국이 공통적이다. 그러나 중세 일본에서는 다케노 조나 센노 리큐 등의 다인들이 활동하면서 차를 마시는 여러 가지 규칙이 정해졌고, 이 규칙에 따라 차를 즐기면서 중국이나 한국과는 차 문화가 차별화되기 시작하였다. 리큐 사후, 다도는 대중화되기 시작하였고 에도 막부의 전국 지배가 확립되면서 경제력을 갖춘 상인 계급의 성장과 함께 차 문화의 저변이 확대되었다.

다음은 다회에 대해서 알아보자. 주인이 다실에 손님을 불러 차를 마시며 이야기를 나누는 것을 다회라고 한다. 다회는 개최 시기와 목적 등에 따라 일곱 가지 기본 형식이 있는데, 이를 다사칠식茶事七式이라고 한다. 스승이나 제자 또는 벗을 초대하기 위해 다실과 다도구 등을 갖추어 놓고, 좋은 화젯거리가 있으면 언제라도 다회를 열어 다도를 즐길 수 있도록 하는 것이다.

### 다사칠식

① 낮 다회: 정오에 모여 간단한 식사인 가이세키懷石를 곁들여 여는 다회

② 밤 다회: 겨울철 밤에 열리는 다회

③ 아침 다회: 주로 여름날 아침에 열리는 다회

④ 요바나시夜咄 다회: 겨울철 해가 지고 나서 열리는 다회

⑤ 자취 다회: 신분이 귀한 손님이 다녀간 뒤, 그 손님의 자취를 기억하기 위해 열리는 다회

⑥ 불시 다회: 불쑥 찾아온 손님을 위해 여는 다회

⑦ 식후 다회: 가이세키를 내지 않고 화과자만 제공하는 다회

그 밖에도 새로 딴 찻잎을 밀봉해 두었다가 11월에 개봉하여 마시는 개봉 다회, 독객独客 다회, 잔불을 감상하는 잔불 다회, 새벽 4시경부터 동이 트는 풍경을 감상하는 새벽 다회 등 다채로운 다회가 있다. 다회에서는 주인과 손님은 일생에 단 한 번밖에 없는 소중한 만남이라는 뜻의 '이치고이치에一期一会'정신으로 차를 대접하고 마신다.

다도의 구체적인 모습을 이해하기 위해 표준이 되는 낮 다회의 진행 순서에 관해 살펴보자. 앞에서도 설명했듯이 다도는 여러 유파가 있으며, 각 유파에 따라 조금씩 진행 방식이 다르다.

우선 다회를 주최하는 주인은 초대할 손님들에게 초대 편지를 보내고 그들로부터 참석 여부를 확인한 후 다회 준비를 한다. 다회 당일이 되면 약속한 손님들은 다실 정원 입구에 있는 대기실에 모인다. 이때 손님들은 한 사람씩 정객正客·차객次客·삼객三客·사객四客·말객末客 등으로 역할을 분담한다. 역할에 따라서 다실 내에서 차를 대접받는 순서와 앉는 자리가 정해진다. 이것은 일본의 예약 문화와 깊은 관계가 있다고 볼 수 있다.

손님들은 외外 로지라고 하는 바깥 정원의 굽은 길을 걸어 들어가 준비된 의자에 앉아서 기다린다. 주인이 맑은 물이 담긴 통을 들고 나와 손 씻는 물그릇에 채워 놓고 들어가면 손님들은 일어나서 차례로 손을 씻는다. 그 후 주인은 안쪽 정원인 내內 로지로 들어가는 문을 열어 손님들을 맞이하며 인사를 나눈다. 다실의 안쪽 정원은 나무를 심고 굽은 길을 만들어 그윽한 산중에 있는 것 같은 느낌을 주도록 한다. 다실은 소박한 맛을 풍기도록 꾸미는데, 보통 초가로 지붕을 만들고 벽에는 흙을 발라 자연스러운 멋을 낸다.

주인은 안쪽에 있는 출입구를 통해 먼저 다실에 들어가서 손님들이 들어오기를 기다린다. 손님들은 니지리구치를 통해 몸을 숙이고 기어 들어가듯이 다실로 들어간다. 니지리구치의 크기는 가로·세로 약 60센티미터 정도이다. 이렇게 입구를 작게 만든 이유는 다실에서는 빈부귀천이 따로 없고 모두가 평등한 관계라는 사실을 상징적으로 나타내기 위해서이다.

손님들은 다실 안으로 들어가서 주인과 인사를 나눈 뒤, 차례대로 정해진 자리에 앉는다. 주인은 먼저 이로리いろり라고 하는 실내용 화덕에 숯불을 피우는데, 이때 손님들은 숯불의 모습을 감상한다. 계속해서 주인은 향을 피워 정취를 돋우고, 이어서 준비해 두었던 가이세키 요리를 대접한다. 가이세키 요리는 일시적으로 허기를 달랠 정도의 간단한 식사로 밥 한 주먹·국 한 그릇·반찬 세 가지이며 술을 곁들이기는 하지만 취하지 않을 정도로 조금만 마신다.

식사를 하고 난 다음 주인은 다과를 내고, 손님들은 그 다과를 먹고 나서 정원으로 나와 잠시 휴식을 취한다. 손님들이 휴식을 취하는 동안 주인은 다실에 걸어 두었던 족자를 떼어 내고 그 자리에 꽃을 장식하고 차를 준비한다. 준비가 끝나면 주인은 걸어 두었던 징을 쳐서 손님들에게 들어올 시간이 되었음을 알린다.

손님들은 다시 손을 씻고 차례대로 다실로 들어와 자리에 앉는다. 주인은 먼저 진한 차를 낸다. 이로리에 새로 숯을 얹어 숯불을 지피고 다과를 낸 뒤, 이번에는 맛이 연한 차를 낸다. 그동안에 손님과 주인은 여러 가지 이야기를 나누고 시도 짓고 주인의 차도구나 다실에 대해 감상도 하며 다회를 즐긴다. 보통 한차례 진행하는 데 걸리는 시간은 4시간 이내로 하며, 그 이상 길어지지 않도록 한다. 손님의 수는 5명 이내를 원칙으로 한다.

다실에서는 세속적인 이야기는 금하고 시나 차를 이상적인 이야깃거리로 삼아서 풍류를 즐긴다. 다실은 '시중산거市中山居'라고 해서 깊은 산중에 있는 것과 같은 마음이 들어야 한다.

다음은 다도에서 지켜야 할 네 가지 규율인 '사규四規'에 대해서 알아본다. 선종에서는 승려들이 '화和·경敬·청清·적寂'을 기본으로 생활해야 한다고 말한다. 리큐도 바람직한 다실의 분위기, 즉 다도를 하고자 하는 사람들이 지녀야 하는 마음가짐은 이 네 가지에 있다고 했다.

다도의 기본 정신인 사규를 순서대로 살펴보면, 먼저 '화'란 사이좋게 지내며 나아가 불심에 의해 하나로 잘 어우러지는 상태를 말한다. 불이일여不二一如하는 상태가 곧 화의 정신이다. 서로 다른 것이 하나가 된다는 의미이다. '경'이란 상호 존중의 마음가짐이며, '청'은 감각적·물질적인 청정무구 상태를 기본으로 한다. 이는 정신세계의 청정은 물론 다실과 차도구의 청결과도 통하며 '적'은 조용한 상태로 공간의 정적뿐만 아니라 주위에 의해서 동요되지 않는 마음의 정적, 즉 적연부동寂然不動의 심경을 말한다.

다음은 다도의 미의식인 '와비'에 대해서 알아본다.

다도는 다실에서 차를 마시면서 담소를 나누는 생활 예술이다. 다실에서의 행동이 의식화되어 있고 차 도구까지 미리 정해져 있는데, 여기에 일본인의 미의식과 선종의 영향이 결합되었다. 다인들은 사규가 구현되는 다회의 공간을 더욱 흥미롭고 진지한 자리로 만들기 위해서 격조 있는 미의식을 추구하였다. 다도에서 추구하는 미의식을 '와비'라고 부른다.

와비란 한적한 가운데 느끼는 정취, 소박하고 차분한 멋 또는 한거閑居하는 상태를 아름답다고 여기는 미적 감각을 지칭하는 말이다. 즉, 한적하고 차분한 것·호화로운 것보다는 흠이 있어서 사람들의 관심에서 밀려난 것·버려진 것·쇠퇴한 것·불완전하고 불균형적인 것 가운데서 느낄 수 있는 미를 적극적으로 존중함을 가리킨다.

리큐는 당시까지 전해지던 차 마시는 풍습을 다듬고 체계화해서 다도의 이론·다실 및 정원·차도구·예법 등을 완성시킨 까닭에 다도의 성인, 즉 다성茶聖이라고 불리고 있다.

그는 또 다도의 기본적인 마음가짐에 대해 다음과 같이 언급하고 있다.

> 좋은 다회란 느낌에 거슬림이 없는 지극히 자연스러운 공간을 갖추고, 평온한 마음으로 차를 나눌 수 있어야 하는 것이다. 이처럼 다도의 기본적인 마음가짐은 누구나 다 알 수 있는 평범한 일 같지만, 정작 이를 실천하기는 쉽지 않다.

이는 제자들이 늘 숙제처럼 여기고 있던 '좋은 다회란 어떤 것인가?'라는 질문에 대해 리큐가 한 말이라고 전해진다. 즉, 누구나 언제든지 위와 같은 마음가짐으로 다도를 할 수 있을 것 같지만 실상은 그렇지 않다는 사실을 표현한 것이다. 리큐는 생전에 다도에 관한 저서를 남기지 않았다. 그러나 사후에 그의 제자들이 『난보로쿠南方録』라는 서적을 펴내 '와비차'의 개념 형성에 큰 영향을 끼쳤다.

다음은 주로 무사 계급을 비롯해서 남성들의 교양 활동으로 발달한 다도가 여성들의 생활 예술로 확대되는 근대 이후의 다도에 대해서 알아보도록 한다.

메이지시대의 서구화 물결은 전통문화에 대한 이탈을 가속화시켰다. 이는 메이지유신 이후 서양 문화를 중시하는 사회적 분위기 때문이었다. 다도도 한동안 쇠퇴기를 맞았으나 지식인들이 중심이 되어 다시 관심을 가지게 된다. 신흥 재벌이나 유명 정치인들에 의한 다회가 개최되었고, 서양식 생활 습관에 어울리는 입식立式 다도인 류레이立礼가 고안되어 1872년 일본 최초의 교토 박람회에서 소개되기도 했다. 이 시기에 출판된 오카쿠라 덴신岡倉天心의 『차의 책茶の本』은 다도의 대중화에 기여했다는 평가를 받는다.

젊은 세대에게 다도를 보급할 필요성을 느낀 다인들은 학교에서 다도를 가르치는 일에 힘을 쏟았고, 그 결과 다도가 여성 교양 교육의 필수과목으로 자리 잡았다. 여학교를 중심으로 다의과茶儀科가 생기는 등 다도를 학교 교육의 일환으로 채택하면서 남성 중심이었던 다도의 세계에 여성의 비율이 많아지게 된 것이다. 현재의 다도는 꽃꽂이와 함께 일본인들의 실용적인 생활 예술의 위치를 차지하고 있다.

# 3

# 살아 있는 유산, 전통예능

전통문화가 지니는 일반적인 성질은 먼저, 현대에 살고 있는 사람들도 긍지를 가지는 문화의 영역이라는 것이다. 둘째, 전통문화는 같은 국민으로서의 동질성을 느끼는 데 정신적인 구심점 역할을 하는 것이기 때문에 보호·장려·육성의 대상이 된다. 셋째, 전통문화가 전승되어 온 배경에는 전승 주체자들의 끊임없는 노력이 있었다. 넷째, 전승 주체자들을 따르고 협력하는 다수의 후원자들의 공로도 있었다.11)

## 1) 일본을 대표하는 무대예술

일본은 다양한 무대예술을 보유하고 있는 나라이다. 먼저 전통예능에는 노能·분라쿠文楽·가부키 등의 연극이나 음악이 있고, 현대 무대예술로는 메이지 시대 이후에 외국에서 들어온 오페라·발레·무용·연극 등이 있다.

일본의 4대 전통연극으로는 깊은 정취를 추구하며 아름다운 춤과 우아한 노래를 볼거리로 제공하는 노(노가쿠能楽라고도 함), 노 공연 중간에 웃음과 풍자를 선사하는 교겐狂言, 섬세한 동작과 짜임새 있는 줄거리로 관객을 사로잡

11) 박전열·이영, 『일본전통문화론』, 한국방송통신대학교 출판부, 1999, 3쪽.

는 정통 인형극인 분라쿠(닌교조루리人形浄瑠璃라고도 함), 마지막으로 화려한 무대와 연기력을 볼거리로 제공하는 가부키가 있다.

지금 일본을 대표하는 전통문화는 무로마치시대에 그 뿌리를 두고 있는 것들이 많다. 이 시기에 일본 문화의 기본 구성이 갖춰졌다고 해도 과언이 아닐 정도로 예술 면에서는 화려하게 꽃을 피운 시대이다.

그 이유는 귀족과 무사 그리고 선종을 중심으로 하는 불교문화, 여기에 수도 교토를 중심으로 발달한 농촌 자치체인 소손의 출현과 이 두 가지의 연결고리 역할을 한 지방호족, 유력 농민과 경제력을 가진 부유층이 문화 활동의 주체로서 등장한 것과 밀접한 관계가 있다. 이로 인해 모든 계층의 문화가 뒤섞여 서로 영향을 주고받으면서 발전할 수 있었던 것이다. 노의 전신인 사루가쿠猿楽12)·덴가쿠田楽13)가 노·교겐으로 발전하게 된 것이나 무로마치시대 문화가 실용적인 면이 많은 것도 이러한 이유에서이다.

그리고 간과해서는 안 되는 중요한 사실이 하나 있다. 오닌의 난이다. 11년 동안 교토를 중심으로 일어난 내란으로 인해 수도를 중심으로 활동하던 예능인 집단이 전란을 피해 새로운 활로를 찾아 지방으로 내려가면서 예술과 문화의 저변이 확대되었다는 사실이다. 이때 노·교겐·수묵화·오토키조시お伽草子·다도·화도華道 등이 전란을 피해 지방으로 전파되었다.

선종의 승려들 사이에서 시작된 수묵화는 자연의 풍경·동물·새·꽃 등을 소

12) 원래 나라시대에 중국 대륙에서 산가쿠가 들어오면서 시작되었다. 산가쿠 예능 중 흉내 내기와 같이 골계滑稽적인 것을 중심으로 발전하였으며, 여기에 익살이나 곡예, 주술 등을 동반함으로써 인기를 끌었다.

13) 헤이안시대 말기부터 유행한 민간 예능인 무악舞楽의 하나로, 모내기 때 신전 앞에서 오곡 풍요를 기원하며 추었던 의식 무용에서 유래한다. 파종하고 농사짓는 과정의 소박한 행위를 흉내 내어 무용화한 것이 점차 일정한 형식으로 정비되었다. 덴가쿠도 '덴가쿠의 노'와 '사루가쿠의 노' 형성에 영향을 끼쳤다.

재로 하는데, 나중에 전문 화가에 의해서 그려지게 되었다. 오토기조시는 무로마치시대에 유행한 동화풍의 소설이고, 이케바나生け花라고도 불리는 화도는 식물과 그 외의 다양한 재료를 조합해서 구성하고 감상하는 예술이다.

화도에는 다양한 유파가 있으며, 양식과 기법이 유파마다 달랐다. 원래 화도는 일본에 불교가 전래되면서 부처님 앞에 꽃을 공양하던 데서 유래하였다. 무로마치시대가 되면서 지금의 일본 주택의 원형이라고 할 수 있는 쇼인즈쿠리의 도코노마에 촛대·향로·화병을 공양으로 올리게 된다. 이 세 가지를 미쓰구소쿠三具足라 한다. 이후, 일본 화도의 명문 이케노보池坊가에 의해 지금의 이케바나가 성립되었다.

일본은 전통과 현재가 잘 공존하는 나라이다. 예술 분야도 예외는 아니다. 현대에 생겨나 많은 사람들의 관심과 사랑을 받고 있는 무대예술 가운데는 여성 전용이라고 불릴 만한 예능도 있다. 세계에서 유일하게 전원 여성들로 구성된 다카라즈카 가극단宝塚歌劇団이 있고, 초기에는 남성 예능인들이 중심이었지만 지금은 역사와 전통을 가진 여성 예능인의 대명사가 된 게이샤芸者가 있다. 다카라즈카 가극단이 단체로 공연을 하는 반면, 게이샤는 한 명 또는 몇 명이 전통무용과 음악을 공연한다.

문화 발전과 정치, 사회의 안정이 반드시 비례하는 것은 아니다. 일본을 대표하는 전통문화 가운데는 혼란과 혼돈의 시기에 생성된 것들이 많다. 이 장에서는 일본의 4대 연극 가운데 노, 교겐, 분라쿠에 대해서 알아보고 가부키는 다음 4장에서 자세히 소개하기로 한다.

## 2) 노能

14세기 중엽에 성립된 노는 가무극으로 주로 노멘能面이라는 가면을 쓰고 공연하며, 귀족적 색채가 강한 매우 정형화되어 있는 의식 예능이라 할 수 있다. 노는 무사들로부터 전폭적인 지지를 받으면서 발전하였다. 원래 노는 노와 교겐의 전신인 산가쿠散楽14)와 사루가쿠에서 시작되었다.

6세기 중엽, 중국에서 아악雅楽이 전해졌고 산가쿠라 부르는 민간 예능도 전래되었다. 아악은 지금도 궁내청宮内庁에서 계승되고 있다. 산가쿠는 익살·흉내 내기·곡예 등의 기술을 모아 연기하는 대중 예능이다. 산가쿠에 풍자적인 요소가 더해져 발전한 것이 사루가쿠이다.

가마쿠라시대에는 농경의례로부터 생겨난 덴가쿠田楽가 유행하고, 또 승려들이 법회 후에 공연한 엔넨延年15)이라고 하는 사원 예능도 번성하게 된다. 덴가쿠는 우리의 농악과 유사하다. 이러한 여러 가지 예능, 즉 춤이나 노래 등이 서로 섞이면서 남북조시대부터 무로마치시대 초기에 걸쳐 노의 원형이 만들어진다.

노는 사루가쿠·덴가쿠와 같은 흉내 내기, 곡예와 같은 예능에 가무歌舞적인 요소가 더해지면서 예술성을 높였다고 할 수 있다. 당시 예능은 익살스러운

---

14) 산가쿠는 가벼운 익살·흉내 내기·곡예 등의 예능을 총칭하는 말로, 나라시대에 조정에서는 산가쿠시(散楽師: 산가쿠 예능인)라는 양성 기관을 설치하여 보호, 관리하였다. 그러나 헤이안시대 초기인 8세기 말 간무桓武 천황 때부터 조정의 양성 기관이 폐지되면서 산가쿠는 사찰·신사·길거리에서 공연되었고, 산가쿠의 여러 예능이 각각 다른 예능과 융합하면서 중국의 산가쿠와는 다른 독자적인 발전을 이루었다.

15) 사원에서 대법회가 있은 후 승려와 어린아이에 의해 연기된 일본의 예능. 단독으로 하는 예능이 아니라 무악이나 사루가쿠, 대사를 주고받는 풍류, 향토색이 강한 가무음곡이나 사루가쿠, 시라뵤시白拍子, 유행가 등 귀족 예능과 서민 예능이 잡다하게 뒤섞인 것을 총칭한다.

흉내 내기가 중심이었다. 각지에서 활동하던 사루가쿠의 배우들은 집단으로 활동하면서 사찰과 신사의 제례에서 공연을 했고, 농촌의 제례에서 발전한 덴가쿠와도 교류하면서 서로 영향을 주고받았다. 이들은 가마쿠라 중기부터 교토·오사카를 중심으로 활발하게 활동하였다.

노의 역사를 이야기할 때 반드시 언급되는 인물이 있다. 14세기 후반, 무로마치 막부의 3대 쇼군 아시카가 요시미쓰의 후원을 받은 간아미観阿弥·제아미世阿弥 부자父子이다.

간아미는 원래 나라와 교토를 중심으로 사루가쿠를 공연하는 유랑 예능 집단의 배우였다. 간아미는 사루가쿠에 가무적인 요소를 가미하여 음악을 창작하고 전해 내려오는 이야기들을 노로 엮어 내는 재능을 가지고 있었다. 그는 힘찬 예풍을 우아한 예풍으로 바꾸고 리듬과 선율을 중시하여 음악적으로 크게 변화시켰다. 그리고 그의 또 다른 공적은 천재 아들 제아미를 키운 것이다.

제아미는 아버지가 목표로 한 유현幽玄을 이상으로 하는 예능을 연마하여 고도의 무대예술로 완성시켰다. 아울러 노의 이론적 뒷받침으로 『풍자화전風姿花伝』16) 등 다수의 저술을 남기기도 하였다. 제아미는 빼어난 용모와 뛰어난 연기로 쇼군 요시미쓰의 마음을 사로잡았다고 한다. 간아미·제아미 부자는 쇼군 아시카가 요시미쓰의 적극적인 후원에 힘입어 기존의 노의 줄거리를 고치거나 다듬어 연출을 발전시켰다. 이 두 사람의 노력에 의해 14세기에 오늘날의 노가 성립된 것이다. 사실 이전까지만 하더라도 노는 서민들도 같이 보고 즐기던 오락이었는데, 쇼군 요시미쓰의 후원과 지지를 받으면서 지배계급인

---

16) 제아미가 쓴 노의 이론서로 제아미가 남긴 21종의 전서伝書 중 최초의 작품. 부친 간아미의 가르침을 바탕으로 노의 수행법·마음가짐·연기론·연출론·역사·노의 미학 등 제아미 자신이 터득한 예도의 관점에서 해석하였다.

무사들의 예능이라는 이미지가 고착화되어 갔다.

유현미를 추구하는 가면 무극으로 발전한 노는 음악·춤·연기가 한데 어우러지는 종합예술로, 교겐과 더불어 중세에 발생한 대표적인 일본의 전통연극이다. 가무극적 요소가 강한 노에 비해 대사적 요소를 더한 것이 교겐이다. 노는 가면 무용극, 교겐은 코미디나 개그라고 보면 된다. 노는 노가쿠도能楽堂라는 전용 극장에서 전문 남성 배우들로 구성된 노가쿠시能楽師의 연기가 이루어진다. 그런데 노를 처음 접하는 사람이나 노에 대한 지식이 부족할 경우에는 단순한 무대장치와 절제된 동작, 문어체의 대사, 느린 템포로 인해 다분히 지루하게 느껴질 수도 있다.

노는 이야기의 전개보다는 연기자들의 미묘한 움직임과 절제된 감정 표현을 즐기는 것을 감상 포인트로 하는 연극이다. 배우들은 희로애락을 드러내지 않는 미묘한 표정의 신비스러운 노멘을 쓰고 우아한 춤으로 유현미幽玄美를 표현한다. 노 공연에 있어 생명과도 같은 역할을 하는 것이 노멘인 것이다.

노는 가면극이지만 모두 노멘을 착용하는 것은 아니다. 신·신선·망령 등 초인간적인 존재를 연기하거나 미적인 표현을 위해 노멘을 착용한다. 극 중에서 여성을 연기할 때는 노멘을 착용하지만 현실 속의 남성을 연기할 때는 쓰지 않는다.

지금은 노 전용 극장이 많이 있다. 대표적인 곳으로는 국립 노가쿠도, 간제觀世 노가쿠도 등 일본 전국에 80여 곳의 크고 작은 노가쿠도가 있다. 예전의 노는 신을 즐겁게 하기 위해 바치는 공양물로 여겨, 신사의 제사의식의 일부로 공연되었다. 그래서 공연이라 하지 않고 '공양 올린다'라고 하였다.

노 공연이 이루어지는 노 무대는 독특한 구조를 가지고 있다. 역사를 느낄 수 있는 지붕이 달린 무대, 이승과 저승을 이어 주는 것 같은 느낌의 통로, 신성神性을 느끼게 하는 벽면의 노송, 신기한 소우주를 연상케 하는 공간은 관객과 무대가 하나가 되는 세계를 체험할 수 있게 한다. 지금도 유명 신사 경내에는 노 무대가 남아 있는 곳이 많으며, 정기적으로 노 공연이 열리기도 한다.

노의 모태인 산가쿠는 곡예 중심의 예능과 대사극 중심의 예능으로 분화되었다. 이 중 대사극이 사루가쿠이다. 당시에는 곡예보다는 대사극을 조금 더 고상한 예능이라고 우대하는 풍조가 있었다. 이 고전적인 사루가쿠에 신비적인 요소나 신앙적인 요소를 더한 것이 노이다.

당대의 권력자들의 노에 대한 사랑은 각별하였다. 도요토미 히데요시는 자신을 주인공으로 하는 노를 만들게 했으며, 노에 심취한 에도 막부 2대 쇼군 히데타다秀忠의 후원을 받아 쇼군가의 정식 의례용 음악으로 채택되기도 하였다. 그러나 연기와 기법이 고도로 발달하고 세련되어진 반면, 고착화의 경향이 강해지면서 일부를 제외하고는 새로운 작품의 제작이 중단되기도 하였다.

중세에서 근세에 걸쳐 무가의 지원에 힘입어 발전을 거듭했던 노는 메이지 유신으로 막부의 비호를 못 받게 되면서 한때 존폐 위기에 처하게 된다. 그러나 정치가, 황실과 화족華族, 구 지방 다이묘 그리고 신흥 재벌의 후원에 힘입어 이전보다 더욱 번성하였다. 그리고 제2차 세계대전 후의 혼란기에도 큰 타격을 받아 다시 한번 존폐 위기를 맞지만, 많은 사람의 헌신적인 노력으로 다시 살아나, 지금은 일본을 대표하는 고전 예능이 되었고 해외로부터도 높은 평가를 받고 있다.

### 3) 풍자와 웃음의 연극, 교겐狂言

교겐은 노처럼 나라시대에 아악 등과 함께 도래한 산가쿠의 계통을 잇는 예능으로, 풍자와 웃음을 특징으로 하는 전통연극이다. 불교의 예능적 영향을 받은 사루가쿠 본래의 익살스러운 흉내 내기가 교겐으로, 음악과 무용은 노로서 각각 자리를 잡아 나갔다. 무용을 중심으로 한 가무극인 노와 대사를 위주로 하는 희극인 교겐은 대조적인 모습을 보이지만, 기원을 함께하며 같은 무대공간에서 서로 영향을 끼치면서 발전하였다.

교겐이라는 말은 원래 예능을 지칭하는 용어가 아니라 엉터리 농담으로 상식에서 벗어난 말이나 우스갯소리를 지칭하였는데, 무로마치시대에 이르러 해학과 익살을 지닌 대사극을 뜻하게 되었다.

무로마치시대 초기, 간아미·제아미 부자에 의해 사루가쿠가 현재의 노와 거의 비슷한 형태가 되었을 때 교겐은 노 공연에 편입되었다. 호화찬란한 모모야마 문화가 융성했던 시기에는 교겐 무대에서도 명인이 속출하였다. 또한 무로마치시대 후기부터 에도시대 초기에 걸쳐 3개의 유파가 성립되어, 교겐카타狂言方라 불리는 노 소속의 수많은 배우도 도쿠가와시대의 제도 정비에 따라 이 세 유파에 흡수되어 갔다.

또한, 무로마치시대에는 노와 같은 무대에서 공연이 이루어졌다. 노가 장중하고 우아하며 유현한 세계를 추구한다면, 교겐은 가볍고 즐거운 일상 세계를 묘사하여 풍자와 웃음을 선사한다. 아울러 교겐은 노와는 달리 공연 시간이 짧고 내용이 이해하기 쉬우며, 웃음이라는 요소가 현대인들도 쉽게 다가갈 수 있어 오늘날에도 인기 있는 전통연극이다.

초기에는 작가도 없고 대본도 없이 내용이나 연출의 골격만 정하고 무대마다 배우가 즉흥적으로 대사를 첨가하여 연기하였다. 그러나 에도시대 이후, 세련미를 추구하게 되면서 즉흥성에 의지하지 않도록 대본이 정비되었고, 현재 상연되는 교겐의 작품 수는 약 260편 정도로 노와 비슷한 수준이 되었다.

교겐도 메이지유신으로 인해 막부의 비호를 잃으면서 혼란기에 빠졌으나, 이후 현재의 두 유파가 각각 활성화되었다. 전후에 명인이나 젊은 연기자들이 정력적으로 활동을 펼친 결과, 교겐의 예술성과 그 진가가 넓게 인식되었고, 오늘날에는 일본뿐만 아니라 해외에서도 높은 평가를 받고 있다.

노와 교겐이 성행하던 시기는 살생과 파괴로 인한 혼란과 혼돈이 가득한 전란의 시대였다. 그 와중에도 중앙에서 지배계급의 전유물이나 다름없었던 문화 예술이 지방으로 이동하였고, 지방의 무사나 서민들도 중앙의 문화를 접하기 시작하였다. 이 과정에서 전통문화는 오히려 더 다양해지고 저변이 확대되는 시너지 효과를 발휘하며 문화발전을 이루어 낸 것이다.

이처럼 교겐과 노는 형제와 같은 일본의 고전 예능이라고 할 수 있다. 아울러 650여 년 동안 끊임없이 부모로부터 자녀에게, 자녀로부터 손자에게, 또 스승으로부터 제자에게 한 번도 끊어지지 않고 계속 전해져 온 연극은 전 세계적으로도 일본의 노와 교겐밖에 없다고 해도 과언은 아닐 것이다.

### 4) 인형극, 분라쿠文楽 = 닌교조루리人形浄瑠璃

분라쿠는 다유太夫가 샤미센三味線[17]에 맞추어 서사적인 스토리라인을 이야기와 노래로 전개하며, 이에 맞추어 인형을 놀리는 인형극이다. 사실 분라쿠라고 하면 왠지 낯선 인형극으로 접근하기 어렵다는 이미지가 있을지도 모른다.

---

17) 일본의 가장 대표적인 현악기로 민요의 반주나 근세 일본 음악의 대부분의 연주에 사용된다.

그러나 지금은 웬만한 극장에서는 자막 서비스도 해주기 때문에 처음 보는 사람들도 어렵지 않게 즐길 수 있어 공연 티켓을 구하기 어려울 정도로 인기가 많다. 해외 공연도 활발하게 이루어지고 있으며 유네스코에서 지정한 세계 무형유산으로도 등재되어 있는 예능이다.

분라쿠의 원형이 되는 것이 조루리이다. 조루리란 반주에 맞춰 특수한 억양과 가락을 붙여 엮어 나가는 예능으로 초기 무렵에는 비파琵琶 법사라고 불리는 눈먼 악사가 비파[18] 소리에 맞춰서 고대 무사 가문의 흥망성쇠를 그린 군기물인 헤이케모노가타리平家物語 등을 읊었다. 그 후, 16세기 중반 무렵부터 오키나와沖縄에서 건너온 악기인 샤미센을 사용하게 되었다. 조루리는 샤미센 반주에 곡조를 붙여 낭창朗唱하는 가타리모노語り物[19]로 발전하다가 16세기 말, 인형극 형태로 완성되어 지금까지 전승되고 있다. 샤미센이라는 악기는 일체형 악기가 아니라 조립식 악기이다. 샤미센 연주자는 공연 시간 1시간 전에는 반드시 공연 장소에 도착해야 한다. 왜냐하면 샤미센의 각 부분을 조립해서 현을 연결한 후, 최소 1시간이 경과해야만 현이 팽팽해져서 좋은 소리를 내기 때문이다.

일본의 전통예능이나 문학 용어로 모노가타리 또는 가타리모노라는 단어가 많이 나온다. 헤이안시대에 나타난 일본 문학의 한 형태인 모노가타리는 저자가 본 것과 들은 것 또는 상상을 기초로 하여 인물이나 사건에 대해 서술한 산문문학 작품으로, ○○이야기·○○스토리로 직역할 수 있다. 당시에는 영웅담이나 귀족의 사랑 이야기, 전설 등을 산문 혹은 운문으로 이야기하거나 쓴 것을 가리킨다. 일본 문학이나 음악의 분류 명칭으로 구전되는 이야기를 말하는

18) 타원형의 몸통에 곧고 짧은 자루가 달린 현악기.

19) 곡조를 붙여 악기에 맞추어 낭창하는 이야기나 읽을거리를 말한다.

가타리모노는 '가타리모노 문예' 또는 '구승문예口承文芸'라고 한다.

섬세한 동작과 짜임새 있는 줄거리가 볼거리인 분라쿠는 소규모로 활동하던 인형극 집단과 샤미센히키三味線引き[20]가 합세한 공동 작업에서 시작되었다. 분라쿠의 삼위일체를 이루는 이들은 인형을 조종하는 닌교즈카이人形遣い, 대사와 극의 내용을 전개하는 다유太夫, 다유의 노래 반주와 배경 음악을 연주하는 샤미센히키라고 불린다.

줄거리가 있는 인형극에 악기 연주가 더해진 예능인 닌교조루리를 분라쿠라고 하는 이유는 조루리의 명인이었던 우에무라 분라쿠켄植村文楽軒이 오사카에 인형극 전용 극장인 분라쿠좌文楽座를 만든 데서 유래하였다.

유카床라고 부르는 지름 2.5미터 정도의 회전무대에는 다유와 샤미센히키의 자리가 위치하며, 다유와 샤미센히키는 몇 시간에 걸쳐 진행되는 1회 공연 동안 여러 명이 교대한다.

1.3~1.5미터짜리 인형에 생명력을 불어넣는 인형 조종자인 닌교즈카이는 세 명이 한 몸같이 움직인다고 해서 산닌즈카이三人遣い라고 부르기도 한다. 세 사람이 매달려 인형의 동작을 분담해서 조작하는 것이 분라쿠의 특징이다.

산닌즈카이의 구성을 보면, 다리를 조종하는 아시즈카이足遣い, 왼쪽 팔을 조종하는 히다리즈카이左遣い, 얼굴과 오른손을 조종하는 오모즈카이主遣い로 나누어진다. 인형 조종자로서 인정받기까지는 정신이 아찔할 정도로 오랜 수련 기간을 필요로 한다. 최소 아시즈카이 수련 과정 10년, 히다리즈카이 10년의 세월이 흘러야 오모즈카이가 될 수 있다.

분라쿠는 인형극이기 때문에 인형을 조종하는 사람의 역할이 매우 중요하다. 그래서 분라쿠에서는 '있지만 없음'을 상징하는 구로고黒衣의 역할이 매우

---

20) 샤미센 연주에 맞추어 조루리라는 형식의 장편 서사시를 부르며 유랑하는 예능인.

크다. 구로고는 한자에서 알 수 있듯이 검은 복장을 한 사람이라는 뜻이다. 인형 조종자들이 검은색 옷을 입고, 검은색 헝겊으로 얼굴을 가리고 나와서 인형을 조종한다.

한편, 베테랑 인형 조종자의 얼굴을 보고 싶어 분라쿠를 보러오는 관객들도 많다. 관객들의 요구에 대응하는 서비스 차원에서 중요한 장면에서는 얼굴을 드러내기도 한다. 이러한 연출법을 데즈카이出遣い라고 한다. 그러나 매우 특별한 경우를 제외하면 아시즈카이와 히다리즈카이는 얼굴을 노출하지 않고 공연하게 된다. 분라쿠의 인형 조종은 모두 산닌즈카이로 이루어지는 것은 아니다. 히토리즈카이一人遣い라 해서 하인이나 시녀, 통행인 등 중요하지 않은 단역이나 동물 역할은 한 사람이 담당한다.

유형화된 분라쿠의 인형은 40여 종류이고 분라쿠는 주제와 내용에 따라 크게 세 가지 장르로 나눠진다. 첫 번째는 시대물로, 특정 시대를 배경으로 하여 귀족과 무사들의 사이에서 일어나는 사건을 소재로 다룬다. 두 번째는 세와모노世話物로, 현실 생활을 소재로 삼고 있다. 나머지 하나는 무용극이다.

# 4

# 가부키歌舞伎

## 1) 일본인들이 가부키에 열광하는 이유

에도시대를 대표하는 문화라고 하면 일본인들은 가부키·우키요에·하이쿠俳句를 떠올린다. 이 모든 것이 서민 문화이다. 서민 문화가 꽃을 피운 배경에는 서민들의 경제력이 있었다. 에도시대 경제의 기본은 쌀이었다. 도쿠가와 가의 가신인 하타모토旗本·고케닌御家人 그리고 각 번藩의 가신들에게는 막부와 다이묘로부터 후치마이扶持米라는 이름의 쌀이 급료로 지급되었다. 이 가운데 자신이 먹을 양을 제외하고 나머지는 팔아 그 대금을 생활비로 사용하였다. 그러면서 점차 화폐 사용이 늘어났고, 상인 계급이 성장하게 되면서 많은 자본을 축적한 호상들도 생겨났다. 농본주의 경제하에서 자본주의 경제가 발달하게 된 것이다.

약 400년 전에 탄생한 가부키는 사실주의를 추구하는 오늘날의 일반적인 연극과는 달리 특유의 양식과 미의식에 의해서 성립되었다. 가부키 연기는 과장스러운 면이 많고, 배우와 관객 사이의 약속에 의해 연기나 인물의 성격을 상징적으로 나타내며 극적 흥미를 더해 준다.

가부키를 처음 보는 사람이나 앞으로 보려고 하는 사람은 먼저 배우를 보라는 말이 있다. 가부키는 성립 당시부터 서민들의 전폭적인 지지를 받았고, 지금도 많은 관객이 공연장을 찾고 있는 일본 전통예능의 대표주자라고 할 수

있다. 가부키는 음악과 춤 그리고 연기와 연출이 종합된 무대예술이다. 가부키 음악은 샤미센 음악과 함께 발전하였고, 상연 목록에 따라 다양한 레퍼토리를 자랑하는 무용은 아름다운 몸놀림이 기본이다. 그런데 이 이름은 나중에 붙여진 차자借字이다. 처음에는 히라가나로 '가부키かぶき'라고 했지만 메이지시대 이후, 지금의 한자로 표기하게 되었다.

가부키는 배우의 연기력과 매력을 중심으로 발전한 연극이다. 그리스의 비극이나 프랑스의 고전극 그리고 셰익스피어 연극 등 서양의 연극이나 오페라를 대표하는 작품은 작가나 작곡가 중심으로 발달하였다. 작가나 작곡가의 이름이 먼저 나오고, 그 뒤에 작품을 소개하고 기억한다.

반면, 가부키는 가타오카 다카오片岡孝夫의 '데라코야寺子屋', 나카무라 다마사부로中村玉三郎의 '사쿠라히메桜姫'와 같이 주연 배우의 이름이 먼저 나온다. 가부키는 그만큼 배우에 대한 기대감이 크게 작용하고, 스토리는 배우가 이끄는 대로 융통성 있게 전개된다. 이것이 에도시대부터 오늘날까지 이어진 가부키의 존재방식이다.

가부키의 관객은 주연이나 인기 배우가 등장하는 부분에서 반드시 박수를 보낸다. 객석에서는 무대를 향해 큰 소리로 말을 건다. '나리타야成田屋!', '오토와야音羽屋!' 같은 방식으로 배우가 소속되어 있는 극단 명칭을 소리쳐 부르는데, 이것은 가부키의 등장인물인 배우를 향한 함성이다.

한편, 해외의 무대예술인 오페라나 연극에서는 진행 중에 특정 인물을 향해서 박수나 성원을 보내는 경우는 별로 없다. 대신 막이 내리고 난 뒤에 관객들이 모두 일어서서 '브라보!'라고 환호한다. 이는 작품 전체에 대한 감상을 객석 전체가 마음껏 표현하는 것이다.

가부키의 특징은 서민들을 대상으로 시대의 변화에 부응하면서 지속적으로 새로운 주제를 작품에 추가하고 발전해 왔다는 점이다. 여기에서는 연출기법이나 작품 종류에 대한 설명은 최대한 배제하고 가부키의 성립과 변천, 가부키가 오랜 세월동안 대중들로부터 사랑과 관심을 받을 수 있었던 이유에 대해서 살펴보고자 한다.

가부키는 재정 자립도가 높다. 이것은 가부키가 지금도 많은 대중으로부터 사랑받고 있음을 나타내는 척도이기도 하다. 파리나 밀라노의 오페라좌와 같은 세계적인 극장은 정부의 보조금을 받고 운영되고 있는 데 반해, 가부키는 일절 정부의 재정적인 지원 없이 공연 수익금으로 운영되고 있다.

연기력을 갖추고 대중적으로 인기 있는 가부키 배우는 드라마나 영화의 주인공으로도 활약한다. 일본의 공영방송사인 NHK에서는 매년 1년 단위로 역사 대하드라마를 방영하고 있다. 역사의 인물을 주인공으로 하는 이 드라마는 당대 최고의 인기와 연기력을 갖춘 연기자를 주연배우로 기용하는 것으로 유명한데, 가부키 배우가 낙점되는 경우가 많다. NHK는 2003년 방송 개시 50주년 기념과 대하드라마 40주년을 기념하는 작품으로 드라마 〈무사시武蔵〉를 방영하였다. 〈무사시〉의 주인공은 사무라이 미야모토 무사시宮本武蔵였으며, 주연을 맡았던 배우 이치가와 에비조市川海老蔵(방영 당시는 이치가와 신노스케市川新之介라는 예명을 사용함)는 지금도 최고의 인기와 연기력으로 수많은 연예 매체의 주목을 받고 있다. 이처럼 가부키는 과거에만 머물러 있지 않고 지금도 대중들의 사랑과 주목을 받고 있는 전통예능이다.

가부키는 배우들의 연기와 동작을 가르치는 강좌까지 있을 정도로 인기가 많다. 공연을 관람하기 전부터 주변에 소문을 내 부러움을 사기도 하고, 관람 후에는 내용에 관해 우쭐대며 자랑할 정도로 누구에게나 사랑받는 인기 오락이다.

## 2) 단속의 대상에서 일본을 대표하는 전통예능으로

에도 초기의 가부키 관객은 무사들이 많았다. 당시의 가부키 공연에 관한 그림을 보면 관객석에 무사들이 많이 보인다. 에도시대 초기에는 상급 무사들이 경제력을 가지고 있었기 때문에 가부키 공연에 무사들의 모습이 많이 보이는 것은 당연한 일이다. 그러나 무사들의 가부키 공연 참관을 금지하는 막부의 정책으로 인해 후기가 되면 가부키 관객은 조닌과 농민, 즉 서민들이 주류를 이루게 된다.

에도시대의 가부키는 단속의 대상이었다. 막부는 가부키 극장과 그 주변을 놀기만 하는 방탕한 곳이라는 의미의 아쿠쇼悪所라 불렀다. 가부키 극장 주변은 유곽과 더불어 에도의 2대 아쿠쇼로 불리며 막부로부터 단속을 받았지만 가부키의 인기는 여전히 절대적이었다. 막부는 가부키 극장에 무사들이 출입하는 것을 금지하였으나, 극장에는 다른 손님들이 서로 얼굴을 볼 수 없도록 발을 쳐 둔 곳이 있어 출입이 어렵지 않았다.

전제정치가 행해지던 에도시대에 가부키를 공연하기 위해서는 막부의 허가가 있어야만 했다. 막부는 일관적으로 가부키를 적시하며 사사건건 탄압하였다. 그 때문에 가부키는 막부에서 장려하는 권선징악勧善懲悪 작품을 공연하는 것처럼 감시망을 속이면서 현실을 비판하거나 풍자하기도 했다.

가부키가 이렇듯 막부의 눈을 피해 가면서까지 현실 비판과 풍자성이 강한 작품을 무대에 올리고자 한 이유는 실현実現 예능이기 때문이다. 실현 예능은 문학이나 미술과는 달리 관객이 없으면 성립할 수 없다.

문학이나 미술 작품은 독자나 감상하는 사람이 없어도 살아남을 수 있다. 출판할 생각 없이 써둔 일기가 나중에 출판된다거나, 동굴 벽화가 나중에 귀중한 미술 작품으로 평가받는 경우가 있는 것처럼 말이다. 그러나 가부키는 배우 및 관계자와 관객이 서로 상호 관계를 가져야만 성립되는 것이다. 상호 관계란 마치 야구공을 주고받는 캐치볼과 같은 것이라고 보면 이해가 쉬울 것이다.

가부키는 관객들이 내는 입장료로 유지되는 공연예술이다. 그렇기 때문에 가부키는 주 관객층인 서민들의 요구에 적합한 작품을 무대에 올릴 수밖에 없었다. 늘 관객들의 요구사항을 체크하고 그들의 기호나 취향을 반영해야만 했다. 권선징악이나 도덕적 내용만으로 이루어진 가부키 작품은 관객들로부터 외면받기 십상인 까닭에 겉으로는 막부의 규정에 따르는 시늉만 하고, 관객들의 요구사항이 반영된 작품을 무대에 올렸다. '철은 담금질하면 할수록 단단해진다'는 말처럼 가부키는 막부로부터 탄압을 받으면 받을수록 더 단단해졌던 것이다. 가부키는 막부의 간섭을 피해 복잡하면서도 완성도 높은 예능으로 성장하였고 에도시대의 예능 가운데 가장 영향력 있는 무대예술로 자리매김하였다.[21] 그것이 찰리 채플린C. Chaple이 가부키를 '무대예술의 최고봉'이라고까지 극찬한 이유일 것이다.

단속 대상이던 가부키가 고상한 전통문화로 인식되기 시작한 것은 메이지 시대 이후의 일이다. 외국에서 온 귀빈들을 위해 공연을 하는 등 외국에 자랑할 만한 일본의 대표적인 무대예술로 격상시키기 위해 노력한 결과, 신분 제한 없이 누구나 즐기는 예능으로 자리매김하게 되었다.

21) 赤坂治績,『江戸時代-武家政治庶民文化』, 日新聞出版, 2012, pp.2~7.

### 3) 가부키의 성립과 변천

가부키는 노·교겐 그리고 인형극인 분라쿠와 더불어 일본을 대표하는 전통예능으로서 노래와 춤, 연기가 어우러지는 종합예술이다. 약 400년 전인 에도시대 초기에 탄생한 이래, 여러 가지 우여곡절을 겪으면서 면면히 계승되어 온 이 고전 연극은 오늘날에도 여전히 수많은 사람에게 즐거움과 감동을 주고 있다.

#### 가부키모노かぶき者와 가부키

가부키라는 단어에는 재미있는 유래가 있다. 센고쿠시대 말기부터 에도시대 초기에 걸쳐 '가부키모노'라 불리는 자들이 있었다. 자기주장이 강하며 개성 있는 복장을 하고 거친 언동을 일삼으며 유행을 이끌어 나가는 이들은 기존의 가치관이나 규범에 얽매이지 않고 기세등등하게, 때로는 안하무인으로 거리를 활보하고 다녔다.

가부키모노의 등장은 오랜 전란의 시대가 끝나고 평화의 시대가 도래하는 상황과도 맞물려 있다고 할 수 있다. 새로운 정부가 들어서면 우선시하는 것이 체제 안정과 시스템 구축이다. 안정적으로 국가를 통치하기 위해서는 규제가 강화되고, 통제가 엄격해지게 된다.

에도시대 초기가 바로 이런 시기였다. 혼란과 파괴가 일상이었던 전란의 시대에 자유분방한 생활을 하던 가부키모노에게 새로운 정권의 통제 정치는 불만과 반발을 불러일으키기에 충분했다. 특히 사농공상士農工商이라는 신분 제도가 확립되었던 까닭에 혈기왕성한 젊은이들의 체제와 지배계급에 대한 반발은 예상할 수 있었다.

무사와의 싸움에서 이긴 가부키모노를 우상처럼 여기는 일도 있었다. 이런 사실들이 영웅시되고 가부키 무대에 올려지면서 서민들의 사랑을 받게 된다.

어느 시대에나 권력과 체제에 맞서 싸우는 영웅호걸은 있기 마련이다. 그 당시는 특히 엄격한 신분제 사회였기 때문에 서민들이 영웅들의 활약에 열광하게 되는 것은 자연스러운 일이었다.

가부키모노는 행동에서뿐만 아니라 외형적으로도 눈에 띄는 차림을 하였다. 자신의 신장보다 긴 칼을 차거나, 약 90센티미터나 되는 긴 담뱃대를 물고, 머리는 올백 스타일에 수염을 기르고 무리를 지어 다녔다. 당시 남성의 평균 신장이 157센티미터 정도였다고 하니, 긴 칼과 담뱃대를 들고 다니는 것만으로도 충분히 사람들의 눈에 띄었을 것이다. 마치 히피족이나 일본에서 불량소년이라는 의미로 많이 쓰는 영어인 양키Yankee[22]와 비슷하였다.

가부키모노

그뿐만 아니라 가부키모노는 포르투갈 등지로부터 수입한 호화스러운 물건을 장식하는 등 이문화異文化를 선호하는 사람들을 가리키는 말이기도 하였다.

22) 原田曜平, 『ヤンキー経済』, 幻冬舎, 2014.

그런 의미에서 가부키모노를 단순하게 제멋대로 하는 사람, 정상적인 상식에서 벗어나는 행동을 하는 사람이라는 사전적인 의미로만 판단하기란 쉽지 않다. 그들은 세상으로부터 자유롭고 조금 다른 기발함을 실행하는, 에너지가 넘치며 시대를 앞서나가는 호기심 왕성한 사람들이었던 것이다.

원래 가부키는 가부쿠 · 가타무쿠傾く라는 동사에서 온 말이다. '머리를 갸우뚱거리다', '기울이다'라는 의미 이외에도 '보통 사람과는 다르게 기발하고 이상하게 행동하다', '평평하지 않고 한쪽으로 기울다', '눈에 띄게 특이한 모습이나 복장을 하다', '우스꽝스럽다', '멋대로 행동하다', '호색하다' 등 다양한 의미를 가지고 있다.

가부키가 등장하기 전부터 있었던 예능으로는 노와 교겐이 있다. 초기의 노와 교겐은 사찰과 신사의 제례인 마쓰리에 참가한 서민들이 입장료를 내고 보는 예능이었다. 이후 무사들이 이들 예능인들의 생활을 후원자가 되면서 노는 무사들의 전속 예능처럼 여겨지게 되었고, 이로 인해 서민들은 노를 감상할 수 있는 기회를 빼앗겨 버린다.

서민들은 지금까지 보고 즐기던 노와 교겐을 상위 계급에게 독점당했다는 생각에 언제부턴가 자신들도 즐길 만한 새로운 예능을 희구하게 되었다. 이런 분위기 속에서 생겨난 것이 바로 가부키였다.

지금부터는 가부키의 성립 과정에 대해서 알아보기로 하자. 오닌의 난에서 센고쿠시대로 이어지는 시기에 도시 재건이 활발해지면서 전란을 피해 지방으로 흩어졌던 예능인들이 다시 교토로 모여들었다. 그중에는 이즈모出雲의 오쿠니阿国라는 여성도 있었다. 이즈모 신사의 무녀라고만 알려진 오쿠니가 교토의 시조가와라四条河原에서 대중들 앞에 나서 춤을 추게 되었고, 이 춤이 세간에 알려지면서 이를 흉내 낸 예능인들이 전국 각지에 생겨나게 되었다. 이것을 염불에 맞추어 추는 춤이라는 의미의 '넨부쓰오도리念仏踊り' 또는 어린 소녀

의 춤이라는 의미의 '야야코오도리ややこ踊'라 하기도 하였다.

당시 오쿠니가 춤을 추는 모습을 『당대기当代記』23)에서는 다음과 같이 묘사하고 있다.

> 포르투갈의 남자들이 입는 이국적인 바지를 입고, 커다란 십자가를 목에 걸고 치렁치렁한 장식이 달린 칼을 차고 무대에 등장한 오쿠니는 노래와 춤뿐만 아니라, 남장을 하고 술집을 드나들면서 젊은 작부酌婦들과 놀아나는 장면 등을 연기로 보여 주었다.

무녀임에도 불구하고 기독교의 상징인 십자가를 목에 걸고 사무라이 복장을 한 오쿠니의 춤은 이국적인 데다가 선정적이고 화려해서 선풍적인 인기를 끌었다. 나중에는 교토의 기타노北野 신사의 노 무대에서 공연을 하기도 했다고 한다. 이렇게 해서 가부키 춤이라는 의미의 '가부키오도리踊り'가 생겨난 것은 1603년의 일이다.

다음 페이지에 있는 그림은 당시 오쿠니의 공연 모습을 묘사한 것으로 주 관객층은 무사들이었다. 오쿠니는 4년이 지난 후 에도에서도 공연을 하게 되는데, 서민이 만든 퍼포먼스가 드디어 막부의 본거지에 알려지게 된 것이다. 오쿠니와 이를 흉내 낸 여성 예능인들에 의해 가부키오도리가 전국적으로 유행하기 시작하면서 가부키오도리는 여자 가부키라는 의미의 온나女가부키로 불리다가 나중에는 유녀遊女가부키로도 불리게 된다.

이때 샤미센이 온나가부키에 처음으로 등장한다. 샤미센은 일본 고유의 악기가 아니라 센고쿠시대 말기에 해외로부터 들어왔다고 전해진다. 그 원형은

23) 정확한 연도는 알 수 없으나 1624~1644년경에 간행된 것으로 추정되는 역사서이다.

오쿠니 공연

이집트나 페르시아로 중국과 오키나와를 거쳐 오사카에 전해졌다. 원래는 양 가죽을 사용했지만, 중국과 오키나와에서는 뱀 가죽을 사용하였다. 지금도 오키나와에서는 뱀 가죽을 사용한다. 하지만 일본에서는 악기로 사용할 만큼의 뱀 가죽을 구하기 어려워서 고양이 가죽을 쓰게 되었다고 한다. 이렇게 일본에 들어온 샤미센이 독특한 애수를 띤 음색으로 가부키를 비롯한 다양한 전통 예능에서 연주되면서 일본의 대표적인 악기로 자리매김해 간다.

온나가부키의 인기는 서민들뿐만 아니라 무사들에게 있어서도 예외는 아니었다. 여성 예능인의 매력에 빠진 다이묘가 있는가 하면, 무사들 사이에서는 이들을 둘러싼 분쟁이나 상해 사건들이 끊이질 않았다. 이로 인해 막부는 온나가부키가 풍기문란을 일으킨다는 이유로 1629년 여성 예능인이 가부키 무대에 서는 것을 금지하고, 이후 '가부키는 남성에게만 국한한다'라는 지침을 내렸다.

온나가부키가 금지되자 이번에는 여장女裝을 한 미소년들로 이루어진 가부키가 등장한다. 이것을 소년 가부키라는 의미로 와카슈若衆가부키라 부른다. 와카슈는 보통 12세에서 18세 정도의 소년들을 가리킨다. 그러나 와카슈가부키는 단지 공연 주체가 여성에서 미소년들로 바뀐 것 외에는 노래와 춤, 곡예 중심이라는 점에서 온나가부키와 별반 차이가 없었다.

그러나 와카슈가부키도 온나가부키가 금지된 지 23여 년 만에 막부로부터 금지당하는 운명을 맞이하게 된다. 와카슈가부키 내부의 분쟁, 미소년들과 귀족 부인들과의 불륜 그리고 이들이 남색男色 문화를 조장한다는 것이 이유였다. 아울러 막부는 와카슈가 앞머리를 기르고 여성 복장을 하는 것을 못마땅하게 여기며 그들이 앞머리 기르는 것을 금지하기도 하였다. 당시 성인 남성은 시대극 드라마나 영화에서 많이 볼 수 있는 사카야키月代형 헤어스타일이었다. 성인식을 치르기 전의 소년들이 앞머리는 기르고 정수리 부분은 깎고 뒷머리를 묶는 와카슈마게若衆髷 스타일이었다면, 성인 남성의 사카야키는 이마에서 정수리까지 반달 모양으로 삭발한 스타일이었다.

그런데 와가슈가 남색을 조장한다는 것은 전혀 새로운 이슈가 아니었다. 이미 센고쿠시대에도 사원 등에서 공공연하게 있어 왔던 남색이 와카슈가부키가 인기를 끌면서 다시 사회적인 이슈가 되었다고 할 수 있다. 1635년에는 와카슈가부키 극단이 에도성에 초청되어 3대 쇼군 도쿠가와 이에미쓰德川家光 앞에서 공연을 했는데, 쇼군이 그 공연에 출연한 미소년을 좋아해서 병이 나면 곁으로 불러들였다는 일화도 있다. 그러나 와카슈가부키를 비호하던 쇼군이 사망하자 풍속을 해친다는 이유로 소년들의 출연을 금지하였고, 1652년에는 공식적으로 금지령이 내려졌다.

위정자들은 서민들이 즐거움과 쾌락을 추구하는 것에 대해 관대하지 않고 오히려 단속하는 쪽이었다. 이유는 풍속을 어지럽힌다는 것이었다. 어느 시대나 위정자들의 행동과 주장에는 이율배반적인 면이 있다. 소녀 취향이 있던 이토 히로부미伊藤博文를 비롯해 메이지유신을 이끌었던 지도자들이 자신들의 비윤리적인 행동과는 반대로 교육칙어教育勅語를 제정하여 국민들을 교화하려고 했었다는 사실은 지도자들의 위선을 말해 주는 대표적인 사례라고 할 수 있다.

온나가부키와 와카슈가부키가 퇴폐적이라는 이유로 금지되면서 이전과는 전혀 다른 새로운 형태의 가부키가 나타났는데, 이는 성인 남성만이 출연하는 야로野郎가부키24)이다. 오쿠니가부키가 등장하고 50년이 지난 시점인 1653년의 일이었다. 야로가부키는 종전의 춤 위주의 가부키와는 달리, 노와 교겐의 연극적 요소를 받아들여 대사와 동작을 주로 하는 예능으로 거듭난다. 바로 이 야로가부키가 현재 가부키의 원형이다.

야로가부키를 연극 형식으로 체계화시킨 인물이 요시자와 아야메吉沢あやめ이다. 요시자와 아야메는 오사카의 온나가타女形 역 전문 배우였다. 현재의 온나가타는 여장 남성 배우를 말하는데, 여성들이 가부키 무대에 설 수 없게 된 이후에 생겨난 배역이다. 가부키의 온나가타는 남장을 하고 추는 춤과 노래인 시라뵤시白拍子25)가 그 원형이다.

온나가타

요시자와 아야메와 관련된 재미난 이야기가 있다. 그는 무대에서뿐만 아니라 일상생활에서도 항상 자신을 여성이라고 생각하고 생활했다고 한다. 식사를 할 때도 항상 혼자였는데, 이는 식사 때 남성으로 돌아와 버리면 상대 배우가 자신을 어떻게 생각할지까지 계산할 정도로 철저하게 온나가타 역에 몰입

---

24) 소년의 상징인 앞머리를 자른 헤어스타일을 '야로 스타일'이라고 하며, 이로 인해 성인 남성들에 의한 가부키를 '야로가부키'라고 불렀다.

25) 헤이안시대 말기부터 가마쿠라시대에 걸쳐 생겨난 가무의 일종 또는 그것을 연기하는 배우를 의미한다. 주로 남장 유녀나 아이가 노래를 부르면서 춤추는 것을 가리키는데, 남성 시라뵤시도 있었다.

한 생활을 했기 때문이라고 한다. 사실 온나가타는 현실의 여성을 표현하는 것이 아니라 여성미를 양식적으로 확대하여 추상화한 것으로 가부키의 연기를 대표한다고 할 수 있다. 요시자와 아야메는 이외에도 다막극多幕劇과 하나미치花道를 창안하였다.

다음은 에도와 교토의 가부키 스타일을 알아보기로 하자. 에도를 대표하는 남성 역할의 가부키 배우로는 1대 이치가와 단주로市川団十郎26)가 있으며, 교토에서는 초대 사카타 도주로坂田藤十郎27)가 유명하다. 이처럼 남성 역할을 맡은 배우를 다치야쿠立役라고 부르는 까닭에, 사실 온나가타 이외의 배역은 모두 다치야쿠라고 할 수 있다.

교토의 가부키는 정서에 호소하는 노성老成한 내용을 선호하는 편이었다. 노성하다는 말은 노련하고 원숙하거나 나이에 비해서 어른스럽고 성숙하다는 의미이다. 도주로는 '유곽은 이런 곳!'이라는 느낌이 들 정도로 관객들을 가상 체험시키는 연기력으로 인기를 모았다고 한다. 이것이 교토식 가부키인 와고토和事이다. 와고토는 사실적이고 부드러운 연기 양식으로 남녀의 연애나 정사情事의 연출 양식으로 유명하다. 그리고 또 하나, 정사 장면에서는 빠트릴 수 없는 여주인공, 즉 온나가타도 교토에서 발전하였다. 반면, 에도의 단주로는 주인공이 착한 사람을 돕고 악을 물리치는 아라고토荒事라 불리는 가부키를 창시하였다.

에도의 아라고토, 교토의 와고토와 온나가타는 에도와 교토를 대표하는 가부키 스타일로 17세기 말에 확립되었다. 이것이 오늘날까지 이어지는 가부키

26) 겐로쿠가부키를 대표하는 에도의 배우. 남자 주연배우임을 자랑으로 여겨, 남성적인 역사물을 가부키에 도입하였다.

27) 겐로쿠시대를 대표하는 명배우에서 가미가타 가부키의 시조 중 한 명으로 꼽힌다.

의 실질적인 출발점이다. 오쿠니라는 여성으로부터 시작된 가부키는 온나가부키와 와카슈가부키를 거쳐 아라고토, 와고토와 온나가타라는 에도와 교토 스타일의 가부키가 생겨났고, 이것이 현재의 가부키로 이어지고 있는 것이다.

여기에서 한 가지 기억해야 하는 것은 400여 년의 역사를 가진 가부키가 17세기 말의 스타일만 고집하면서 지금까지 계속되어 온 것이 아니라는 사실이다. 철저하게 대중들의 눈높이에 맞추는 노력의 산물이 지금의 가부키라고 할 수 있다.

## 4) 가부키 극장

### (1) 극장의 역사

에도시대의 2대 오락이라고 하면 가부키와 스모를 꼽을 수 있다. 서민들은 가부키와 스모 경기 관람을 최고의 즐거움으로 여겼다. 일본에서 극장이 출현한 시기는 중세로, 무로마치시대의 노 공연장인 노가쿠도가 극장의 원형이었다고 한다. 현재의 노가쿠도는 무대와 객석이 한 지붕 아래에 있지만, 당시만 하더라도 무대와 객석은 건물이 떨어져 있었으며 지붕이 있는 객석이 귀빈석이었다. 이 구조는 17세기 영국 셰익스피어 시대의 극장과 신기할 정도로 닮아 있다.

오늘날 전통예술을 전문으로 상연하는 극장의 무대는 정면에 지붕 모양의 장식물이 있거나 2층 객석 난간에 차양막이 걸려 있기도 하다. 이 지붕 모양의 장식물은 과거에 무대와 객석이 독립된 건물이었다는 것을 말해 준다.

### (2) 가부키 극장은 놀이공원

가부키 극장은 볼거리와 놀거리·먹거리가 한데 모여 있는 놀이공원 같은 공간이었다. 에도시대에는 대도시 중심가에 반드시 극장이 있었다. 지금의 도쿄는 도시의 급격한 변화로 극장의 흔적이 남아 있지 않지만, 교토나 오사카에는 에도시대의 극장이 남아 있다. 교토의 시조가와라와 오사카의 도톤보리道頓堀가 대표적이다.

에도시대의 가부키 극장

현재 도톤보리는 관광객들이 많이 찾는 오사카의 대표적인 번화가로 유명하지만 에도시대에는 가부키 극장가로 알려져 있었다. 삼도라고 부르는 에도·교토·오사카에는 막부가 항시적으로 공연을 승인한 대극장들이 늘어서 있었는데, 에도에 세 군데, 오사카에 다섯 군데, 교토에는 전성기에 일곱 군데의 대극장이 있었다고 한다. 이들 극장에서는 1년 내내 공연이 이루어졌다. 거기에다 단기간 공연을 하는 소극장의 숫자는 대극장의 몇 배에 달했으며, 지방의 도시에도 크고 작은 극장이 있었다.

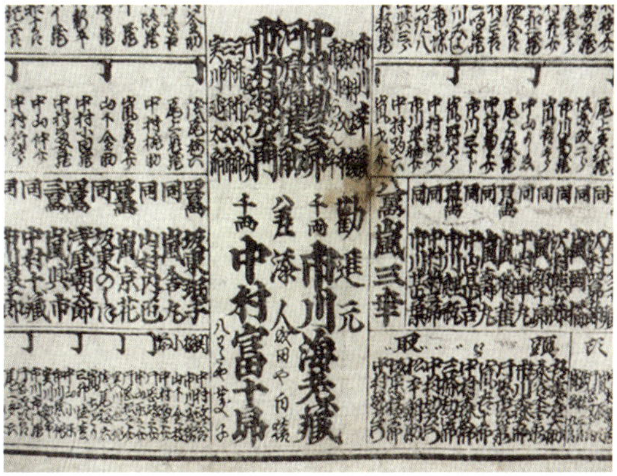

가부키 극장 일람표

뿐만 아니라 19세기 초에 만들어진 극장 일람표가 현재도 남아 있다. 이 일람표에는 전국의 가부키 극장 132곳이 열거되어 있으며, 이 숫자는 전국적으로 수많은 사람이 가부키 관람에 매료되어 있었다는 사실을 말해 준다.

매일 공연을 하는 극장가 주변에는 유흥시설도 모여 있었다. 연극 관람에 빼놓을 수 없는 음식점이 대부분이었으나 기념품 가게와 유희장도 있었다. 그 밖에 돈을 받고 진기한 동물이나 사람 그리고 곡예·마술 등을 보여 주는 미세모노見世物 공연장도 있었다. 이런 풍경은 극장들이 즐비한 현재의 번화가 모습과 크게 다를 바가 없다. 또 극장가에는 극장과 계약을 맺은 음식점인 차야茶屋가 있었다. 이곳에서는 입장권 예약·가부키 관련 프로그램이나 팸플릿 판매와 휴식시간 동안 장소를 제공하고 객석까지의 음식 배달 등 가부키 관람에 필요한 세심한 서비스를 전담하였다. 이 때문에 주로 부유한 손님들이 이곳을 이용하였다. 차야 예약을 하지 않는 서민들은 극장 입구에서 표를 사서 입장하면 되었다.

대극장에는 전속 배우가 있었다. 이들은 극장 측과 1년 단위로 계약을 맺고 극장 부근에 거처를 마련하여 출퇴근하였다. 지금처럼 연출가가 있었던 것도 아니기 때문에 배우의 아이디어가 흥행 성적을 좌우하였고, 그만큼 배우의 역할이 컸다. 찾는 손님이 많을 경우에는 출연 횟수도 늘고 연봉도 올랐다. 연봉이 천 냥이나 되는 '천 냥 배우'도 있을 정도였다. 그 당시 금 한 냥은 지금으로 환산하면 30만 엔 정도이므로 3억 엔, 우리 돈으로 환산하면 약 30억 정도의 연봉을 받는 가부키 배우가 있었다는 말이 된다.

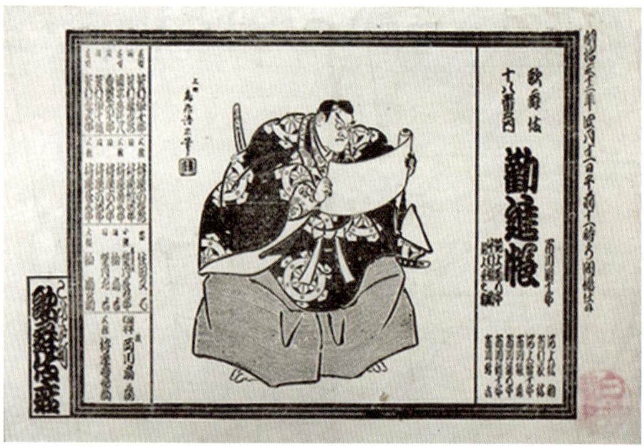


가부키 선전 광고

이들은 특정 후원자의 비위를 맞추는 것이 아니라 연기로 평가를 받았다. 말하자면 무대 위에서 자신의 예능을 상품으로 팔았고, 상품적 가치와 인기가 올라가면 다음 해에는 계약금 인상을 요구할 수 있었다. 이는 동시대에 다른 외국의 예술인들이 방랑 생활을 하거나 사회의 아웃사이더 혹은 후원자에게 예속된 신분이었던 것과는 대비된다.

현재에도 이와 비슷한 처지에 놓인 예능인이 적지 않다. 물론 에도시대의 예능인 중에서도 이와 같은 경우가 있었지만, 한편으로 상당수의 예능인들이 극장의 전속 배우로 정착하여 자립 생활을 하고 있었다는 사실은 흥미롭다. 극장가의 출현이 이를 보장했던 것이다.[28)]

에도시대 중기인 겐로쿠시대(1688~1704)부터 가부키에는 관객들을 위한 다양한 볼거리가 등장하기 시작한다. 샤미센 반주에 맞추어 옛 이야기를 낭송하는 조루리 방식의 가부키가 등장하였고, 이로 인해 가부키 극장에는 연일 많은 손님이 밀려들었다.

가부키 극장의 무대도 관객들에게 즐거움을 선사하는 아이디어가 도입되고 있었다. 예를 들면, 조루리의 희곡을 도입한 기다유교겐義太夫狂言[29]이나 조루리에서 전향한 나미키 쇼조並木正三[30]의 활약에 의해 무대의 일부분을 도려 내어 오르내리게 만든 장치인 세리迫, 회전무대 등이 고안되면서 매우 스펙터클한 무대 연출이 가능해졌다. 아울러 많은 각본이 제작되면서 다양한 내용의 가부키가 무대에 올려지게 되었다. 이런 볼거리와 즐길 거리가 늘어나면서 극장은 활기가 넘치는 문화의 중심이 되었다.

캐릭터를 만나는 것이 목적이거나 퍼레이드·어트랙션을 즐기러 가는 사람이 있는가 하면, 배우를 보러 가는 것이 목적인 경우도 있고, 음악을 즐기는 사람, 배우의 의상에 아름다움을 느끼고 감동하는 사람도 있었다. 그중에는 배우의 기모노를 보고 마케팅을 하는 상인들도 있었다.

---

28) 우메사오 다다오 편저·최경국 옮김, 『일본문명의 77가지 열쇠』, 창해, 2005, 191~194쪽.

29) 가부키 각본 속에 닌교조루리의 희곡을 이입하고 닌교조루리의 이야기를 이용하여 극을 진행하는 것을 말한다. 희곡이라는 것은 무대에서 관객을 앞에 두고 배우가 연기하는 극적 내용(줄거리 전개)을 등장인물의 대화·독백(대사)을 주로 하고, 연출·연기·무대장치 등을 보조적으로 덧붙여 기록한 것을 말한다. 희곡은 배우·관객·무대와 함께 연극의 기본 구성요소 중 하나이다. 일반적으로는 각본 또는 대본과 거의 같은 의미로 쓰이지만, 각본과 대본이 직접 상연을 목표로 한 무대에 직결된 작품을 말하는 것에 비해, 희곡은 작가가 쓴 작품의 사상성을 중시해 문학 작품으로서도 감상할 수 있는 예술성을 가진 경우가 많다.

30) 조루리에 지카마쓰 몬자에몬近松門左衛門, 가부키에 나미키 쇼조라는 말이 있을 정도로 칭송받던 교겐 작가. 그는 10대 때부터 가부키의 각본을 쓰기 시작하였고, 작품의 다양성과 다작으로 유명하지만 그의 이름을 확고하게 각인시킨 것은 회전무대이다.

여러 사람이 모이는 가부키 극장 주위는 휴식할 수 있는 찻집이 늘어서 있었으며, 놀이공원처럼 늘 사람들로 북적이고 있었다. 즉, 가부키는 단지 '보러' 가는 곳이 아니라 그곳에 가면 즐거움이 있는 '소통'의 장소이자 각자의 취향에 맞는 여러 가지 즐길 거리가 있는 공간이었다.

가부키 공연이 열리는 날이면 사람들은 조금이라도 좋은 자리에 앉기 위해 새벽부터 집을 나서거나 전날부터 줄을 서야 했다. 어쩌면 일본인들의 줄 서기 문화가 이때부터 시작되었는지도 모른다. 지금의 콘서트 공연이나 스포츠 관람처럼 가부키는 당시 모든 계층의 사람들을 열광시키는 최고의 오락이었다.

보통 에도의 가부키 공연 시간은 오전 6시부터 오후 4시까지였기 때문에 첫 공연을 보기 위해서는 새벽에 일어나 동트기 전에 출발해야만 했다. 인기 공연의 경우 빨리 만석이 되기 때문에 미리 극장에 도착해서 무대가 잘 보이는 곳에 자리를 잡기 위해서였다. 저녁 공연까지 다 보는 것이 일반적인 가부키 관람법이었으므로 하루 온종일 가부키 극장에서 지내다가 귀가하는 식이었다.

반면, 부자나 신분이 높은 사람들은 공연 당일에도 비교적 천천히 움직였다. 바로 극장으로 가지 않고 시바이차야芝居茶屋라고 하는 극장 안이나 주변에 있는 찻집으로 향한다. 당시에는 이와 같은 차야가 극장 양쪽에 들어서서 돈 많은 단골손님에게 티켓이나 도시락 예약을 대행해 주었다. 그들은 가부키가 시작될 때까지 찻집에서 느긋하게 기다리다가, 시작 시간이 가까워 오면 안내를 받으면서 특별석인 사지키세키桟敷席에서 공연을 즐겼다. 그리고 막간에는 찻집으로 돌아와서 옷을 갈아입거나 식사를 하기도 했다. 쉬는 시간에 먹는 도시락은 가부키 공연에서 빠질 수 없는 즐거움 중 하나였다.

그들은 연극이 끝나도 곧장 집으로 돌아가지 않고 차야에서 술잔을 기울이면서 여흥을 즐겼으며, 좋아하는 배우를 차야에 부르기도 했다. 관람료는 공연 작품이나 출연 배우에 따라 다르기는 했지만, 지금의 화폐 가치로 환산하면 극장에서 가장 비싼 좌석은 수십만 원, 가장 싼 좌석은 몇 천원에 불과할 정도로 다양했다. 그 덕분에 관객들은 주머니 사정에 맞춰 가부키를 즐길 수 있었다.

가부키 극장에는 대규모 무대장치와 배우들의 고민과 아이디어에서 나온 풍성한 볼거리가 있었다. 교토에서 번성했던 가부키가 에도에 등장한 것은 1624년으로, 초대 나카무라 간자부로中村勘三郎가 가부키 극장을 세워 공연을 시작하면서부터이다. 그 후에도 속속 가부키 극장이 생겨나 1842년에는 막부에서 공인한 극장이 에도 시내에만 세 군데에 달했다.

가부키 극장은 누구나 즐길 수 있는 장소라는 점에서 마치 일본 문화의 파빌리온pavilion,[31] 즉 박람회라고 할 수 있다. 가부키 극장에는 주로 서민을 주인공으로 하여 세태를 묘사한 세와모노世話物, 역사상 중요한 사건을 각색한 지다이모노時代物, 남녀 간의 정사를 다룬 신주모노心中物, 용맹스러운 인물을 주인공으로 한 아라고토 등 다양한 장르의 가부키가 공연되었다. 더욱이 연주나 배우, 무대장치나 의상 등 어느 것 하나 관객들에게 있어서는 매력적이지 않은 것이 없었다.

가부키는 허구라는 점을 전제로 당시 사람들의 행동거지나 풍습을 생생하게 묘사해 냈다. 배우를 통해 다이묘는 보다 다이묘답게, 오히메お姫는 보다 더 오히메답게 무대에서 연기로 표현되었다. 히메사마라고도 부르는 오히메란 공주나 신분이 높은 가문의 딸을 의미한다. 이처럼 '~답게 연기한다'는 것은 수준 높은 연기법인 동시에 '놀이'였다.

어떤 유명 가부키 배우는 "가부키는 일본 문화 흉내 내기다"라고 말하였다. 이 말이 무슨 말인지 잘 이해가 안 될 수도 있는데, 예를 들어 무대에서 다도

31) 생산물의 개량·발전 및 산업의 진흥을 꾀하기 위해 농업·산업·공업 등과 관련된 물품들을 모아 전시하고 판매·선전·우열 심사를 하는 전람회.

를 하는 모습을 담장 사이로 구경한다거나 제철에 나는 첫 다랑어를 시장에 내다 파는 장면을 재현하는 식이다. 이처럼 가부키에서는 계절이나 상황에 맞추어 일본 문화와 생활상을 표현하고 연기하였다. 100% 사실은 아닐지 모르지만 그렇다고 거짓도 아니다. 있는 그대로의 '일본 문화 흉내 내기'라고 할 수 있다. 이 점이 유현미를 추구하는 노와는 다른 점이다.

가부키가 처음부터 서민들에게 받아들여지고 인기가 있었던 것도 '흉내 내기'와 놀이적 요소가 철저하게 반영되었기 때문이다. 사실을 있는 그대로만 전달한다면 재미도 즐거움도 크지 않을 것이다. 오쿠니의 가부키 시대에는 여성이 남성을 연기하고, 이후에는 반대로 남성이 여성을 연기한다는 것은 배우나 관객 모두 허구의 세계임을 알면서도 몰두하고 즐겼다는 사실을 나타낸다.

가부키가 철저하게 관객을 즐겁게 만들기 위해 기울이는 노력은 대단하다. 누구나 쉽게 이해할 수 있는 무대 구조와 다양한 볼거리를 제공하기 위한 노력은 곳곳에서 찾아볼 수 있다. 객석에서 바라보는 무대 왼편에는 가느다란 막대를 여러 개로 이어붙인 검은 벽이 있다. 이것을 구로미스黒簾라고 하는데, 장면 상황과 상태를 관객에게 전달하기 위해 사용하는 효과음을 내는 곳이다. 즉 가부키의 음향 효과실이라고 할 수 있다.

효과음은 원칙적으로 모두 라이브 연주이다. 예를 들어, 눈이 내리는 장면에서는 큰북을 '쿵, 쿵, 쿵' 작고 부드럽게 쳐서 내리는 눈을 표현한다. 또한 큰북은 비·천둥·바람·파도·강의 흐름 등 자연현상을 자유자재로 연출한다. 한밤중의 산속 장면에서는 샤미센을 높은 음으로 '지, 지, 지, 지, 지' 연주하고 벌레 소리를 표현하기도 한다.

가부키에 등장하는 다양한 동물도 모두 가짜이지만 사실적으로 표현하기 위해 쏟은 정성과 노력에 관객들은 감동하게 된다. 관객도 그저 수동적인 구경꾼으로만 있는 것은 아니다. 그들은 좋은 장면이나 배우의 멋진 연기가 나오면

적당한 타이밍에 소리를 지른다. 이것을 '가케고에掛け声'라 한다. 가케고에는 가부키 공연 중에 자주 볼 수 있는 광경으로 배우와 관객이 일체가 된다는 것을 의미하며, 관객들도 가부키 공연에 참여하고 있다는 느낌을 가지게 한다.

이 가케고에를 내기 위해서 예전의 공연 영상을 보면서 연습하는 사람들도 있고, 공연 현장에서 절묘한 타이밍에 맞추어 가케고에를 외치며 스스로에게 감동하는 열혈 팬들도 있다. 공연의 성패를 관객들의 가케고에로 가늠할 수 있는 것이다. 이처럼 배우의 연기와 관객의 감동이 극대화되는 공연장의 생생한 분위기가 가부키의 매력이자 장점이라고 할 수 있다.

### (3) 가부키 무대

지금부터는 독특한 아이디어가 돋보이는 가부키 무대에 대해 알아보자. 가부키는 오랜 역사 속에서 지속적으로 관객들에게 즐거움을 주는 볼거리를 제공해 왔다. 가부키가 관객들을 즐겁게 해주기 위해 얼마나 노력하는지를 알 수 있는 것이 무대장치이다. 가부키는 극장을 더욱더 스펙터클하게 만들기 위해 지금까지 여러 가지 무대장치를 개발해 왔다.

초기의 단순한 사각형 모양에서 출발한 가부키 무대는 시대의 흐름에 따라 여러 가지 구조적인 변화와 더불어 새롭게 고안된 장치가 추가되었다. 무대 위에는 가옥이나 성·바위·나무·바다·산·정원 등의 대도구를 설치하여 극의 상황을 알 수 있도록 했다.

가부키 무대는 놀라움이 가득한 비밀상자와 같은 것이었다. 가부키만의 독특한 무대 구조에 하나미치라는 것이 있다. 하나미치는 무대와 객석 사이를 가로지르듯이 연결되어 있는 통로이면서 배우가 등장해서 연기하는 무대가 되기도 한다. 하나미치는 단순한 통로가 아니라 관객이 가까운 거리에서 배우를 볼 수 있도록 하기 위해 철저하게 계산된 팬 서비스의 결과물인 것이다.

하나미치

또 하나의 무대장치로 중앙의 커다란 원형 부분이 돌며 장면을 빠르게 전환시키는 회전무대가 있다. 지금은 세계 각지의 어느 극장에서나 볼 수 있는 이 회전무대의 고안은 1789~1801년경부터 시작되었다고 한다. 회전무대는 막이 전환할 때 시간을 절약하고 관객들이 장면의 전환 과정을 감상할 수 있는 예술적 효과를 연출한다. 초기의 회전무대는 지금처럼 기계식이 아니라 사람의 힘으로 돌리는 것이었다. 그러다가 빠르게 장면을 전환할 수 있는 대형 장치가 완성되면서 서민들은 점점 가부키의 매력에 빠져들게 되었다.

하나미치와 회전무대와 같은 장치는 많은 사람이 작품과 관련된 아이디어를 만들어 내고 실용화시켜 왔다는 증거이다. 장치 자체는 의외로 단순하지만 그 효과는 매우 컸다. 생각지도 못한 곳에서 배우가 나타나거나 단숨에 장면이 바뀌는 무대는 관객들이 공연에 한 순간도 눈을 뗄 수 없게 만들었다.

### (4) 가부키 배우

가부키 세계에서는 "우선 배우가 있어야 한다"는 이야기를 많이 한다. 교토의 최하층 예능인들은 절차탁마切磋琢磨의 자세로 혼신의 노력을 다해 관객의 지지와 지원을 받아 '천 냥짜리 배우'로 성장하였다. 게다가 그 주변의 제작자나 '우라카타裏方'라고 불리는 스태프 중에서도 훌륭한 감성이나 뛰어난 아이디어를 가진 사람들이 있었다. 그들은 참신한 색채 감각이나 멋진 말놀이 그리고 무대장치나 도구 등 현대인은 도저히 상상할 수 없는 풍부한 감성을 구사하며 세계에서 유례가 없는 호화롭고 대담한, 또 매력 넘치는 예능을 만들어 왔다.

하이유俳優 또는 야쿠샤役者는 무대에서 연기하는 사람들을 가리키는 말인데, 현재는 이들을 가부키 배우라고 부르고 있다. 원래 야쿠샤는 고대에는 제사나 불사仏事를 담당하는 사람이라는 뜻이었지만, 세월이 흐르면서 신에게 봉납하는 예능에 종사하는 사람이라는 의미로 바뀌었다. 노야쿠샤·가부키야쿠샤라고 불리던 이 말은 에도시대에는 가부키 배우를 가리키는 용어로만 쓰였다. 가부키 배우를 중심으로 하는 일본 배우협회는 1889년에 그 전신인 도쿄 배우조합이 만들어진 후, 대일본 배우협회를 거쳐 현재의 조직으로 정착되었다.

현재 사용하는 배우라는 용어는 메이지시대의 극작가 쓰보우치 쇼요坪内逍遥가 처음 사용한 것으로 원래는 와자오기わざおぎ라 불렀다. 이 와자오키는 신을 초대하기 위해 유쾌하고 즐거운 재주를 부리는 사람이라는 뜻이었다. 애초에 예능이란 동서고금을 막론하고 신을 위해 연기하는 것이라는 공통된 기원에서 시작되었기 때문이다. 일본에서는 가구라神楽가 그 전형이다.

### 5) 가부키를 즐기는 여러 가지 방법

이번에는 가부키를 즐기기 위한 유용한 방법 몇 가지를 소개하도록 하겠다.

첫 번째로 음성 안내기 이용을 권하고 싶다. '대사를 이해하지 못하겠다'거나 '이야기의 설정을 모르겠다'는 등의 이유로 관람이 망설여진다는 사람들에게 추천하는 것이 음성 안내기이다. 보통은 공연장에서 500엔 정도의 보증금을 받고 대여하는데, 공연이 끝난 뒤에 낸 돈을 돌려받기도 한다.

음성 안내기는 진행에 맞춰서 내용이나 장면, 의상이나 소도구에 대해 해설을 해주는 음성 해설사라고 할 수 있다. 외국 공연에서도 현지어로 설명하는 음성 안내기가 호평을 받고 있다. 휴식 시간에는 배우의 인터뷰와 상연 목록을 자세하게 설명해 주는 등 다양한 정보를 제공하기 때문에 초심자뿐만이 아니라 가부키 애호가들도 음성 안내기를 이용하는 경우가 많다.

두 번째, 극장의 좌석과 요금에 대해서 알아보기로 하자. 티켓은 자리 위치에 따라서 3~5가지 정도의 종류가 있으며, 층수와 무대에 따라서도 가격이 달라진다. 요금은 극장이나 공연 내용에 따라 차이는 있지만, 1등석이 1만 2,000~2만 엔, 3등석은 1,500~5,000엔 정도가 통상적인 가격이었기 때문에 결코 싸다고는 할 수 없다. 하지만 교토의 연중행사인 미나미좌南座의 시즌 첫 공연은 1등석이 2만 5,000엔임에도 불구하고 보고 싶어도 티켓을 구하지 못할 정도였다고 한다.

가장 비싼 좌석인 사지키석桟敷席은 모든 극장에 갖춰져 있는 것은 아니다. 2층 양옆에 칸막이 부스처럼 되어 있는 이 좌석은 발밑이 호리고타츠堀こたつ식이기 때문에 신발을 벗고 느긋하게 볼 수 있다는 장점이 있다. 호리고타츠란 바닥 한 군데를 네모나게 파고 거기에 화로를 넣은 일본의 실내 난방장치이다. 테이블에는 차 세트와 물수건이 무료로 준비되어 있고, 돈을 내면 도시락도 배달해 준다.

과거에는 부잣집 부인이나 양가집 규수가 이 사지키석에서 가부키를 관람하거나 좌우의 좌석을 마주 보게 예약해서 넌지시 맞선을 보기도 했다. 사지키석은 하나미치를 모두 볼 수 있을 뿐만 아니라, 1층보다 높아 무대가 잘 보이기 때문에 가격이 비쌌다.

다음은 저렴하면서도 무대가 잘 보이는 도치리석とちり席이다. 티켓을 구입할 때에 꼭 도치리석을 권장할 만큼 가격 대비 좋은 자리이다. 도치리석은 무대에서 7~9열째를 가리킨다. 이 좌석에서는 무대가 너무 멀지도 너무 가깝지도 않아 목이 뻐근하지도 않고 잘 보인다.

가부키는 한 공연에 2회 정도의 휴식 시간이 있다. 휴식 시간을 막간幕間이라고 하는데, 금강산도 식후경이라는 말이 있듯이 30분 정도의 식사 시간이 주어진다. 이때는 미리 도시락을 준비해서 먹거나 극장 안에 있는 매점에서 사서 먹을 수 있다. 또 극장 안의 식당이나 가까운 레스토랑에 갈 수도 있는데, 극장을 나가는 경우에는 티켓의 반권反巻을 반드시 준비해야 한다. 그렇지 않으면 재입장이 불가능하기 때문에 주의해야 한다. 시간적으로 여유가 있을 때는 매점을 구경하고 선물이나 간식을 사기도 한다. 공연 중에 찹쌀떡이 등장하면 매점에서 똑같은 찹쌀떡을 살 수도 있다.

가부키는 공연 시간이 5시간 가까이 걸리는 경우가 많고, 공연 기간도 대개 1개월 정도가 보통이다. 매월 2일이 흥행 첫 날이고 최종일은 26일이며, 거의 휴일 없이 공연이 행해진다.

## 6) 가부키의 주제

초기의 가부키는 간단한 스토리와 춤을 중심으로 엮어 가는 연극이었다. 그러나 인기가 높아지고 작품도 다양해지면서 관객들이 선호하는 주제를 골라서 볼 수 있을 만큼 선택의 폭이 넓어졌다. 충신 이야기부터 남녀 간의 사랑 이야기, 일상생활에서 벌어지는 이야기 등 다양한 형태로 발전을 거듭하였다. 이처럼 서민들의 삶과 애환, 무사나 귀족의 세계에 이르기까지 다양한 등장인물과 배경을 가진 가부키는 지금도 계속해서 새로운 내용이 창작되면서 레퍼토리를 늘려가고 있다. 해외에서는 셰익스피어의 유명 작품을 가부키 형식으로 각색해서 공연하기도 한다.

## 7) 노력하는 배우와 응원하는 관객

### (1) 구마도리隈取

구마도리 분장을 한 가부키 배우

가부키 배우들은 구마도리라고 하는 독특한 분장법과 양식화된 연기법을 통해 인물의 성격을 나타냄으로써 관객들에게 즐거움을 선사한다. 구마도리는 겐로쿠시대에 시작된 화장법으로 중국 고전 연극 검보臉譜의 화장법에서 힌트를 얻었다고 한다. 구마도리의 종류는 100여 가지가 있는데, 크게 양성陽性인 정의·힘·열정 등을 나타내는 붉은색과 음성陰性인 사악함·원혼·귀신 등을 나타내는 푸른색을 기본으로 한다. 이처럼 얼굴

화장을 통해 등장인물의 성격이나 역할을 짐작할 수 있게 하는 구마도리는 일종의 팬 서비스라고 할 수 있다.

### (2) 미에見得

공연 중에 배우가 관객들에게 선사하는 팬 서비스는 구마도리 외에도 여러 가지가 있다. 연기 중에 감정이 고도로 격앙된 순간이나 절정에 달했을 때 그 멋진 순간의 동작을 그대로 정지시켜 보여 주는 미에도 그중 하나라고 할 수 있다. 미에는 가부키 연기법 가운데서도 특히 중요한 위치를 차지한다.

미에에는 두 가지 특징이 있다. 하나는 배우 개인이나 그 장면에 등장하는 다른 연기자의 모습이 그림이나 조각처럼 아름답고 확실하게 나타나는 것이다. 다른 하나는 어느 순간 동작을 멈춤으로써 시간적인 간극을 만드는 것이다.

눈동자를 안쪽으로 모아
정지 상태를 연기하는 미에

다른 나라에도 이와 비슷한 기법이 있다. 중국의 경극에서는 극 진행 중 특히 템포가 빠른 장면에서 잠시 배우가 연기와 음악을 멈추고 인상을 강하게 하는데, 플라멩코 춤에도 이와 유사한 기법이 있다. 이것은 격렬한 움직임 속의 일순간의 정지 장면이다. 이 짧은 순간 동안 신체의 선이나 형태로 세련됨과 아름다움을 연출해 내야만 한다.

### (3) 습명襲名

가부키 배우의 예명은 실력과 경력이 오를수록 거기에 걸맞은 이름으로 바뀌는데, 이를 습명이라고 하고 일본어로는 슈메이라고 한다. 일본의 전통예능

중에는 습명을 통해 기능과 기술 등이 세습되는 메커니즘이 있는데, 가부키도 그중 하나이다.

일본에서는 중세시대 이후, 전통공예나 예능의 세계뿐만 아니라 지방 도시의 상가에서도 집안이나 가문을 계승할 때, 대대로 당주의 이름을 이어받는 습명 문화가 널리 행해져 왔다.

기업이나 상가의 경우, 당주의 이름을 습명함으로써 가업 계승자로서의 지위를 인정받는 동시에 사회적으로는 대대로 이어져 오던 당주들과 동일한 인격을 가지게 되었다는 것을 선언하게 된다. 또한 습명은 집터와 가옥·일터와 도구·노렌暖簾 등의 물적인 경영 기반을 이어받는 것을 의미한다. 아울러 이때부터 당사자는 당주 이름에 누가 되지 않는 자각과 행동을 요구받게 되고, 책임감도 강하게 느끼게 된다. 몇 대에 걸쳐 사회적으로 신용과 이름이 알려진 오랜 기업이나 가게가 습명을 할 경우, 거래처에도 알리고 축하연을 개최하기도 한다.

가부키 배우는 활동하는 동안 예명이 몇 번 바뀌는 경우가 있다. 연기가 일정한 수준에 이르면 조부나 부친 또는 스승의 이름으로 대를 이어간다. 습명 전통은 현재 가부키 배우·전통음악 연주자·라쿠고가落語家·스모 선수·장인 등 전통문화 종사자들 사이에서 관행적으로 행해지고 있다.

가부키는 대부분 가업으로 계승되기 때문에 배우가 되는 것도 부-자-손 또는 형제로 이어지는 경우가 많다. 하지만 일반인도 가부키 배우가 될 수 있는데, 그 방법은 전문 배우의 문하생으로 들어가거나 국립극장 부속 전통예능 전승자 양성소에 들어가 전문 수업을 받는 것이다.[32]

---

32) 현재 세계를 무대로 활약 중인 5대 반도 다마사부로坂東玉三郎나 6대 가타오카 아이노스케片岡愛之助가 대표적인 비非가부키 전문 배우 집안 출신이다.

예명은 이전부터 연기력과 명성이 높았던 가부키 선배들이 사용하던 것이다. 예명을 습명한다는 것은 당사자가 그 예명이 가진 명성에 누가 되지 않을 정도의 실력을 갖추었거나 앞으로 활약이 기대되는 연기자라는 것을 의미한다.

습명은 한 번이 아니라 연기자로서 성장할 때마다 바뀌게 된다. 예를 들면, 나카무라 간자부로 가문의 경우 간타로勘太郎 → 간쿠로勘九郎 → 간자부로勘三郎, 이치가와 단주로 가문의 경우 신노스케新之助 → 에비조海老蔵 → 단주로団十郎 순으로 습명이 이어진다. 이치가와 에비조도 처음에는 신노스케였으나 실력과 경륜이 쌓이면서 2019년 단주로로 습명하였다.

가부키 배우의 예명은 소속 극단의 권위와 전통 그리고 배우로서의 실력에 따라서 순위가 결정된다. 즉 배우로서 중요한 시기를 맞이할 때 극단에서 전해져 내려오는 순위의 예명을 계승하는데, 앞서 소개한 나카무라 가문이나 이치가와 가문에는 예명의 순서가 정해져 있다. 원칙적으로 부친의 예명을 아들이 계승하지만, 형의 예명을 동생이 잇거나 스승의 예명을 제자가 잇기도 한다. 아주 예외적인 경우이기는 하지만, 10대 이치가와 단주로가 생전에 후계자에게 예명을 물려주지 못하고 사망하는 바람에 나중에 추서追叙되기도 하였다.

공식적인 발표를 통해 습명을 하게 되면 배우의 연기력이 비약적으로 향상되는 경우가 많다. 그 이유는 첫 번째, 소속 극단에서 이름에 걸맞은 역할을 배당하기 때문에 자연스럽게 연기력을 향상시킬 수 있는 기회가 주어지며, 두 번째로는 배우 스스로 예명의 명성에 누를 끼치지 않기 위해 노력하기 때문에 연기에 더욱 매진하게 된다. 세 번째로는 그 예명에 대한 팬들의 기억들이 복합적으로 작용하기 때문이다.

예명은 배우로서의 연기력을 실력 이상으로 끌어올리는 효과가 있지만, 중압감 때문에 오히려 실력 발휘를 제대로 못하는 경우가 생기기도 한다. 습명이 가지는 의미에 대해 6대 나카무라 우타에몬中村歌右衛門은 다음과 같이 말하고 있다.

> 저 자신도 고타로児太郎에서 후쿠스케福助 그리고 시칸芝翫으로 습명을 할 때마다 한 단계씩 더 성장한다고 느꼈습니다. 그러나 문제는 습명을 하고 난 다음부터였습니다. 습명 이후부터는 책임감이 더 커졌고, 그 책임감 덕분에 어엿한 한 사람의 배우로 무대에 설 수 있게 된 것 같습니다. 습명은 자칫 잘못하면 오히려 독이 될 수도 있습니다. 우타에몬이라는 예명을 습명했을 때 더 이상 물러날 곳이 없다고 느꼈고, 게다가 5대 우타에몬이셨던 부친의 이름에 누가 되지 않도록 해야겠다고 생각했습니다. 그러면서도 한편으로는 나이가 들면서 뭔가 젊은 배우들과는 다른 색깔이나 분위기 같은 것을 갖추어야겠다는 생각이 들었기 때문에 지금도 열심히 노력하고 있습니다.

이 말은 가부키 배우가 성장해 가는 과정에서 습명이 얼마나 중요한 역할을 하는지 잘 표현하고 있다. 습명은 이름만 물려받는 것이 아니라, 연기의 양식과 팬클럽인 히이키도 함께 물려받기 때문에 책임감이 따를 수밖에 없다. 배우는 습명할 때 선조의 묘소를 찾아 인사드리고, 팬클럽 앞으로 기념품을 보내 습명 사실을 알린다.

### (4) 히이키贔屓

관객들은 자신이 좋아하는 배우나 극단을 후원하거나 팬클럽을 조직해서 적극적으로 지원을 하기도 하는데, 이러한 개인과 단체를 히이키라고 부른다.

### (5) 다양한 출판물

가부키는 양식미를 중시하는 예능이기 때문에 시각적인 아름다움이나 역동성을 강조한다. '그림을 감상하듯 한다'는 것이 가부키 연기·연출의 기본인 동시에 궁극적으로 추구하는 이상이다. 실제로 가부키는 오랫동안 회화와 친밀

한 관계 속에서 발전해 왔다. 일찍이 가부키 극장에는 그림 간판이 걸려 있었으며, 프로그램이나 출연자·배역 등을 나타낸 인쇄물인 즈지반즈케辻番付, 흥행 전에 향후 1년 동안 출연할 배우들의 얼굴을 전부 표시한 가오미세반즈케顔見世番付를 게시하였다.

이뿐만 아니라 일정한 주제들끼리 모아 놓은 책자인 에즈쿠시絵づくし, 공연 순서를 처음부터 끝까지 그림으로 그린 뒤 주요 배역과 배우 이름을 넣은 소책자인 에혼반즈케絵本番付 등의 프로그램이나 팸플릿도 제작되었다. 그리고 배우 초상화나 공연 모습을 담은 우키요에가 인쇄되어 팔리기도 했다. 에도시대의 가부키에는 도리이파鳥居派라 불리는 극장의 전속 화가들이 있었으며, 이들은 미에의 순간을 포착하여 그림을 그렸다.

배우들은 연기의 비법을 대를 이을 자식이나 제자에게만 전해 주고 외부에는 누출시키지 않았다. 그러나 18세기 중반기에 이르면서 가부키의 대본이나 배우들의 연기를 평가하는 서적이 출판되어 시중에서 판매되었고, 배우들 사이에 전해지던 연기나 연출의 비법 등을 기록한 『예담집芸談集』이라는 서적도 출판되어 인기를 얻었다.

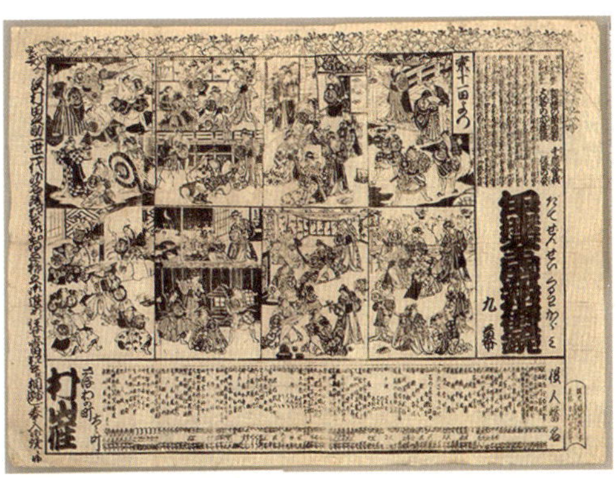

즈지반즈케(왼쪽)과 가오미세반즈케(오른쪽)

가부키가 여러 가지 제약을 받으면서도 일본의 대표적인 전통예술로 자리를 잡는 데는 좋은 작가나 배우는 물론이고, 객석을 채우며 건전한 비평을 해주는 관객 집단이 있었다. 이들은 단지 가부키를 즐기기만 하는 소극적인 관람에 그치지 않고, 가부키의 연출이나 미의식과 관련된 여러 가지 역사나 이론을 체계화하여 기록으로 남기려고 고심하였다. 뿐만 아니라 배우들의 연기를 적극적으로 비평하기도 했는데, 이 비평서는 찾는 이들이 많아 출판물 가운데서도 인기 있는 장르로 자리 잡았다.

## 8) 가부키 관련 일본 문화

### (1) 가부키와 도시락

다음은 가부키와 관련된 일본 문화에 대해서 알아보도록 하자.

일본은 도시락 천국이라고 불릴 만큼 도시락 문화가 발달하였다. 그런데 그 가운데는 가부키에서 유래한 도시락도 있다. 마쿠노우치幕ノ内 도시락과 스케로쿠즈시助六寿司 도시락이 바로 그것이다.

가부키 공연의 막과 막 사이, 즉 막간에 먹는 도시락이라는 의미의 마쿠노우치 도시락은 익힌 생선과 채소 조림·달걀말이·어묵·채소 무침 그리고 1인분의 밥으로 구성되어 있다.

스케로쿠즈시 도시락은 유부초밥과 김밥인 노리마키海苔巻き로 구성된 스시를 말하는데, 유명 가부키 〈스케로쿠유카리노 에도자쿠라助六由縁の江戸桜〉의 주인공 스케로쿠에서 유래하였다. 이 작품은 가부키에서 가장 많이 공연되는 18개의 작품 중 하나로, 스케로쿠라는 협객이 겐지源氏의 보검인 도모키리마루友切丸를 찾기 위해 유곽인 요시와라吉原를 드나들다가 이큐意休라는 노인이 이

칼을 가지고 있다는 소문을 듣고 칼을 빼앗는다는 이야기이다.

극 중에서 주인공의 연인으로 나오는 유녀의 이름이 아게마키揚巻이다. 여기에서 아게란 두부를 얇게 썰어 튀긴 유부, 아게마키는 유부초밥을 말하며, 주인공 스케로쿠가 머리에 두르고 있는 두건을 마키라고 한다. 따라서 주인공이 머리에 두른 두건인 '마키'에 연인 아게마키의 '아게'가 합쳐지면서 유부초밥과 김밥으로 구성된 도시락을 스케로쿠즈시라고 부르게 되었다.

지금은 마쿠노우치 도시락이나 스케로쿠즈시는 가부키 극장에서뿐만 아니라 일반 편의점에서 쉽게 볼 수 있으며, 가장 많이 팔리는 도시락이기도 하다. 이처럼 가부키에서 도시락은 빼놓을 수 없는 존재였으며, 가부키에서 유래한 도시락이 지금은 도시락의 대명사가 되었다. 요즈음도 가부키 극장에 가면 먼저 해야 하는 일 중 하나가 도시락을 예약하는 일이다. 가부키 극장에는 도시락을 준비하는 식당이 있다. 가격은 저렴한 것도 있지만 역시 명물인 마쿠노우치 도시락부터 호화롭고 세련된 가고모리籠盛 도시락 등 종류가 많아 골라 먹는 즐거움이 있다.

### (2) 니마이메二枚目 배우

가부키에서는 독특한 서체로 출연 배우의 이름표를 써서 극장 앞에 걸어 둔다. 이름표는 보통 8장으로 되어 있는데, 첫 번째라는 뜻의 이치마이메一枚目에는 가장 인기 있는 주연배우의 이름을 적어 둔다. 니마이메에는 젊은 배우의 이름을 적고 산마이메三枚目에는 익살꾼 역을 맡은 배우의 이름이 올라간다.

여기에서 유래한 말 중에 니마이메 배우 또는 산마이메 배우라는 것이 있다. 니마이메 배우란 젊고 잘생긴 미남 배우를 말하는데, 극 중에서는 멋있게 보이도록 하얗게 화장을 했으며 싹싹하고 예쁘장한 남성이라는 의미로 '야사오토코やさ男'라 부르기도 했다. 지금도 니마이메라는 말은 전형적인 미남이나

호남자好男을 가리키는 용어로 통용되고 있다. 일본에서는 '니마이메 가부키배우'·'니마이메 영화배우'·'니마이에 탤런트'와 같은 표현뿐만 아니라 '그는 상당한 니마이메다'라는 말처럼 일상어로도 사용되고 있다. 이처럼 일본인들의 일상생활에는 가부키에서 유래된 표현들이 많다.

마지막으로 배우를 돋보이게 하는 호화찬란한 무대의상은 가부키의 꽃이라고 할 수 있다. 의상은 배역과 배우의 기분을 나타내면서 계절감과 장소까지도 표현한다. 인물의 배역을 강조하지 않거나 숨겨 놓은 정체를 자연스럽게 표현할 때도 중요한 역할을 하는데, 당시에는 배우가 자신을 더 돋보이도록 하기 위해 직접 의상을 제작하기도 했다.

# 5

# 게이샤芸者

## 1) 게이샤란?

게이샤는 연회에서 전통무용과 음악으로 흥을 돋우는 일을 직업으로 하는 여성을 말한다. 예술의 달인이라는 의미를 가지고 있는 게이샤는 예전에 비해 그 수가 많이 줄어들었지만 교토와 도쿄를 중심으로 현재까지도 찾아볼 수 있다.

게이샤들이 모여 있는 곳을 꽃마을이라는 의미로 가가이花街 또는 하나마치花街라고 부르고, 게이샤들이 공연하고 받는 비용을 꽃값이라는 의미의 하나다이花代라고 한다. 예로부터 게이샤는 매춘을 하는 유녀와는 구별되었다. 그러나 게이샤 중에도 금전에 응하는 사람이 있었기 때문에, 유녀와 게이샤를 동일한 것으로 혼동하기도 한다. 게이샤나 가가이에 대한 편견이나 오해는 지금도 남아 있다.

게이샤는 지역마다 명칭이 다르다. 교토나 오사카 등의 간사이関西 지방에서는 게이코芸子라 하고, 게이코가 되기 이전의 견습생을 마이코舞妓라고 부른다. 한편, 도쿄를 중심으로 한 간토関東 지방에서는 게이샤라고 하고, 견습생을 한교쿠半玉라 한다. 옛날에는 게이기芸妓 또는 게이코라고 부르기도 했는데, 지금은 게이샤라는 명칭이 일반적으로 사용되고 있다. 전통음악 연주·전통무용 공연·작시作詩 등에 능한 이들은 요정이나 료칸에 호출되어 시간을 정해 고객의 이야기 상대를 해주거나 노래와 춤으로 흥을 돋우는 일을 한다.

가가이는 도쿄에는 아사쿠사浅草·신바시新橋·아카사카赤坂 등에 남아 있으나 점차 쇠퇴해 가고 있는 반면, 교토에는 다섯 곳의 가가이가 활발하게 전승되고 있다. 교토는 역사가 오래되고 영향력 있는 게이샤 전통을 가진 도시로, 이곳에서 게이샤가 되기 위해서는 보통 5년의 힘든 수련 기간을 거친다. 게이샤 하면 떠올리는 하얀색 화장, 다양하고 화려한 색상의 기모노 차림은 사실 마이코의 모습이고 복장이다. 경력이 오래된 게이샤는 단순한 색상의 기모노를 입고 화장도 특별한 때에만 하얗게 칠한다.

다른 도시의 게이샤와 교토의 게이샤는 분위기가 많이 다르다. 도쿄에서는 정식 게이샤가 되기까지 6개월에서 1년 정도의 시간을 필요로 한다. 도쿄의 견습 게이샤는 한교쿠 또는 술 접대부라는 뜻의 오샤쿠御酌로 부르며, 교토 게이샤보다 나이가 많은 것이 보통이다.

게이샤는 지금도 하나마치에 있는 오키야置屋라는 전통주택에서 생활한다. 그러나 경력이 오래되고 성공한 게이샤들은 대부분 자신의 집을 소유하고 있다. 일본에서는 게이샤가 속하는 세계를 화류계, 즉 가류카이花柳界라고 부른다. 작가이자 게이샤였던 이와사키 미네코岩崎究香는 "게이샤는 꽃과 같이 아름다운 자신의 길을 지녔고, 버드나무처럼 공손하고 나긋나긋하며 강인하다"라고 말하고 있다.

## 2) 게이샤의 역사

게이샤의 역사는 생각보다 그리 길지 않다. 헤이안시대부터 예능인으로 활동했던 여성은 있었으나, 지금처럼 게이샤라 불리는 여성 예능인은 이보다 훨씬 나중에 등장하였다.

1589년 도요토미 히데요시는 공창 제도의 일환으로 교토의 야나기초柳町에 유곽을 설립했고, 이후 유곽은 시마바라島原로 옮겨간다. 유곽에서는 예술 향유·음주·고급 매춘이 이루어졌고, 많은 예능인은 이곳에서 음악과 무용·작시로 손님을 즐겁게 해주면서 생업을 꾸려 갔다. 당시만 하더라도 이들 예능인의 대부분은 남성이었다. 그리고 이들은 자신을 예능인이라는 의미의 '게이샤' 또는 어릿광대라는 의미로 '호칸幇間', 북 치는 고수라는 의미의 '다이코모치太鼓持ち'라고 불렀다.

동그라미 속 남자가 호칸

게이샤라 불리던 남성 예능인들이 활약하던 시기에 '오도로키おどろき'라고 부르는 여성 예능인들도 있었다. 이 여성들은 등장한 지 얼마 되지 않아 대중화되었고, 자신들을 시마바라에서 일하는 남성 예능인들처럼 '게이샤'라고 부르기 시작하였다.

즉, 에도시대에 이르러 게이샤에는 남성과 여성이 모두 있었다는 말이 된다. 이후 메이지시대부터는 남성을 게이샤라고 부르지 않게 되었고, 여성을 오사카에서는 게이샤, 교토에서는 게이코라고 부르게 되었다. 이때부터 게이샤에 대한 인식이 바뀌었고, 게이샤를 보호하는 법도 만들어지면서 여성만이 될 수 있었던 것이다.

게이샤는 머리 모양과 화장, 기모노 등이 유곽의 유녀보다 단순해야만 했다. 그들의 아름다움은 몸이 아닌 예술행위에서 나와야 했기 때문이다. 이후 게이샤는 유녀보다 인기를 끌게 되었고, 교토와 다른 도시에서도 새로운 하나마치가 생겨났다.

19세기에 들어 게이샤는 일반 여성보다 나은 지위를 갖게 되었으나, 가난한 사람들 중에는 딸을 하나마치 찻집에 파는 경우도 있었다. 이들 가운데 나중에 게이샤가 되면 단나旦那라 부르는 부유한 남성 후원자가 생기기도 했다. 게이샤는 보통 결혼을 하지 않았으며 후원자와 정식이 아닌 계약상의 부부관계를 맺는 경우가 많았다.

### 3) 현대의 게이샤

오늘날 게이샤의 활동은 대부분 교토 기온祇園의 하나마치와 도쿄의 하나마치에서 이루어진다. 1920년대에는 8만 명이 넘는 게이샤가 있었다고 하지만 지금은 많이 줄어들었다.

게이샤가 감소하는 이유 중 하나로 서양 문화의 유입을 들 수 있다. 게이샤의 정확한 숫자는 파악하기 어렵지만, 지금은 대략 1,000명에서 2,000명 정도로 추정하고 있다. 관광객이 많은 교토 등지에서 게이샤 복장을 한 여성들을 목격하기도 하는데, 이들은 대부분 마이코로 분장한 관광객이거나 배우인 경우가 많다.

게이샤가 되고자 하는 여성은 보통 중학교나 고등학교·대학교를 졸업한 후 수련에 들어가며, 직업 활동은 어른이 된 이후에 시작한다. 게이샤는 전통가요와 샤미센·샤쿠하치尺八, 북과 같은 전통악기 연주법·일본 전통무용·다도·문학·작시 등을 배운다. 견습생은 이뿐만 아니라 복장·화장·고객 접대 방법 등에 관해서도 수련을 쌓아야 한다.

게이샤는 행사나 연회 등에서 공연을 하는데, 보통 찻집이나 전통식당에서 이루어지는 경우가 많다. 이때는 향을 태워서 공연 시간을 재는데, 공연 비용

을 이 시간에 따라 계산한다고 해서 '센코다이線香代' 또는 '교쿠다이玉代'라고 부른다. 교토에서는 '오하나お花' 또는 '하나다이'로 부르기도 한다. 고객은 게이샤 조합인 겐반検番을 통해 게이샤 출장 서비스를 이용할 수 있으며, 게이샤 조합은 게이샤의 스케줄과 접대·수련 일정 등을 관리한다.

### 4) 수련

전통적으로 게이샤는 어린 나이부터 수련을 시작한다. 과거에는 게이샤가 되기 위해 어린 나이에 팔려 온 소녀들도 있었지만, 평판이 좋은 하나마치에서 흔한 경우는 아니었다.

게이샤의 딸은 게이샤로 교육받는 경우가 흔했다. 수련의 처음 단계는 '시코미仕込'라고 부른다. 시코미의 과정은 하녀처럼 힘든 일을 하거나 게이샤가 일을 마치고 돌아오는 새벽 두세 시까지 기다리는 등 매우 고되었기 때문에 이 과정에서 그만두는 경우도 많았다.

이 수련 과정 동안 시코미는 하나마치의 게이샤 학교에서 수업을 받았다. 이 과정은 지금도 그대로이지만 과거에 비해서는 많이 수월해진 편이다. 게이샤의 전통과 복장을 따르면서 예능을 완벽히 숙달하고, 마지막으로 고난도의 무용 시험을 통과한 견습생은 수련의 두 번째 단계인 '미나라이見習い'로 진급한다.

미나라이부터는 가사 노동을 하지 않는다. 이 역시 예전에 비해 힘들지 않고, 기간도 훨씬 짧아졌다. 미나라이는 현장에 나가서 선배들의 공연 모습을 보면서 배우게 되는데, 이때 공연에 직접 참가하지 않는다. 현장체험이 좋은 경험이 되는 것이다. 미나라이가 되면 의상도 마이코처럼 화려해진다.

짧은 미나라이 기간이 끝나고 나면 마이코 수련을 시작한다. 마이코는 견습 게이샤로서의 마지막 수련 단계라고 할 수 있다. 마이코는 연장자인 게이샤가 공연할 때 수행을 한다. 게이샤와 마이코 관계를 보통 언니와 동생이라는 의미의 아네상과 이모토상으로 부른다. 아네상과 이모토상 관계는 매우 중요하다. 아네상은 하나마치에서 차를 내는 법, 샤미센을 연주하는 법, 그 밖에 무용을 비롯한 게이샤에게 필요한 모든 것을 이모토상에게 가르쳐 준다.

마이코는 얼굴에 하얀 분을 두껍게 칠하고, 화려한 머리 장식을 하며, 입술을 짙게 칠한다. 기모노着物와 오비帯는 정식 게이샤들에 비해 다양한 색깔이 많이 들어가며, 화려한 무늬로 수놓아져 있다. 미나라이와 마찬가지로 마이코도 연회나 회합에 출연하여 화대를 받을 수 없다.

마이코는 도쿄에서는 6개월에서 1년, 교토에서는 5년의 수련 기간을 거친 후 정식 게이샤로 승격하게 되며, 일한 시간만큼 충분한 화대를 받을 수 있다. 게이샤는 마이코 때보다 경험이 쌓이고 성숙해졌기 때문에 평소에는 색상이 화려하지 않은 수수한 기모노를 입는다. 공연을 할 때만 화장을 하는데, 이때도 자연미를 돋보이게 하는 단순한 스타일의 화장을 선호한다. 이들 게이샤는 정년이 없이 은퇴할 때까지 활동을 계속한다.

# 6

# 다카라즈카 가극단宝塚歌劇団

## 1) 다카라즈카 가극단

다카라즈카 가극단은 첫 공연을 시작한 이래 100년의 세월을 훌쩍 넘기고 있는, 세계에서도 그 예를 찾을 수 없는 여성들로 구성된 엔터테인먼트 단체이다. 극단 명칭을 줄여서 다카라즈카 또는 즈카로 부르기도 한다. 남녀노소 누구나 볼 수 있는 국민 가극을 목표로 창설되었으며, 희극 풍자극인 레뷰Revue[33]를 일본에서 처음 공연함으로써 유명세를 떨쳤다. 지금도 전 연령대가 즐길 수 있는 건전한 내용을 중심으로 뮤지컬과 레뷰를 공연하고 있다.

소녀 가극단에서 출발하여 성장과 발전을 거듭해 온 이 가극단은 정해진 규칙과 전통을 존중하는 반면, 무대에 올리는 작품들은 시대정신을 반영하고 있으며 도전적이고 파격적이다. 다카라젠느라 불리는 가극단 소속 단원들은 엄격한 연공서열과 치열한 실력주의가 병존하는 조직 속에서 자신의 기량을 발휘한다.

가부키에서 남자 배우가 연기하는 온나가타는 여성보다 더 여성스러운 심리 묘사와 동작 등으로 이상적인 여성상을 연기한다. 반면, 다카라즈카에서 여

---

33) 동시대의 인물과 사건들을 묘사하거나 풍자하는 노래·춤·촌극·독백 등으로 이루어진 가벼운 오락극.

성이 연기하는 남성 역할인 단소노레이진男装の麗人은 남성보다 더 남성스럽게 표현한다는 이야기를 듣는다. 그 이면에는 남녀가 성적 역할을 바꿔 변신하고 싶은 마음이 발현했다는 것을 부정할 수 없다. 이런 경향은 셰익스피어 연극을 비롯해 세계 여러 나라의 다양한 민속과 연극에서도 찾아볼 수 있다.

다카라즈카는 독립된 하나의 엔터테인먼트 회사는 아니다. 이 명칭은 가극단의 본거지가 있는 효고兵庫현 다카라즈카宝塚시의 이름과 같다. 가극단의 운영 및 관리는 오사카에 본사를 두고 있는 민영 철도회사인 한큐 전철阪急電鉄 계열의 엔터테인먼트 커뮤니케이션 사업부에서 맡고 있으며, 여기에 한큐 전철의 자회사가 가세하여 다카라즈카 가극 사업을 벌이고 있다. 단원들은 한큐 전철의 사원과 같은 대우를 받는다.

전원 여성들로 구성되어 있는 가극단은 1914년에 첫 공연을 시작한 이래 지금까지도 많은 사랑을 받고 있다. 연간 공연 수는 약 1,300회, 관객 동원 수 약 250만 명, 단원 총수가 약 400명이나 되는 거대 가극단인 것이다. 극단에는 매뉴얼화된 규칙이 많다. 이러한 규칙을 다카라즈카다움이라고 표현하기도 하는데, 예를 들면 이런 것이다. 톱스타는 언제나 주역을 맡는다. 그리고 공연 맨 마지막에는 큰 날개 장식을 하고 큰 계단으로 내려온다.

다카라즈카는 시대에 맞는 다양한 장르의 작품을 무대에 올려 왔다. 장르는 오리지널 창작 작품에서부터 일본 영화·외국 영화·일본 문학·해외 문학·해외 뮤지컬·오페라·라쿠고落語[34]·TV 드라마·소년, 소녀만화·SF 소설·게임까지 다양하다. 이것은 설립 당시부터 지금까지 관철해 오고 있는 신작주의新作主義

34) 에도시대 성립되어 현재까지 전승되고 있는 전통적인 만담·야담·노 또는 가부키처럼 의상·도구·음악 등에 의존하지 않고 혼자서 몸짓과 손짓만으로 무슨 역이든 연기하며 이야기를 진행한다. 또 부채와 수건을 사용하여 능란한 화술로 사람들을 즐겁게 하는 독특한 예능으로 고도의 기예를 필요로 한다.

의 결과라고 할 수 있다. 신작주의는 철저한 실험정신에 기반하고 있다. 신작주의와 다카라즈카다움은 100여 년 동안 이어지면서 전통이 되었다.

정기 공연은 효고현 다카라즈카시에 있는 다카라즈카 대극장과 도쿄 다카라즈카 극장을 중심으로 이루어진다. 그리고 중극장인 다카라즈카 바우 홀Bow Hall에서도 공연이 이루어진다. 2001년부터는 극장 중계와 공연 안내를 중심으로 하는 전문 채널인 'TAKARAZUKA SKY STAGE'도 운영하고 있다.

무대에 출연하는 배우들은 전원 다카라즈카 음악학교를 졸업한 미혼 여성들이다. 단원들은 다카라젠느라는 애칭으로 불리며, 퇴단 후의 재입단은 허용되지 않는다. 철저한 순혈주의로 극단에 소속되어 있는 동안에는 다른 외부 무대나 TV 출연도 금지될 정도로 단원들에 대한 관리는 엄격하고 철저하게 운영된다.

수용 인원 2,000명 이상의 대극장에는 항상 공연이 이루어지고 있으며, 무대는 밝은 조명을 사용한다. 또 배우는 먼 객석에서도 표정을 알 수 있도록 커다란 눈썹, 도란ドーラン 화장, 강한 아이라인 등 화려한 화장을 하는 것이 특징이다. 도란 화장이란 무대용의 유성油性 파운데이션을 사용하는 메이크업이다. 다카라즈카 대극장에 있는 살롱 다카라즈카에서는 이 메이크업을 희망하는 일반인들에게 예약제로 체험의 기회를 제공하고 있다.

여성들만으로 구성된 극단에서 남성 역할의 배우를 오토코야쿠男役, 여성 역할의 배우를 무스메야쿠娘役라고 한다. 오토코야쿠와 무스메야쿠를 정하는 기준은 신장이다. 다카라즈카 음악학교 재학 중에 어느 쪽을 희망하는지 묻고 참고는 하지만, 공식적인 결정은 졸업 후에 입단하고 나서 정해진다.

입단 후에 오토코야쿠에서 무스메야쿠로 전향하는 경우는 있지만, 무스메야쿠에서 오토코야쿠로 전향하는 경우는 거의 없다고 한다. 설립 초기에는 무스메야쿠가 인기가 많았으나 지금은 오토코야쿠를 선호하며, 무대도 오토코야쿠를 중심으로 만들어진다.

### 2) 단소노레이진

다카라즈카의 상징이라고 할 수 있는 단소노레이진은 현실 세계에서 볼 수 없는 남장을 한 아름다운 여성이다. 이 남장 배우 역은 1870년대 영국의 뮤직홀 스타를 흉내 낸 것이다. 의상이나 연기와 몸짓은 남성다움을 표현하지만, 분장이나 헤어스타일은 여성이다.

사회학자 즈가네사와 도시히로津金沢聡広는 "단소노레이진이라는 모티브를 일본에 가지고 온 것은 1930년대의 패션 모더니즘의 일환으로 유행했던 이른바 모가 현상이었다"라고 말한다.[35] 그 당시 외국 문화를 적극적으로 수용하며 서양 의복을 입고 서구적인 사고와 가치관을 가진 젊은 남녀를 모던보이modern boy·모던걸modern girl이라 불렀는데, 이를 줄인 말이 모보·모가이다.

1993년 프랑스의 연출가인 모리스 베자르M·Béjart가 가부키에서 힌트를 얻어 도쿄 발레단 공연을 연출할 때 아버지 역을 여성 배우에게, 어머니 역을 남성 배우에게 맡기는 시도를 한 적이 있다. 베자르의 이러한 발상은 가부키와 다카라즈카 가극이라는 성性의 양면성에서 나오는 독자적인 문화에 착목한 것이라고 할 수 있다.

단소노레이진은 다리를 벌리고 서서 허리춤에 손을 올리고 주먹을 불끈 쥐는 등 남성의 몸동작을 한다. 의상도 남성적인 느낌이 나는 군복을 많이 입는다. 그러나 이런 몸동작이나 의상이 남성다움을 찬미하는 것은 아니다. 남성의

---

35) 津金沢聡広, 『宝塚戦略 小林一三の生活文化論』, 講談社現代新書, 1991, pp.186~187.

이미지 가운데 부족한 점이나 결핍의 이미지·한심함이나 칠칠치 못함·허세·연약함 등을 철저히 배제한 허구의 남성미를 연출하는 것이다.

다카라즈카의 많은 여성 팬이 단소노레이진에 매료되는 이유가 남성다움이 아니라 여성이 연기하는 레이진, 즉 아름다운 남성 때문이라는 점이 생경하지만 흥미롭다. 많은 여성이 인기 순정만화 〈베르사유의 장미〉[36]의 주인공 오스칼에 열광했던 것과 비슷하다. 만화 속의 오스칼은 남장 미인을 상징하는 하나의 대명사로 지금의 걸 크러시 캐릭터의 원조라고 할 수 있다.

단소노레이진은 "남녀의 구분이 애매한 무성성無性性에 대한 강한 염원이며, 현대 사회에서 여성이라는 입장이 주는 불합리성에 대한 반대급부적인 현상에서 비롯된 것"이라고 만화가 이케다 리요코池田理代子는 말하고 있다. 즉, 남녀의 양성을 모두 갖추고 있다는 것이다.

### 3) 다카라즈카 음악학교와 가극단

다음은 가극 단원을 육성하고 있는 음악학교에 대해서 알아보도록 하자. 단원은 가극단 부속 다카라즈카 음악학교에서 예과 1년, 본과 1년 총 2년간의 교육을 받는다. 가극단에 입단할 수 있는 조건도 음악학교 졸업생으로 제한하

---

36) 일본의 만화가인 이케다 리요코가 슈테판 츠바이크Stefan Zweig의 전기 『마리 앙투아네트』(1932)를 바탕으로 창작한 순정만화로서, 1972~1973년까지 만화잡지 《주간 마가렛》에 연재되었다. 프랑스혁명 시기를 다루고 있으며, 주된 등장인물 중 몇몇은 작가의 완전한 창작이다. '베르바라ベルばら'라고 줄여서 부르기도 하는 이 작품을 다카라즈카 가극단이 무대에 올리면서 대성공을 거두게 되었고, 이로 인해 원작 만화가 대히트를 치게 되었다. 이후, TV와 극장판 애니메이션 등이 제작되면서 하나의 사회현상이 되었다.

고 있다. 학생들은 입학식과 졸업식에 정해진 정장을 착용하게 되는데, 입학식에서는 회색 치마 정장에 붉은 색 나비넥타이를 맨 서양식으로, 졸업식에서는 짙은 녹색 하카마와 검은색 하오리에 흰색 문양이 들어간 와후쿠를 입는다. 여기에서도 일본의 제복 문화의 전통을 느낄 수 있다.

### (1) 입단 후 생도生徒와 연구과研究科

가극단에 입단하면 단원들을 학생이라는 의미에서 생도라고 부른다. 이는 가극단이 발족할 당시 단원들이 흡사 게이샤나 마이코 같다고 하는 조롱 섞인 말을 들은 설립자 고바야시 이치조小林一三가 “다카라즈카 가극단의 설립 목적은 양가良家의 자녀들에게 고급 음악교육을 제공하는 것이므로 단원들을 생도라 부르겠다”고 말한 데서 유래한다.

가극단과 학교가 같이 시작되었기 때문에 양쪽의 기수期数는 일치한다. 예를 들면 음악학교의 95기생은 가극단의 95기로 입단하는 것이다. 1939년까지 단원은 다카라즈카 음악학교 연구과 생도라고 했다. 지금도 그 전통이 이어져 생도들의 입단 연수를 ‘연구과 ○년’ 또는 이를 줄여서 ‘연 ○’, 즉 연 다음에 입단한 해를 붙여서 공식적으로 부르고 있다. 예를 들면, 입단 1년째인 생도는 연구과 1년, 즉 연 1인 것이다.

다카라즈카 음악학교 2년 과정을 마치고 졸업 사정이 끝나면 입단식을 거쳐 정식 다카라즈카 가극단에 입단하게 된다. 단 본인의 기량이나 개인 사정으로 인해 입단을 포기하거나 입단이 거부되는 경우가 있기도 하다. 보통은 졸업식과 입단식이 같은 날 치러진다. 음악학교 졸업식이 오전에 있고, 오후에는 가극단 입단식이 있다.

입단이 허용된 연 1생 단원은 입단 수속을 마치고 한큐 전철과 고용계약을 한다. 그 후 훈련 과정을 거쳐 봄에 대극장에서 입단생 전원이 출연하는 공연을 통해 데뷔를 한다. 이것을 첫 무대 공연이라는 의미로 하츠부타이初舞台라 한다. 연 1생을 하츠부타이세이生라 부른다. 첫 무대 공연에서는 공연 전에 하는 무대 인사와 라인댄스 공연이 관례화되어 있다.

첫 무대 인사는 공연 기간 동안 매일 한다. 하츠부타이세이는 매일 3, 4명씩 돌아가면서 무대에 정렬하여 인사를 한다. 공연은 전원이 하나가 되어 라인댄스로 시작하는데, 간혹 첫 무대 인사와 라인댄스 이외의 공연에 참가하는 기회가 주어지기도 한다.

연 1생들은 첫 무대 공연을 마치면 그룹별로 나누어진다. 자신이 어느 팀, 즉 구미組에 속하게 되는지가 정해지는 것이다. 각각의 팀에 배속되는 것을 구미하이조쿠組配属라 부른다. 이때부터는 자신이 속한 구미의 본 공연에 출연한다. 이것을 구미마와리組まわり라 부르는데, 구미마와리를 거치고 나서 구미하이조쿠가 정해지는 경우도 있다. 어느 구미에 배속될 것인지는 발표 당일에 가극단 공식 홈페이지를 통해서도 공지된다. 단원들 가운데는 배속된 구미에서 활동하다가 다른 구미로 옮겨가는 경우도 있다. 이것을 구미가에組替え라고 하는데, 이 역시 가극단 공식 홈페이지를 통해 공지된다.

### (2) 정년과 탤런트 계약

이들의 신분은 일본 기업에서 볼 수 있는 고용 방식인 정년제를 충실히 적용받고 있다는 느낌이 든다. 앞에서도 언급했듯이 가극단 단원은 한큐 전철 계열의 엔터테인먼트 커뮤니케이션 사업부 소속으로 사원 대우를 받는다.

먼저 정년제에 대해서 소개하면, 1972년에 57세 정년제가 도입되었다가 지금은 만 60세까지 연장되었다. 단 이사가 되면 정년이 없다. 그리고 1977년 입단한 63기생부터 통칭 결혼적령기 정년 제도가 도입되었다. 여자 기예원技芸員으로 한큐 전철의 사원 대우를 받던 생도는 일정 학년이 되면 단원 신분을 말하는 탤런트 입단 계약을 맺는다. 예전에는 입단 7년째(연 7)가 탤런트 계약 시기였으나, 2007년부터 입단 6년째로 계약 시기가 앞당겨졌다.

### (3) 구미의 구성

다카라즈카는 하나花·즈키月·유키雪·호시星·소라宙의 다섯 구미와 어느 구미에도 속하지 않는 전과專科로 나누어진다. 하나·즈키·유키·호시·소라는 각각 꽃·달·눈·별·하늘이라는 의미이다. 각 구미는 약 80명 정도의 단원들로 구성되어 따로 공연을 하며, 필요할 경우에는 전과에 속한 단원이 참가하기도 한다. 모든 단원을 생도라고 부르고, 구미에 소속하는 생도를 구미코組子라 한다. 예를 들면, 하나구미에 소속된 생도를 하나구미의 구미코 또는 하나구미코라 한다.

각 구미의 심벌마크

각 구미에는 조장과 부조장이 있다. 조장을 구미초組長, 부조장을 후쿠구미초副組長라 부른다. 구미초는 구미를 통괄적으로 관리하고 공식적으로나 사적으로 구미코를 돌봐 주는데, 최고 상급생이 이 역할을 맡는 경우가 많다. 후쿠구미초는 구미초를 보조하거나 구미초에게 사고가 발생했을 경우에 임무를 대행한다. 각 구미는 철저한 연공서열 방식으로 이루어져있다.

다카라즈카는 연공서열뿐만 아니라 철저한 실력주의에 의거한 톱스타 발굴 시스템으로 운영되고 있다. 각 구미마다 오토코 역·무스메 역의 톱스타가 있고, 그 아래에 두 번째, 세 번째와 같이 비교적 확실하게 서열이 매겨져 있다. 작품의 배역도 기본적으로 그 서열에 의해 정해진다. 따라서 '오토코 역 10년'이라는 말처럼 입단에서부터 최종 목표로 삼는 톱스타의 자리까지 오르는 과정이 비교적 명확하다.

단원들은 선생이라 부르는 연출가를 비롯한 스태프들과는 상하관계를 맺고, 선배들로부터는 연기 등의 지도를 받으면서 스타로서 성장하는 꿈을 키워나간다. 그러나 가극단이 이와 같은 연공서열과 실력주의에 기반을 두고 있는 것에 대한 비판의 목소리도 있다. 그 외 구미 구성의 특징은 예명을 사용하고 본명이나 실제 나이 등은 공개하지 않는다는 것이다. 그 이유에 대해서 가극단 이사장을 역임한 고바야시 고이치小林公一는 "다카라 가극의 무대는 허구이기 때문"이라고 말한다. 그렇기 때문에 굳이 젠느의 신원을 밝히지 않는다는 것이다.

전용 극장을 보유한 다카라즈카는 극단 전속 연출가·스태프 그리고 연기자인 단원들이 상하관계로 이루어진 수직통합 시스템으로 현대 일본의 무대예술 산업을 이끌고 있다. 그 배경에는 톱니바퀴처럼 잘 맞아 돌아가고 있는 세 가지 요소가 자리 잡고 있다. 이 세 요소는 첫째, 신작을 계속 만들어 내는 작품 생산 능력이고, 둘째, 연공서열과 실력주의 속에서 톱스타로 성장해 가는 단원들, 마지막으로 이러한 가치를 극대화시키는 공연예술 매니지먼트이다. 이 세 가지 요소는 일반적인 비즈니스에서 요구되는 상품 개발 능력, 인재 육성, 영업력과 통하는 부분이 있다.

다카라즈카가 가진 창조적이며 개혁적인 도전 정신과 매뉴얼에 입각한 철저한 인재 육성 방법은 전통과 현재가 공존하는 일본의 모습을 잘 드러내고 있다고 할 수 있다. 창조적이며 개혁적인 도전 정신은 대중을 제일로 생각하는 현실에 기반을 둔 상업주의 그리고 매뉴얼에 입각한 철저한 인재 육성은 정형화된 일본의 조직문화와 통하는 바가 있기 때문이다. 이는 다카라즈카뿐만 아니라 가부키에서도 찾아볼 수 있는 것으로 대중문화가 추구하는 가장 궁극적인 요소라고 할 수 있다.

### (4) 퇴단

정년은 결혼·건강 문제·경제적인 사정 등으로 인해 활동이 곤란한 경우에 퇴단하는 형태로 이루어진다. 퇴단과 동시에 한큐 전철과의 고용계약도 소멸된다.

퇴단할 때는 기념 공연을 하는데, 퇴단 수속이 순조롭게 진행되면 다카라즈카 대극장과 도쿄 다카라즈카 극장의 마지막 공연에서 정장인 검은 문양이 들어간 녹색 가운을 입고, 졸업이라는 형태로 고별인사를 한다. 이때 소속 구미의 상급생과 음악학교 동기생들로부터 화환이 건네진다.

본 공연 이외의 마지막 공연에서는 정해진 형식의 세리머니는 없지만 커튼콜 때에 생화를 들고 간단한 스피치를 하는 경우가 있다. 공연 마지막 날 퇴단하는 경우는 공연 연습 첫날, 퇴단 발표가 홈페이지를 통해서 이루어진다. 이외의 날에 퇴단하는 경우도 있는데 이때는 기관지 《가극》에 퇴단 인사말이 게재된다.

전근대부터 현대까지
빠짐없이 둘러보는

# 일본 문화 이야기

# 일본적인 것과 에도시대

일본은 전통과 현대문명이 공존한다고 한다. 현대 일본인들의 생활은 외형적으로는 서양식 라이프 스타일을 유지하고 있는 것처럼 보이지만, 그들의 일상을 조금만 들여다보면 고유의 사고방식이나 행동 패턴, 전통문화가 곳곳에 살아 숨 쉬고 있음을 알 수 있다.

일본은 근대 이전의 계급의식(천황·황족·귀족·무사·서민)이 아직도 남아 있다. 이 가운데 사회변동의 주역이라고 하면 단연 무사이다. 메이지유신도 이들이 주도한 위로부터의 혁명이다. 아울러 현대 일본 곳곳에는 세습의 전통이 사회 및 인간관계의 기저를 이루고 있다. 무사의 지배가 끝나고 150여 년이 경과했지만 아직도 일본은 사회 곳곳에서 무사와 관련된 것들이 많이 남아 있다.

메이지 이후, 전근대 시대의 역사적 발전이 일본의 '근대화 = 서구화'의 계보와는 무관하다는 사고방식을 가지고 있었다. 하지만 일본 연구자들은 언제부턴가 일본 문화에 하나의 일정한 방향성이 존재한다고 인식하기 시작하였다. 바로 일본인들의 생활 속에 무사화 과정이 보인다는 것이다.

예를 들면 이러한 것이다. 에도시대의 무사 조직은 품의제稟議制와 합의주의, 선례주의先例主義가 연동해서 움직이고 있었다. 품의제는 현장 실무자가 기안한 결재 문서가 위로 올라가 수정 과정을 거치지만 상사의 추인을 받는 형식으로 진행되며 다이묘大名나 쇼군将軍은 의견을 피력하는 정도이다. 한편, 품의제와 합의주의는 변화보다는 안정을 지향하는 측면이 강해 선례주의를 선호한다. 지금도 관공서, 회사 등 일본의 조직에서 이 세 가지는 중요한 의사결정 수단으로 작동하고 있으며, 일본인들의 중요한 행동 패턴으로 기능하고 있다. 아울러 품의제와 합의제 그리고 선례주의를 중시하는 일본 사회는 매뉴얼이 발달한 동시에 이에 의존하는 경향이 있다.

이뿐만 아니라 에도시대는 세습의 전통이 정착된 시기이기도 하다. 일본의 정치 세습이 그 대표적인 예라고 할 수 있다. 일본만큼 국회의원의 세습 비율이 높은 나라는 많지 않다. 역대 일본 수상을 보더라도 2, 3대에 걸친 정치가 집안 출신이 많다.*

---

* 일본 국회의 원형을 찾는다면 에도시대를 살펴봐야 한다. 다이묘가 임명한 지방 관리로서 대관代官 밑에서 마을의 납세와 사무를 맡아 보던 촌락의 장長인 쇼야庄屋가 메이지시대가 되면서 대지주가 되어 지주의회를 구성하였다. 이른바 에도시대 쇼야의 집회가 지방의회의 원형이며, 메이지유신은 이들 구 쇼야들이 정계 진출을 달성한 혁명이었다고 평가하는 주장이 있다. 우리의 국회의사

근세 일본은 약 250여 년간, 외부 세계와 제한적으로 교류하였다. 이 기간을 쇄국鎖国 시대, 이러한 선택적 고립과 단절을 쇄국 정책(1638~1853)이라고 부른다. 이러한 고립은 일본인들에게 자신들만의 방법으로 문화 발전을 도모하게 하는 한편, 외래로부터 들어온 문물을 강하게 의식하게 만들었고, 그것이 어디에서 들어온 것인가에 대한 관심을 가지게 했다.

고립이 만들어 낸 또 하나의 부산물은 문화의 균질성이다. 쇄국은 지배체제의 확립에 중요한 의미를 부여하였다. 인위적인 외부 세계와의 단절이 내부적으로는 동일한 문화 패턴을 만들어 낼 수 있었다. 이 기간에 일본적인 것, 즉 의식주를 비롯해서 지금의 일본을 대표하는 많은 것이 생겨나고 완성되었다.

---

당이 있는 장소는 여의도이다. 그래서 우리는 현실 정치를 여의도 정치라고 부르기도 한다. 일본에서는 국회가 있는 곳이 나가타초永田町이다. 그래서 나가타초라고 하면 정치라는 의미로 통하기도 한다. 이런 나가타초에서는 자신이 소속하는 정당의 파벌을 마을 또는 촌이라는 의미의 무라村라고 부르고, 자신의 선거구를 표밭票田이라 한다. 선거구에 돌아가는 것을 논매기라는 의미의 다노구사토리田の草取라 부른다. 마치 자신의 전답을 상속하는 것처럼 선거구를 세습하고 선대와 같은 파벌인 무라에 들어가게 된다. 이것은 일본의 정치가 에도시대의 무라 조직의 영향을 받고 있다는 것을 의미한다.

먼저 음식 가운데는 코스 요리인 가이세키会席 요리, 스시寿司, 덴뿌라天麩羅, 스키야키すき焼き 등이 있다. 의복에 있어서도 지금과 같은 형태의 기모노着物가 만들어진 것은 에도시대 중기인 겐로쿠元禄시대이다. 여성 기모노에서 빠질 수 없는 허리에 두르는 띠인 오비帯의 폭도 이 시기를 전후로 넓어졌다. 기모노는 활동하기에 불편해서 비효율적이라는 지적도 있지만, 다다미 생활에는 편리하도록 만들어졌다.

일본을 대표하는 전통예능으로 많은 사람으로부터 사랑받고 있는 가부키歌舞伎, 풍속화인 우키요에浮世絵 등도 겐로쿠시대 이후, 대중들로부터 지속적인 사랑과 관심을 받아 왔다. 가부키와 더불어 서민들의 인기를 양분했던 스모도 이때 지금의 형태를 갖추게 되었다. 스모를 전업으로 하는 선수인 리키시力士가 등장하고, 돈을 내고 구경하는 흥행 스모가 시작되었다. 흥행 스모는 이후 오즈모大相撲로 발전하였다.

바쁜 일상과 매일 반복되는 생활을 하다 보면 여행을 떠나고 싶다고 생각하게 된다. 에도시대의 일본은 여행 대국이었다. 평화의 시대가 이어지고 전국을 잇는 도로망이 발달하면서 남녀노소, 신분에 상관없이 수많은 사람이 사는 곳을 떠나 미지의 세계를 체험할 수 있었다. 이때부터 여행객들에게 여행 관련 서비스를 제공하면서 고객들을 관리하는 온시御師, 여비 적립 시스템인 고講의 결성, 여관 조합인 나니와코浪花講를 비롯해 다양한 여행 관련 인프라가 구축되었으며 선물을 주고받는 증답贈答 문화가 보편화되었다. 이 시기에 여행의 기본 패턴이 완성되었다.

일본인들에게 있어서 신도神道와 불교는 신앙과 종교로서의 역할뿐만 아니라 일상생활의 일부라고 할 수 있다. 특히 선종禅宗은 현대 일본 주택 건축의 원형이 되는 쇼인즈쿠리書院造 양식을 비롯해 일본식 정원·전통공예·예능·다도·꽃꽂이 등 일상생활은 물론 일본인들의 정신세계나 미의식에도 영향을 미치고 있다.

이처럼 일본의 조직문화 그리고 일본인들의 행동 패턴을 비롯하여 전통문화나 풍습 대부분은 근세의 소산所産이며, 근세 이전부터 있었던 것들도 에도시대에 그 형태가 완성되고 일본인들의 생활 속에 정착된 것이 많다. 따라서 에도시대의 사회·문화사적 위치를 고려하지 않고서는 일본을 제대로 이해하기 어렵다고 해도 과언이 아니다.

# 참고문헌


1. 국내 서적(가나다순)

루스 베네딕트 지음·박규태 옮김, 『국화와 칼』, 문예출판사, 2008.

마스다 요시오 엮음·김양선 옮김, 『일본인의 사회』, 혜안, 2010.

박전열·이영, 『일본전통문화론』, 한국방송통신대학출판부, 1999.

신종대, 『해양국가 일본, 그리고 사무라이』, 한국학술정보, 2019.

오세영, 『베니스의 개성상인 1, 2, 3권』, 장원, 1993.

우메사오 다다오 엮음·김양선 옮김, 『일본인의 생활』, 혜안, 2001.

우메사오 다다오 편저·최경국 옮김, 『일본문명의 77가지 열쇠』, 창해, 2005.

유홍준, 『나의 문화유산답사기 일본편』, 창비, 2013.

윤상인 외, 『일본을 강하게 만든 문화코드 16』, 나무와 숲, 2000.

이복규, 『한국인의 이름 이야기』, 학고방, 2012.

이성형, 『콜럼버스가 서쪽으로 간 까닭은?』, 까치, 2003.

이시재·이종구·장화경, 『현대일본사회론』, 한국방송대학교출판부, 2000.

이어령, 『축소지향의 일본인』, 1994, 기린원.

이영·연민수, 『일본고중세사』, 한국방송통신대학교출판부, 2000.

이토 아비토 지음·임경택 옮김, 『일본 사회 일본 문화』, 2009, 소와당.

존 맨더빌 지음·주나미 옮김, 『맨더빌여행기』, 오롯, 2014.

주경철, 『대항해시대』, 서울대학교출판문화원, 2009.

주경철, 『문명과 바다』, 산처럼, 2002.

주영하, 『음식전쟁 문화전쟁』, 사계절, 2000.

2. 외국 문헌(히라가나순)

赤坂治績, 『江戸時代-武家政治庶民文化』, 日新聞出版, 2012.

網野善彦, 『日本とは何か』, 講談社, 2001.

家永三郎, 『日本文化史』, 岩波書店,1982.

磯 達雄・宮沢 洋, 『絶品・日本の歴史建築 西日本編』, 日本経済新聞社, 2020.

磯 達雄・宮沢 洋, 『絶品・日本の歴史建築 東日本編』, 日本経済新聞社, 2021.

磯田道史, 『歴史の読み解き方』, 朝日新聞出版, 2013.

板坂 元, 『町人文化の開花』, 講談社, 1975.

稲垣進一編, 『図説浮世絵入門』, 河出書房新社, 1990.

梅棹忠夫・多田道太郎, 『日本文化と世界』, 講談社, 1972.

大江戸探検隊編, 『イラスト図鑑大江戸暮らし』, PHP, 1999.

大久保洋子, 『江戸の食空間』, 講談社, 2012.

大島暁雄 外篇, 『図説民俗探訪事典』, 山川出版社, 1982.

大野 晋 外編, 『東日本と西日本』, 洋泉社, 2007.

大宮暁雄 外編, 『図説 民俗歴史探訪 事典』, 山川出版社, 1998.

奥富敬之,『日本人の名前の歴史』,新人物往来社, 1999.

笠松和比古, 『士(サムライ)の思想』, 日本経済新聞社, 1993.

同氏, 武士道その名誉の掟』, 教育出版社, 2003.

同氏, 武士道と日本型能力主義』, 新潮社, 2007.

加藤秀俊, 『日常性の社会学』, 角川書店, 1982.

金田栄一, 『これが歌舞伎だ』, NHK出版, 2016.

神津朝夫, 『茶の湯と日本文化』, 談交社, 2012.

熊倉功夫, 『茶の湯の歴史』, 朝日出版社, 1990.

倶楽部, 「ニッポン再発見」, 『美しい「日本の町並み」』, 三笠書房, 2017.

桑田忠親,『戦国武将と茶の湯』, 宮帯出版社, 2013.

鴻上尚司,『クール・ジャパン!?』, 講談社, 2015.

古堀宗実,『茶の湯の不思議』, NHK出版, 2003.

桜井孝昌,『日本はアニメで再興する』, アスキーメディアワークス, 2010.

清水 勲,『漫画の歴史』, 岩波書店, 1991.

同氏,『四コマ漫画』, 岩波書店, 2009.

鈴木大拙 著・北川桃雄 訳,『禅と日本文化』, 岩波書店, 2001.

関幸彦,『武士の時代へ東国武士団と鎌倉殿』, NHK, 2008.

高橋富雄 外篇,『図説奥州藤原氏と平泉』, 河出書房新社, 1993.

竹内 誠,『江戸文化の見方』, 角川書店, 2010.

陳奮館主人,『江戸の芸者』, 中央公論社, 1989.

津堅信之,『日本アニメーションの力』NTT出版, 2004.

同氏,『アニメーション学入門』, 平凡社, 2005.

津金沢聡広,『宝塚戦略』講談社, 1991.

土居健雄,『甘えの構造』, 弘文堂, 1989.

同氏,『「甘え」雑稿』, 弘文堂, 1987.

外川 淳,『城下町・門前町・宿場町がわかる本』, 日本実業出版社, 2016.

東田雅博,『ジャポニズムと近代の日本』, 山川出版社, 2017.

中川 武,『日本の家』, KADOKAWA, 2020.

中川 武 監修,『よくわかる日本建築の見方』, JTBパブリッシング, 2012.

中根千枝,「タテ社会の人間関係」, 講談社, 1964.

同氏, 「東アジアの階層(紳士・両班・武士)」, 『社会人類学アジア諸社会の考察』, 東京大学出版会, 1987.

永原慶二, 『新・木綿以前のこと』, 中央公論社, 1990.

永原慶二, 『新・木綿以前のこと』, 中央公論社, 1990.

中村修也, 『千利久』, 朝日新聞社, 2019.

日本雑学研究会 編, 『日本社会の決まりごと』, 明治書院, 2009.

日本史教育研究会編, 『Story日本の歴史古代・中世・近世編』, 山川出版社, 2002.

日本史教育研究会編, 『日本の歴史 歴史に流れをつかむ』, 新泉社, 2016.

博学こだわり倶楽部 編, 『こんなに面白い古典芸能』, 河出書房新社, 2003.

橋本澄子・高橋雅夫編, 『浮世絵に見る江戸の暮らし』, 河出書房新社, 1990.

服部幸雄, 『歌舞伎のキーワード』, 岩波書店, 1989.

本郷和人,『日本史のツボ』, 文芸春秋社, 2018.

水落 潔, 『歌舞伎おもしろ百科』, 毎日新聞社, 1992.

光井 涉, 『日本の歴史的建造物』, 中央公論新社, 2021.

村井章介, 『中世倭人伝』, 岩波新書, 1993.

森下信雄, 『「タカラヅカ」の経営戦略』, 角川書店, 2015.

水谷 修 外篇, 『日本事情ハンドブック』, 大修館書店, 1995.

宮崎克己, 『ジャポニズム 流行としての「日本」』, 講談社, 2018.

宮崎正勝, 『知っておきたい「食」の日本史』, 角川書店, 2009.

宮本又次, 『関東と関西』, 文芸春秋社, 2014.

矢部良明, 『戦国武将 茶の湯物語』, 宮帯出版社, 2014.

山本博文, 『江戸に学ぶ日本のかたち』, NHK出版, 2009.

________, 『格差と序列の日本史』, 新潮社, 2016.

米原正義, 『戦国武将と茶の湯』, 吉川弘文館, 2014.

渡辺三男, 『日本の人名』, 毎日新聞社, 1978.

PHP研究所 編, 『江戸と上方』, PHP, 2007.

3. 신문 및 잡지(연도순)

《にっぽん》, 平凡社, 2009.

《Discover Japan 2010年 2月号 はじめてのニッポンカルチャー》, えい出版社, 2010.

《Discover Japan ニッポンの伝統芸能》, えい出版社, 2011.

《Discover Japan 2013年 4月号 新しい歌舞伎入門》, えい出版社, 2013.

《週刊ダイヤモンド》 103권 25호, ダイヤモンド社, 2015.

《旅したい!おいしい浮世絵》, NHK出版, 2016.

《サライ 2016年 3月号》, 小学館, 2016.

《Discover Japan 2014年 6月号》, えい出版社, 2016.

4. 웹사이트

http://www.eonet.ne.jp/~shoyu/mametisiki/reference-16.html

# 그림 출처*

가부키 극장 일람표 https://www.kabuki-bito.jp/news/images/ootani_2014a2.jpg

가부키 배우 https://intojapanwaraku.com/craft/2271/

가부키 선전 광고 https://www.kabuki-bito.jp/news/images/ootani_2014b.jpg

가부키모노 https://edo-g.com/blog/2016/09/cigarette.html/cigarette4_m

가쓰시카 호쿠사이의 〈후지 36경 가나가와 앞바다의 파도〉 https://www.fashion-press.net/news/43169

가오미세반즈케 https://www.library.metro.tokyo.lg.jp/portals/0/edo/tokyo_library/modal/index.html?d=5439

각 구미의 심벌마크 https://toretame.jp/how-is-the-grouping-in-takarazuka-feature-of-the-gang-and-the-popular-set.html

〈겐지모노가타리 에마키〉에 그려진 귀족의 생활 https://www.g-call.com/about_point/cp/genji/01.php

고흐 작 〈탕기영감의 초상〉에 배경으로 들어간 우키요에 https://www.adachi-hanga.com/hokusai/page/enjoy_100

구마도리 분장을 한 가부키 배우 https://mag.japaaan.com/archives/51646

눈동자를 안쪽으로 모아 정지 상태를 연기하는 미에 https://kabuki-note.com/193/

니시키에 http://blog.shimaiya.jp/2015/10/14/post-478/

---

* 본서에 수록된 사진 및 그림은 필자가 촬영한 것과 일본 웹사이트의 자료를 사용한 것이다.

다케노 조 https://ja.wikipedia.org/wiki/%E6%AD%A6%E9%87%8E%E7%B4%B9%E9%B4%8E

〈대머리왕 필립 2세〉 https://www.musey.net/13847

동그라미 속 남자가 호칸 https://novel.daysneo.com/works/episode/b24974ec48996e55f61a8697523b6f98.html

무라타 주코 https://www.myguinomi.com/wabi

미인화 https://wowma.jp/item/325010884

베니에 http://www.tvz.com/nishiki-e/nishiki1/nishiki014.html

〈보키에코도바〉에 묘사된 침실 https://www.asahi-kasei.co.jp/hebel/lineup/asanohikari/column/books/05_2.html/

브라크몽 https://ja.wikipedia.org/wiki/%E3%83%95%E3%82%A7%E3%83%AA%E3%83%83%E3%82%AF%E3%82%B9%E3%83%BB%E3%83%96%E3%83%A9%E3%83%83%E3%82%AF%E3%83%A2%E3%83%B3

석양에 비친 후지산 http://www.fujigoko.tv/linkIn.cgi?code=6849

센노 리큐 https://www.cyber-world.jp.net/sen-no-rikyuu/

스모 선수 https://www.pinterest.com/pin/311030536570722225/

신덴즈쿠리 양식의 귀족저택 https://blog.goo.ne.jp/karamasa2/e/844c4a2226303767a3873deb8af8d8e1

에도시대 남자 헤어스타일인 사카야키 https://edo-g.com/blog/2017/05/ukiyoe-t.html

에도시대의 대여 책방 https://beijinduck.web.fc2.com/134.html

에도시대의 이자카야 https://lagattina.exblog.jp/14488539/

에도시대의 포장마차 https://itamae-edo.com/?p=45

에도시대의 후차 요리 식사 풍경 https://sencha-note.com/fucha/

에시노소시 https://webarchives.tnm.jp/imgsearch/show/C0057777

오노레 도미에 https://ja.wikipedia.org/wiki/%E3%82%AA%E3%83%8E%E3%83%AC%E3%83%BB%E3%83%89%E3%83%BC%E3%83%9F%E3%82%A8

오쿠니 공연 https://yahoo.jp/S3HiML

온나가타 https://kabuki-note.com/191/

주손지 곤지키도 https://www.chusonji.or.jp/know/konjikido.html

즈지반즈케 http://www.lib.iii.u-tokyo.ac.jp/collection/ono_k/9.html

차를 파는 상인 http://poyoland.jugem.jp/?eid=418

클로드 모네와 〈기모노를 입은 카미유〉 https://bushoojapan.com/worldhistory/painter/427

투차 풍경 http://poyoland.jugem.jp/?eid=418

하나미치 https://www2.ntj.jac.go.jp/unesco/kabuki/jp/stage/stage1.html

『호쿠사이망가』 https://toumeioj3.hatenablog.com/entry/20080408/p1

후지산을 바라보며 지나가는 여행객 http://zenpaku.huu.cc/toukaido/53.htm

후카가와 에도 자료관의 복원된 나가야의 내부 https://www.edo-yakata.com/topic/fukei/2198

히시카와 모로노부의 미인화 https://www.pinterest.com/pin/316870523762384694/

# 찾아보기

(ㄴ)



(ㄷ)

(ㅂ)



(ㅅ)

(ㅇ)

(ㅊ)



(ㅋ)



(ㅌ)



(ㅍ)



(ㅎ)

전근대부터 현대까지 빠짐없이 둘러보는

# 일본 문화 이야기



1판 1쇄 발행_2022년 02월 28일
1판 2쇄 발행_2023년 02월 27일

지은이_신종대
펴낸이_홍정표
펴낸곳_글로벌콘텐츠
등록_제25100-2008-000024호

공급처_(주)글로벌콘텐츠출판그룹
대표_홍정표 이사_김미미 편집_임세원 강민욱 백승민 권군오 문방희 기획·마케팅_이종훈 홍민지
주소_서울특별시 강동구 풍성로 87-6
전화_02) 488-3280 팩스_02) 488-3281
홈페이지_http://www.gcbook.co.kr
이메일_edit@gcbook.co.kr

값 18,000원
ISBN 979-11-5852-364-0 93910